アメリカの補助金と州・地方財政

ジョンソン政権からオバマ政権へ

川瀬憲子
Noriko Kawase

keiso shobo

目　次

序章　問題の所在……………………………………………………3

1. 問題の所在　3
2. 先行研究の整理と論点　5
3. 国際比較からみたアメリカ連邦制の特徴　8
4. 本書の課題　15
5. 本書の構成　19

第1章　ジョンソン政権期の連邦補助金政策と「都市危機」……………21

はじめに　21

1. 第2次世界大戦後の都市経済構造転換　24
2. 公的扶助の爆発的増加と「都市危機」　31
3. 「偉大な社会」計画と「都市型」連邦補助金プログラムの展開　34
4. 連邦補助金をめぐる連邦と州・地方間の負担問題　39

おわりに　44

第2章　一般交付金の成立と都市財政………………………………47

はじめに　47

1. ウォルター・ヘラーの所説　49
2. 1972年州・地方財政援助法の成立へ　53
3. 一般交付金の州・地方への配分と制約条件　57
4. 一般交付金と地方財政　63

おわりに　68

第3章　レーガン政権期のブロック補助金政策と州・地方財政…………71

はじめに　71

1. レーガン政権期以前のブロック補助金　74
2. レーガン政権期の連邦補助金削減策　76
3. ブロック補助金政策の展開　83
4. 新連邦主義と州・地方財政への影響　87

おわりに　93

第4章　新連邦主義の実験場と州と市の財政関係 …………………………95
──1975年ニューヨーク市財政危機以降の州補助金の動向を中心に──

はじめに　95

1. 新連邦主義下の州と地方の財政関係──地方事務の州への移管　97
2. 州補助金構造の変化　103
3. ニューヨーク州財政構造の変化と1975年ニューヨーク市財政破綻　106
4. ニューヨーク州における財政調整機能の変化──1970年代後半から
   1980年代前半　112

おわりに　116

第5章　自助努力の連邦主義と州と都市の新たな関係…………………………119
──1980年代の分析を中心に──

はじめに　119

1. 1980年代の州財政構造の変化　121
2. ニューヨーク州とニューヨーク市の新たなる財政関係──郊外カウンティ
   との比較から　136

おわりに　143

第6章　ニューヨーク市経済のグローバル化と雇用問題 …………145
──その世界経済依存型構造への転換──

はじめに　145

1. アメリカ経済の「世界経済依存」の高まり　149

目　次　　　　　　　iii

2. ニューヨーク市経済のグローバル化と産業構造の転換　153
3. 雇用構成のグレードアップ化と雇用問題　160
おわりに　167

第7章　州・地方財政危機と財政構造の変化 ……………………………169
　　　　——ニューヨーク州と北東部諸州の比較分析——

はじめに　169
1. 1980年代ニューヨーク州における人口構成の変化と「貧困化」　172
2. 1980年代ニューヨーク州における州・地方の経費動向と貧困対策
　——教育費と保健・福祉関係費　175
3. 1980年代ニューヨーク州における州・地方税制改革と税収の動向　193
4. 1990年ニューヨーク州財政危機と財政改革案　208
おわりに　212

第8章　ニューヨーク州における州税減税と教育補助金 ………………215
はじめに　215
1. 新たな政府間財政関係と連邦補助金の動向——1990年代から
　2000年代　217
2. ニューヨーク州における州税減税と州補助金——STARプログラム　221
3. リーマンショック後のニューヨーク州・地方財政——ウェスト
　チェスターカウンティとイーストチェスター町の事例　226
おわりに　239

終章　連邦補助金政策の歴史的総括と展望 ………………………………243
1. オバマ政権下の連邦補助金——ARRAによる州・地方への
　補助金拡充　243
2. ジョンソン政権における連邦補助金政策転換の意義　245
3. 地方財政調整制度はなぜ定着しなかったのか　247
4. レーガン政権下のブロック補助金のねらい　248
5. 新連邦主義下の州と都市の関係　250

iv

6. 「実験場としての州」の役割と財政　251

7. ニューヨーク州にみる肩代わり政策と1990年州財政危機　253

8. 1990年代以降の福祉改革，減税政策と州補助金の新たなる展開　256

9. アメリカの地方自治と住民参加システム　258

10. 日本における民主党政権下の「ひもつき補助金の一括交付金化」
　　への示唆　260

主要参考文献 …………………………………………………………265

あとがき ……………………………………………………………285

初出一覧 ……………………………………………………………290

索　引 ………………………………………………………………291

図表一覧

図序-1 政府部門1人あたり歳出の国際比較　9

図序-2 OECD 諸国における公務員の全雇用に占める割合（2005 年）　10

図序-3 政府部門歳入の国際比較（対 GDP 比; 2006 年）　11

表序-1 政府間財政関係の国際比較（2006 年）　12

図序-4 社会保障基金を除く国と地方の事務配分（2008 年）　13

図序-5 国と地方の税源配分に関する国際比較（2007 年）　14

表序-2 アメリカ連邦政府の目的別歳出の推移（1990～2010 年度）　16

表1-1 ゲットー地区とその周辺の SMSA の失業率（1966 年）　29

表1-2 連邦公的扶助受給者の推移（1945～1968 年）　32

表1-3 AFDC 取扱件数の地域別増減率　33

表1-4 州・地方に対する連邦補助金の推移（1963～1969 年度）　37

表1-5 SMSA に対する連邦補助金の推移（1961～1969 年度）　38

表1-6 州別 AFDC プログラムの連邦・州・地方の負担割合（1975 年）　40

表1-7 州別 AFDC 1 世帯あたり基準財政需要額，最高支出額，月平均受給額（1975 年）　42

表2-1 州別1人あたり一般交付金（GRS）交付額の配分割合　58

表2-2 一般交付金に関して制限規定を受ける地方政府の数（1972 年）　61

表2-3 145% 上限規定によって交付額が制限される地方政府（1972 年）　62

表2-4 97 都市における一般交付金（GRS）の使途（1973～1974 年度）　64

表2-5 1970～1971 年の州・地方の一般歳出に対する 1972 年の一般交付金の割合　66

表2-6 SMSA 内外の地方政府に対する連邦直接的支出と一般交付金　66

表2-7 州・地方に対する連邦補助金の変化率（1965～1970 年度, 1970～1975 年度）　67

図3-1 州・地方に対する連邦補助金の推移（1979～1989 年度）　77

表3-1 1960 年代から 1980 年代にかけての連邦補助金の推移（1960～1987 年度）　78

表3-2 州・地方に対する連邦補助金の推移（1975～1988 年度）　80

表3-3 1981 年に創設されたブロック補助金　84

表3-4　項目別特定補助金プログラム数の推移（1978～1984 年度）　85

表3-5　1981 年以降の州別社会サービス受給資格の変化　89

表3-6　保育所に対する従来の連邦補助基準とテキサス州の新基準（1982 年）　90

表4-1　各州の自主財源からの経費負担割合（1981 年）　101

表4-2　地方への州補助金の推移（1957～1981 年度）　104

表4-3　目的別州補助金の推移（1957～1981 年度）　105

表4-4　ニューヨーク州の州民総生産（GSP）の推移（1967～1986 年）　107

表4-5　ニューヨーク州個人所得の推移（1967～1987 年）　108

表4-6　会計別にみたニューヨーク州の歳入と歳出（1983 会計年度）　109

表4-7　ニューヨーク州の一般会計歳出（1975～1982 会計年度）　110

表5-1　州の歳出，歳入，負債の推移（1950～1987 会計年度）　124

表5-2　州の目的別直接歳出の推移（1970～1987 会計年度）　126

表5-3　個人所得 100 ドルあたりの州歳出構成の推移（1976～1989 会計年度）
　　　　（連邦補助金と使用料・手数料収入からの支出を除く）　127

表5-4　州歳入の推移（1970～1987 会計年度）　132

表5-5　個人所得 100 ドルあたりの州・地方歳入の推移（1970～1988 会計
　　　　年度）　133

表5-6　州税収の税源別構成比の推移（1970～1988 会計年度）　134

表5-7　個人所得 100 ドルあたりの州税構成の推移（1970～1988 会計年度）　135

表5-8　ニューヨーク州内の諸都市の資産価値と負債（1975～1985 会計年度）　138

表5-9　ニューヨーク市が供与するニューヨーク州税収の割合　142

表6-1　アメリカ国内の外国銀行の支店の推移（1975～1989 年）　152

表6-2　ニューヨーク市に立地する大法人本社（1976～1990 年）　155

表6-3　ニューヨーク市に本社のある 100 大銀行（1986 年と 1990 年）　156

表6-4　10 大銀行における外国からの預金高（1976 年と 1990 年）　157

表6-5　ニューヨーク市の主要職種別雇用の変化（1970, 1980, 1990 年）　162

表6-6　ニューヨーク市における産業別人種・民族別雇用指数　163

表6-7　ニューヨーク市の人種・民族別所得水準（1980 年）　165

表7-1　ニューヨーク州における州・地方の性質別・目的別歳出割合の推移
　　　　（1975～1988 会計年度）　176

図7-1　ニューヨーク州補助金と州経常的経費の増加率の推移
　　　　（1984～1992 州会計年度）　177

図7-2　ニューヨーク州教育補助金の増加率の推移（1984～1991 会計年度）　178

表7-2　ニューヨーク州及び近隣諸州における初等・中等教育費の年平均変化率

（1980〜1988 年）　180

表 7-3　ニューヨーク州及び近隣諸州における福祉関係費の年平均変化率
（1980〜1988 年）　184

表 7-4　ニューヨーク州及び近隣諸州における保健関係費の年平均変化率
（1980〜1988 年）　191

表 7-5　1980 年代のニューヨーク州及び近隣諸州における州税改革　195

表 7-6　地方所得税を課している地方政府の数の推移（1984〜1992 年）　197

表 7-7　アメリカ北東部諸州における州・地方税の税率（1980, 1988 年）　200

表 7-8　ニューヨーク州及びニューヨーク市，ヨンカーズ市の所得税税率
（1993 年）　204

図 8-1　アメリカ連邦補助金の推移（1940〜2009 年度）　218

表 8-1　アメリカ目的別連邦補助金の推移（1995 年度と 2008 年度）　219

図 8-2　ニューヨーク州教育補助金と STAR 補助金（1997〜2002 会計年度）　223

表 8-2　ニューヨーク州歳入歳出決算額と収支（2009 年度）　228

表 8-3　ニューヨーク州への ARRA による配分　229

表 8-4　ウェストチェスターカウンティ歳入歳出決算額（2007〜2008 年度）　231

表 8-5　イーストチェスター町全会計予算（2008〜2010 年度）　233

表 8-6　イーストチェスター町一般会計歳出予算（2010 年度）　234

表 8-7　イーストチェスター町一般会計歳入予算（2010 年度）　235

表 8-8　イーストチェスター学校区予算（2010 年度）　237

表 8-9　ウェストチェスターカウンティの財産税　239

図終-1　アメリカ再生及び再投資法による資金配分の内訳（2009 年度）　244

アメリカの補助金と州・地方財政

―― ジョンソン政権からオバマ政権へ ――

序章　問題の所在

1.　問題の所在

　本書は，アメリカの政府間財政関係の変容過程，つまり州・地方財政や地方自治システムが 1960 年代から 2000 年代にかけていかなる展開をみせてきたのかについて，特にニューヨーク州と州内市町村の行財政分析を通じて実証的に明らかにしていくことを課題としたものである．2008 年のリーマン・ショック以来，アメリカの州・地方財政は深刻な財政危機に見舞われており，政府間財政関係も新たな段階を迎えつつある．政府間財政関係論で重要な意味をもつのが財政調整機能と補助金である．

　一般に，財政調整制度とは，州・地方間の財政力格差を平準化する目的で，連邦から州政府もしくは州間において，一般財源の性質をもつ財政資金を配分する仕組みをいうが，アメリカでは 1972 年のニクソン政権期に一般交付金[1]が導入されたものの，金額的にも少額であり，十分な財政調整機能を発揮せぬまま，わずか 14 年後の 1986 年にレーガン政権のもとで廃止となっている．そのため，連邦政府から州・地方政府に対する財政移転は，もっぱら特定補助金やブロック補助金に特化され，一般財源による財政力格差是正の仕組みを有しないという特徴を有している．そのため，州政府による州内財政調整や州補助金の果たす役割が大きい．

　政府間財政関係において問題となるのが，こうした連邦政府による補助金と州内での財政調整機能との関連や，事務配分，税源配分と自治体の課税権との

---

1)　General Revenue Sharing は，一般歳入分与とも訳されているが，ここでは一般交付金と訳しておくことにしたい．

関係，市民参加やレファレンダムについての実証分析である．日本では 2009 年の政権交代以降，民主党政権下で地域主権改革がすすめられつつあり，ひもつき補助金の一般交付金化などが一部実施されている．アメリカの動向を分析することは，日本の新たな分権社会における政府間財政関係を考える上においてもきわめて重要であるといえる．

ところで，政府間財政関係を考える上で大きな転換期となるのが，1980 年代である．新自由主義＝新保守主義的な諸政策が，従来の「福祉国家」的諸政策に代わって主流をしめるようになり，そうしたなかで政府間関係ひいては政府間財政関係の再編が迫られるようになった．しかし，その実態はあまり解明されてこなかった．

その第 1 の理由は，アメリカではレーガン政権からブッシュ（父）政権にかけての長期にわたる共和党政権の下で新自由主義＝新保守主義の潮流とともに，「州権強化」をうたった新連邦主義的諸政策がすすめられてきたが，意外に「州権強化」の実態が知られてこなかったことである．それは都市財政の分析が多く，州財政の研究があまり行われてこなかったことにもよっている．したがって，州と地方あるいは州と都市の財政関係の研究なくしては，州権強化の実態そのものも解明しえず，ひいては現代資本主義における政府間財政関係の再編過程も解明することもできない．

第 2 の理由は，連邦政府が新自由主義的諸政策を積極的に展開する以前からすでに，州と地方間で新たなる局面があらわれていたことである．つまり，1970 年代の地方財政危機とくに大都市財政危機を契機として州が地方に対する介入を積極化し，その過程で州補助金が増加する一方，「地方事務の州への移管」がにわかに進行していたのである．したがって，「連邦政府の州への移譲」に先だってすすめられた州と地方間の州権強化の過程を分析することはきわめて重要であった．

第 3 の理由は，1980 年代から現代にかけての時期が政府間財政関係の再編という点で，史上 3 度目の一大画期でありアメリカ財政史上重大な変化が引き起こされたことにある．第 1 の画期は，ニューディール期，第 2 の画期がジョンソン政権期下の「偉大な社会」期にあるとすれば，1980 年代の「新連邦主義（ニューフェデラリズム）」期つまり競争的連邦主義が強められた時期は第 3

の画期として位置づけられるといえる．現代はその延長線上にあり，2008年に誕生した民主党オバマ政権によって，新たな試みが実施されている時期でもある．

2. 先行研究の整理と論点

ところで，新古典派経済学の研究についてみると，オーツの最近の研究によれば，分権化と集権化に関する最近の研究動向では，公共部門，財政制度，政策決定構造のインプリケーションをどのようにとらえるべきかについての新しい論点が提示されており，新しい洞察力が形成されつつあるとされる[2]．そこでは，第一世代と第二世代に分けられており，第一世代を代表する論者として，マスグレイブ，サミュエルソン，オーツらの見解が示されている．公共財をめぐる市場の失敗が生じた場合に，政府が介入し，適切な政策手段が講じられなければならないが，公共財が提供される場合，財政の分権化によって，中央政府による全国均一レベルの産出量よりも高いレベルの社会厚生を供給することができるとされるもので，オーツの「分権化定理」(1972) として広く知られる見解である．

ただし，地方公共財の場合には，行政単位と地理的便益を享受できる範囲との不一致が生じるため，伝統的なピグー補助金理論の適用によって，こうした問題が解決されるとされる．一般に，中央政府には所得再分配プログラムの一環として累進所得税の税源が配分され，地方政府は財産税のような応益税の税源が配分される．両者に生じるギャップについては，中央政府からの財政調整により，財政が均衡化されるため，財政調整制度が重要な役割をもつことになる．第一世代の議論は，こうした事務配分論，税源配分論，政府間財政関係論を中心に展開され，住民の移動を前提としたティブーモデル（C. M. Tiebout の「足による投票」理論）から説明されることが多い．

こうした第一世代の議論に対して，ウェインガスト (1995) らは，地方政府が政府間財政移転や公債に依存する傾向にある点を指摘し[3]，グッドスピード

---

2) Oates, Wallace E. (2005), "Toward A Second-generation Theory in Fiscal Federalism," *International Tax and Public Finance*, 12, pp. 349-373.

（2002）らは，中・下層政府への財政援助が非効率性と支出拡大要因となるとの指摘を行っている．こうした見解は，最近の日本における地方交付税改革論やモラル・ハザード論にも影響されているように思われる．

　第二世代の財政連邦主義論の中心は，ブキャナンらの公共選択論であり，財政の分権化を政府の膨張的傾向を抑制するメカニズムとして捉えている．その特徴は，第1に，政治過程への参加者としての有権者と政府関係者が，効用を最大化することを出発点とするもので，有権者と政府を同列視するものである．第2に，プリンシパル（依頼人）・エージェンシー（代理人）理論を公共部門に直接適用しようとするもので，公共部門の政治構造が無視され，公共部門の垂直的構造の関係，つまり，プリンシパル（中央政府）とエージェンシー（地方政府）という関係から論じようとするものである．ここから中央政府の政策目的を促進させるために，政府間財政関係を再構築すべきとする見解が生まれてくることになる．第3は，財政自治権とアカウンタビリティである．有権者をプリンシパル，地方政府をエージェンシーとして，財政自治権を論じようとするものであり，地域間の財政調整を行うという視点が欠如し，受益と負担の関係が強調されることになる．

　そこで，これら第二世代とされる財政連邦主義論の問題点を指摘しておこう．第1の問題点は，地域間の競争を前提とした競争的連邦主義を前提としているために，地域間の格差を是認した議論であるという点である．第2は，連邦政府の特定目的を達成するための垂直的関係が前提となり，強制的連邦主義という特徴を合わせ持つ点である．第3に，地域間の財政調整論を持たない自活型連邦主義（self-enforcing federalism）が強調される点である．したがって，財政制度論や財政民主主義の議論にはふれず，参加と自治にもとづく議論がなされないため，いま引き起こされている地域間の不均等発展に基づく地域間格差の拡大を財政調整によっていかに是正していくのか，住民主体の民主主義的な地方財政システムをどのように構築するのかといった観点が欠如していると思われる．その意味で，現在の州・地方財政構造の分析や財政調整の実態を明ら

---

3) Weingast, B. R. (1995), "The Economic Role of Political Institutions: Market-Preserving Federalism and Economic Development," *Journal of Law and Economic Organization* 11, pp. 1-31.

かにすることは重要である．

　次に，制度論アプローチの研究として，最近の日本の研究を紹介しておこう．片桐正俊（2005）は『アメリカ財政の構造転換』（東洋経済新報社）の中で，アメリカの福祉国家の再編課程に関する研究を行っている．1980年代のレーガン政権以降ブッシュ政権までの連邦・州・地方の財政関係の再編について詳細な分析を行い，これまでの協調的連邦主義から競争的連邦主義，強制的連邦主義への流れの中で，地方交付税の存在しないアメリカでの州内，州間の分配機能に着目しつつ，オーツやマスグレイブがまったくふれていなかった無財源マンデイト問題，つまり「連邦政府が州・地方に対して必要な財源措置を講じないで発する，法律で定めた事務及び事務の要件の執行命令」（片桐 2005）にも深く言及しつつ，強制的連邦主義の実態を解明している．

　小泉和重（2004）は，『アメリカ連邦制財政システム』（ミネルヴァ書房）の中で，本格的な財政調整制度を有しないアメリカに焦点をあて，それを「財政調整制度なき国家」として位置づけて，その財政運営上の特徴を明らかにしている．特に，税源配分，租税調整の側面を中心に，財政調整制度が定着しなかったアメリカ連邦制財政システムの特徴を第二次大戦前から最近までを歴史的に解明したものとして，評価できる研究である．第1に，財政調整制度の存在理由を，生存権保障や福祉国家財政を実現するための手段として位置づけている点であり，ティブー（C. M. Tiebout）の「足による投票」理論によっても外部性が発生すれば，それを内部化させるために財政移転が必要となるが，そこで想定されているのがマッティング式の特定補助金であり，財政調整とならないのは問題があるとしている点である．第2に，連邦制国家財政分析に際して，高橋誠氏が指摘する①税源配分，②租税調整，③財政移転，④連邦の地方政府への財政的介入のうち，「もっとも基本的な点」（高橋誠）とされる①税源配分と②租税調整の問題が研究史面で等閑視されてきたこと，第3に，財政連邦主義と公共選択学派の地方財政論との関わりについてであり，政府間競争，租税競争の抱える諸問題をアメリカ州税制にそくして解明すること，第4に，財政調整制度と下位政府の財政規律の問題についてであり，中央政府の財政調整に期待できないために厳しい財政運営が要求されている点，つまり「ルール」にもとづく予算統制とアメリカ州財政の健全性について分析を行うことの4点が，

それぞれ掲げられている.

　要するに，一般財源による財政調整が福祉国家や生存権を保障する上で重要なファクターであるという認識から，税源配分と租税調整という点に着目しつつ，州課税権と州財政の健全性との関係について分析することを主要なテーマとして分析が進められているところに大きな特徴がある．その分析視角そのものはきわめて鮮明であり，研究史上の意義も大きいが，ただ逆に言えば，財政移転と連邦の地方政府への財政的介入にはあまり踏み込んでいないという点も付言しておかなければならない.

　アメリカ連邦制の歴史的変遷についてみると，憲法成立から1930年代までを「二元的連邦主義（dual federalism）」，それ以降1980年代までを「協調的連邦主義（cooperating federalism）」，1980年代以降は「自活的連邦主義（fend-oneself federalism）」や「競争的連邦主義（competitive federalism）」，「強制的連邦主義（coercive federalism）」であり，近年，その傾向は強まりつつある．無財源マンデイトが1980年代以降拡大し，州・地方間の競争がますます激化するなかで，財政力や課税力にも格差が生じる一方，財源の保障のないまま強制的連邦主義の傾向が強化されている点は，日本における「財源保障なき地方分権」の動きとも共通するものがある．こうした連邦政府による州・地方への介入と自治権との関連もまた，アメリカ連邦制を論じる上での大きな論点となりうるものである．また，地方自治という観点からみれば，州のみならず市町村の分析や州と地方間の財政関係に関する分析や住民参加という視点が必要となるであろう.

3. 国際比較からみたアメリカ連邦制の特徴

　そこで，まず政府の役割と政府間財政関係の国際比較を通じて，アメリカの特徴付けを行っておきたい.

　まず，政府の役割に関する国際比較からみておこう．**図序-1**により，政府部門の1人あたり歳出（ドル換算）による国際比較をみると，アメリカは9位であるのに対して，日本は19位とOECD平均よりも低い水準となっている．**図序-2**は，OECD諸国における公務員の全雇用にしめる割合を示したものだ

序章　問題の所在　　9

図序-1　政府部門１人あたり歳出の国際比較

資料：OECD（2010）により作成.

が，ノルウェイ，スウェーデンが最も公務員の割合が大きく，アメリカでも16各国中11位であるのに対して，日本は26カ国中最下位でありアメリカと比べてもはるかに「小さな政府」であることがうかがえる．日本では，官製ワーキングプアともいわれる非正規雇用の公務労働者も増えている.

　また，**図序-3**により政府部門の歳入（対GDP比）をみると，アメリカは日本と並んで非常に低い水準にあることがわかる．ただ日本の場合アメリカに比べると，社会保険収入の割合が高いために税収の比重も少ない水準になっている．近年の日本では，「政府の欠陥」の対する批判が強く，天下りなど官僚制の弊害を是正するための議論が盛んに行われており，民主党政権においても，公務労働者のさらなる削減方針が打ち出されている．日米ともに公務労働者の割合をみても，政府部門の歳入や歳出水準をみても非常に規模が小さく，「市場の欠陥」を是正するための機能をいかに高めていくのかといった課題もある[4].

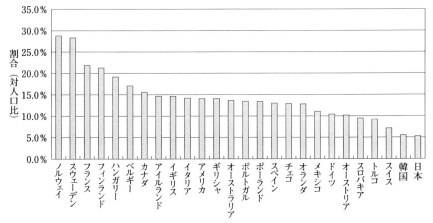

図序-2 OECD 諸国における公務員の全雇用に占める割合（2005年）

注：ギリシャは 2006 年の統計値．韓国は 2004 年の統計値．
資料：OECD（2010）により作成．

現在では，「市場の欠陥」と「政府の失敗」を克服する第3の道として，中央集権型システムから分権型共同参画福祉システムへの転換が求められているといってよい．20世紀までの中央集権システムの下では，縦割り型の官僚制の弊害とともに，上意下達的な意思決定方式が自治の発展を阻んできた．硬直的な福祉国家は地域の実情になじまずに無駄を生じかねない．また，軍事独裁国家では民主主義そのものの発展が阻害されることになる．スウェーデンでは，中央集権型福祉国家から分権型福祉社会への転換を行ってきており，国から地方への税源移譲をすすめつつ，垂直的財政調整制度に加えて水平的財政調整制度も行っている．地方自治体は7割自治に近い．ナショナル・ミニマムの保障，地域間格差の是正，国と地方の役割分担を明確化，国の財政責任の明確化を前提に，いかに地方分権をすすめていくのかが現代に突きつけられた新しい課題

---

4) 宮本憲一氏は，現代国家の役割として①社会保障（福祉，保健，医療含む）や教育などの社会サービス供給，②生産や生活のための社会資本の整備，③社会における社会秩序の確立と体制維持（軍事，警察，司法，一般行政など），④自然と人間との調和を図り，公共信託財産としての環境を保全しつつ，持続可能な社会（サステイナブル・ソサイエティ）への転換を図ることの4つを掲げている（宮本憲一（1980）『現代資本主義と国家』岩波書店，同（1998）『公共政策のすすめ』有斐閣）．

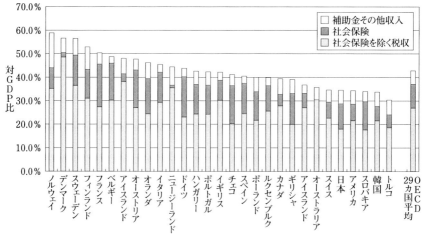

図序-3 政府部門歳入の国際比較（対 GDP 比; 2006 年）

資料：OECD, (2010), *National Accounts* 等より作成.

であるといえる.

　そこで，政府間財政関係の国際比較をみておこう．**表序-1** は，歳出面からみた政府間財政関係の国際比較を示したものである．国と地方の財政関係は，政府間財政関係（International Fiscal Relations）とも呼ばれ，単一国家，連邦制国家など国家の形態によって大きく異なっている．同表では，中央政府，州政府，社会保障基金の3つに分けて分析を試みているが，これによると，社会保障基金をもたないイギリスでは中央政府の割合が7割，地方政府が3割と中央政府のシェアが高くなっており，アメリカでは中央政府の割合が56%，州・地方政府が44%とやや連邦政府の比重が高い．

　一方，フランスでは社会保障基金の割合が45%も占めており，中央政府が35%，地方政府が20%となっている．ドイツでも社会保障基金の割合が44%とフランスとほぼ同じ社会保障基金を有しており，中央政府19%，州政府22%，地方政府15%といった配分になっている．スウェーデンでは，社会保障基金の割合が10%程度だが，中央政府と地方政府の割合は約45%ずつである．日本では，中央政府34%，地方政府32%，社会保障基金34%とほぼ同程度ずつに配分されている．

表序-1 政府間財政関係の国際比較 (2006年)

| | 国と地方の事務配分 (歳出) | | | |
| | (National account data) | | | |
	中央政府	州政府	地方政府	社会保障基金
ニュージーランド	89.3	0.0	10.7	0.0
イギリス	71.6	0.0	28.4	0.0
アイルランド	69.7	0.0	19.7	10.6
ノルウェイ	68.8	0.0	31.2	0.0
チェコ共和国	60.3	0.0	27.5	12.3
アメリカ	**56.3**	**44.9**	**0.0**	**0.0**
ポルトガル	54.1	0.0	12.9	33.0
ギリシャ	53.7	0.0	6.3	39.9
アイルランド	50.0	0.0	31.7	18.3
ハンガリー	49.4	0.0	24.7	26.0
スロバク共和国	48.4	0.0	17.5	34.1
ルクセンブルグ	45.9	0.0	11.5	42.6
オーストリア	45.7	15.1	12.2	26.9
スウェーデン	43.9	0.0	44.8	11.3
韓国	40.4	0.0	45.5	14.2
ポーランド	35.4	0.0	30.7	33.9
フランス	35.0	0.0	20.2	44.7
日本	**33.8**	**0.0**	**31.9**	**34.4**
イタリア	33.5	0.0	31.5	35.0
デンマーク	31.8	0.0	63.3	5.0
フィンランド	29.9	0.0	39.2	30.9
カナダ	29.6	45.6	19.3	6.1
オランダ	29.5	0.0	33.5	37.0
ベルギー	23.2	23.6	14.1	39.1
スペイン	22.4	35.8	13.4	28.5
ドイツ	19.1	21.9	15.2	44.0
スイス	14.8	33.7	20.9	30.6
OECD 27 カ国平均	43.9	8.2	24.4	23.6

(注) アメリカでは州政府の中に地方政府も含まれている.
中央政府, 州・地方政府, 社会保障基金別の当初予算の配分比率である.
1. Excluding the transfers paid to other levels of government.
2. Excluding transfers received from other levels of government and including tax sharing arrangements.
3. Or earliest year available: 1996 for Japan, Netherlands and Norway, 1997 for the Czech Republic, 1998 for Iceland; 2000 for Greece, Korea and Hungary.
4. Or latest year available: 2005 for New Zealand.
5. Unconsolidated data (only in 1995 for Poland).
6. For the United States, no breakdown between state and local governments is available.

(資料) OECD (2010), *National Accounts database; Statistics Canada; US Bureau of Economic Analysis.*

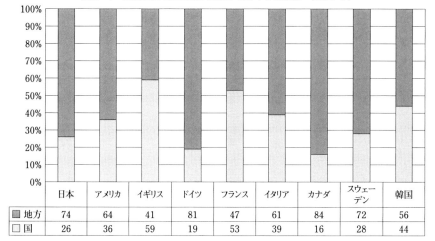

図序-4 社会保障基金を除く国と地方の事務配分（2008年）

資料：OECD（2010）により作成．

図序-4は，社会保障基金を除く実質的な国と地方の役割分担を示したものである．一般に，アメリカやドイツのような連邦制国家の場合には，イギリスやフランスのような単一国家と比べて州・地方の役割が大きいのが特徴である．アメリカでは，国と州・地方の事務配分は36対64であり，ドイツの19対81や，カナダの16対84と比べると比較的連邦の役割が大きい．単一国家でもスウェーデンは国対地方が28対72と，アメリカと比べても地方の役割が大きいことがうかがえる．イタリアでも国と地方の割合は39対61と，地方が6割の役割を有している．日本の場合には，単一国家の中でもスウェーデンに匹敵するほど，地方経費の割合が高くなっており，地方経費（州・地方経費）だけをみれば，連邦国家であるアメリカやドイツに匹敵するほどの規模である．

図序-5は，国と地方の税源配分の国際比較をみたものだが，アメリカ，ドイツ，カナダといった連邦国家での税源配分が大きいことが特徴的である．アメリカでは，国税，州税，地方税の割合は，56％，26％，18％（州・地方税は44％），ドイツでは51％，36％，13％（州・地方税は49％），カナダでは48％，42％，10％（州・地方税は52％）といったように州・地方税は国税に匹敵するほどの税源配分を有している．一方，イギリスやフランスに代表される単一国

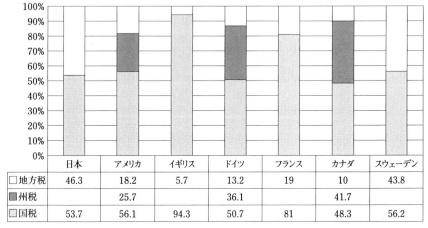

図序-5 国と地方の税源配分に関する国際比較（2007年）

	日本	アメリカ	イギリス	ドイツ	フランス	カナダ	スウェーデン
□地方税	46.3	18.2	5.7	13.2	19	10	43.8
■州税		25.7		36.1		41.7	
□国税	53.7	56.1	94.3	50.7	81	48.3	56.2

注：日本は2008年度決算額．フランスの州税は地方税に含まれている．
資料：OECD (2010), *Revenue Statistics of OECD Members 1965-2008* により作成．

家の場合には，国税の税源配分が非常に高いのが特徴的である．イギリスでは国税が94％，フランスでも国税が81％をしめている．これに対してスウェーデンでは国税の割合が56％，地方税の割合が44％と比較的地方税の割合が高くなっている．

　こうした事務配分と税源配分のギャップを埋めているのが，補助金や交付金である．アメリカでは国と州・地方の事務配分では36対64であるのに対して，税源配分は56対44である．つまり，州・地方が64％の役割を担っているのに対して，税収は44％であり，20％のギャップが存在しているのである．数値でみる限り，日本の事務配分と財源配分のギャップとよく似た状況を呈している．つまり，アメリカの州・地方は，4割程度の財源配分で6割から7割近い事務配分を担っていることになる．もちろん，連邦制国家の場合には，州ごとでシステムが大きく異なっており，平均数値のみで特徴付けをすることはできないが，州・地方に対する連邦補助金の割合については，ほぼ日本の交付税や国庫支出金に匹敵するといってよい．

4. 本書の課題

　一般補助金としての地方交付税を有する日本と違って，アメリカでは大半が特定補助金やブロック補助金である．こうした補助金の動向が州・地方財政にいかなる影響を及ぼしているのかについて，1960 年代以降の歴史的過程を通じて明らかにすることが本書の第 1 の課題である．連邦補助金の推移を 2000 年を基準年とした実質ドルでみると，1980 年代のレーガン共和党政権期と 2000 年代のブッシュ共和党政権期に大きく削減されているが，民主党クリントン政権期と同じく民主党オバマ政権期には大幅に連邦補助金が増加している（第 8 章の図を参照）．このことは，連邦補助金改革の動向とも深く関わっている．1980 年代のレーガン政権下では，従来の特定補助金が大幅に見直されてブロック補助金化がすすめられたが，新自由主義＝新保守主義的政策によるところが大きい．1990 年代のクリントン政権下の連邦補助金は福祉改革との関連がある．

　また，2000 年代のブッシュ政権期には 9・11 テロを口実に実施されたイラク戦争に伴う戦費調達のために州・地方への補助金が大幅に抑制された．**表序-2** は，アメリカ連邦政府の目的別歳出の推移を示したものである．2000 年代に国防支出は，2000 年を基準とした実質ドル支出でみると，1.5 倍以上に増加し，GDP に対する比率でも 2008 年度には 4.8% にも達している．イラク戦争終結後も依然として高水準である．一方，州・地方への補助金支出は，対 GDP 比でみれば国防費の半分の水準である．しかも，ブッシュ政権下では抑制傾向が続き，GDP に対する比率では，2003 年度の 2.3% から 2006 年度には 2.1% の水準にまで低下している．オバマ政権では，名目ドル支出，実質ドル支出，対 GDP 比のいずれの数値をとってみても，再び州・地方への補助金増額を実施しつつある．

　連邦補助金は大きく分けて特定補助金とブロック補助金に分けることができる．特定補助金はさらに，フォーミュラ補助金，プロジェクト別補助金，フォーミュラ－プロジェクト補助金に類型化される．これらは使途が限定されたものである．これに対してブロック補助金は使途が広範囲にわたっており，ほと

16

表序-2 アメリカ連邦政府の目的別

費　目	1990 年度	2000 年度	2002 年度	2003 年度
名目ドル支出総額（10 億ドル）	1,253.1	1,789.2	2,011.2	2,160.1
国防	299.3	294.4	348.5	404.8
非国防	953.8	1,494.8	1,662.7	1,755.3
対個人支出	585.7	1,054.5	1,241.5	1,331.7
直接支出	507.0	867.7	1,009.9	1,080.9
州・地方補助金	78.7	186.8	231.6	250.8
その他補助金	56.4	99.1	121.2	137.7
公債利子	184.3	222.9	170.9	153.1
その他	164.0	160.9	176.4	187.2
2000 年を基準にした実質ドル支出総額（10 億ドル）	1,589.9	1,789.2	1,929.2	2,018.2
国防	382.7	294.4	329.3	364.4
非国防	1,207.0	1,494.8	1,599.8	1,654.0
対個人支出	732.5	1,054.5	1,197.7	1,260.1
直接支出	634.0	867.7	974.2	1,022.8
州・地方への補助金	98.4	186.8	223.4	237.3
その他補助金	73.3	99.1	115.0	126.2
公債利子	226.9	222.9	163.9	143.8
その他	228.0	160.9	167.5	172.6
歳出の GDP に対する比率（%）	21.8	18.4	19.4	20.0
国防	5.2	3.0	3.4	3.7
非国防	16.6	15.4	16.0	16.2
対個人支出	10.2	10.9	12.0	12.3
直接支出	8.8	8.9	9.7	10.0
州・地方への補助金	1.4	1.9	2.2	2.3
その他補助金	1.0	1.0	1.2	1.3
公債利子	3.2	2.3	1.6	1.4
その他	2.9	1.7	1.7	1.7

（資料） U.S. Office of Management and Budget, *Budget of the United States Government, Historical*

んどが州に対する連邦補助金である．ただしコミュニティ開発ブロック補助金のように直接地方政府に支出される補助金もある．

　ブロック補助金は 1975 年から 1993 年までの間に 5 件から 15 件にまで増えた．特定補助金はレーガン政権下で大幅に統合されてブロック補助金に組み替えられてきた．しかし，1990 年代のブッシュ（父）政権下でも，100 近くもの特定補助金が増加した[5]．1993 年当時のブロック補助金は，陸上交通分野，コ

歳出の推移（1990～2010年度）

2004年度	2005年度	2006年度	2007年度	2008年度	2009年度（見込み）	2010年度（見込み）
2,293.0	2,472.2	2,655.4	2,728.9	2,982.9	3,997.8	3,591.1
455.8	495.3	521.8	551.3	616.1	690.3	712.9
1,837.2	1,976.9	2,133.6	2,177.7	2,366.8	3,307.5	0.0
1,397.4	1,490.0	1,591.8	1,689.3	1,824.6	2,090.3	2,213.3
1,131.2	1,211.9	1,315.0	1,400.9	1,519.9	1,711.8	1,803.8
266.2	278.1	276.8	288.4	304.7	378.5	409.5
141.3	149.9	157.3	155.4	156.6	189.3	242.7
160.2	184.0	226.6	237.1	252.8	142.7	135.9
196.8	218.2	226.2	178.1	219.0	976.9	370.6
2,081.9	2,165.4	2,248.7	2,258.9	2,370.4	3,127.0	2804.0
394.3	407.4	411.9	422.1	461.3	511.9	522.2
1,687.6	1,758.0	1,836.8	1,836.8	1,909.0	2615.1	
1,291.8	1,338.4	1,386.7	1,439.7	1,483.7	1,715.2	1791.0
1,045.7	1,088.8	1,145.7	1,194.3	1,236.3	1,405.1	1460.2
246.0	249.6	240.9	245.4	247.4	310.1	330.8
124.5	124.3	123.5	116.3	110.3	131.1	162.9
146.7	163.3	194.5	198.1	206.2	114.8	108.2
174.2	184.8	185.2	144.2	171.9	720.0	279.9
19.9	20.2	20.4	20.0	21.0	28.1	24.4
4.0	4.0	4.0	4.0	4.3	4.8	4.8
16.0	16.2	16.4	16.0	16.6	23.2	
12.2	12.2	12.2	12.4	12.8	14.7	15.0
9.8	9.9	10.1	10.3	10.7	12.0	12.2
2.3	2.3	2.1	2.1	2.1	2.7	2.8
1.2	1.2	1.2	1.1	1.1	1.3	1.6
1.4	1.5	1.7	1.7	1.8	1.0	0.9
1.7	1.8	1.7	1.3	1.5	6.9	2.5

Tables, 各年度版より作成.

ミュニティ開発分野，初等・中等・職業教育分野，訓練・雇用，社会サービス分野，保健分野，ヘルスケアサービス分野，その他の所得保障などがある．ブロック補助金は特定補助金に比べると，州・地方の自由裁量が拡大する反面，総額を抑制しやすいという特徴をもっている．政権交代による連邦補助金政策

---

5) Advisory Commission on Intergovernmental Relations (1994), *Characteristics of Federal Grant-in-Aid Programs to State and Local Governments: Grants Funded FY 1993 M–188.*

を歴史的に位置づけ，州・地方に及ぼす影響を明らかにすることは，日本の補助金政策の将来展望を考える上でもきわめて重要である．

　第2の課題は，州補助金の動向と地方財政との関係についてである．1980年代以降に，アングロサクソン型競争的分権主義を中心とする新連邦主義的諸政策が遂行されるのに伴って，州の役割が重視されるようになり，州と地方間で新たな財政関係が構築されることになる．その過程を分析することが本書の第2の課題である．州と地方間の財政関係については，ニューヨーク州と州内市町村を事例に取り上げることにしたい．ニューヨーク州を取り上げる理由は，州と都市財政との関係を典型事例として検証することができるためである．ニューヨーク市は，1970年代半ばと1990年代に財政危機に陥ったが，その過程で新たな州との関係が構築されることになる．また，ニューヨーク市は世界の多国籍企業の本社機能が集中する一方，少数民族が過半数を占め，貧困問題や人種問題などの都市問題が顕在化している．現代資本主義の縮図ともいえる富と貧困の二極化が進行しており，州，中心都市，郊外都市との関係を検証することは重要な課題でもある．

　第3の課題は，州，カウンティ，市町村における地方自治，住民自治システムを明らかにすることである．ホームルールの伝統を有するアメリカでは，市町村数が約5万もあり，特別区を含めると約8万の自治体が存在している．市町村の人口は平均5,000人程度であり，数多くの小規模市町村が存在している．市町村を包括する役割を果たしているのが，カウンティである．カウンティは，市町村を補完する広域行政を行っており，それらを補完するのが州である．また，市町の中にも法人格を有する村などの自治体が存在しており，市町村や市町村内の村などが住民に身近な狭域行政を担っている．さらに，市町村では住民参加や住民共同参画などの住民自治が発達しているところも多く，NPOも数多く存在しそれら行政機能を補完する役割を果たしている．連邦レベルで競争的連邦主義，新自由主義的諸政策が推進される一方で，市町村レベルでは草の根民主主義にもとづく住民自治が発達しているのである．その実態を明らかにすることが本書の第3の課題である．

5. 本書の構成

　本書は，8章から構成される．前半は主として1960年代から1980年代まで
の連邦補助金政策を扱っている．第1章では，1960年代の民主党ジョンソン
政権下の「偉大な社会」期の連邦補助金政策の展開を取り上げた．公的扶助が
爆発的に増加する一方，都市危機への対応として「都市型」連邦補助金が増加
し，連邦補助金をめぐって連邦と州・地方間の負担問題がどのような形で顕在
化したのかを検証した．第2章では，共和党ニクソン政権下の1972年に成立
した一般交付金制度に焦点を当て，地方財政調整制度がなぜアメリカで定着し
なかったのか，その構造と問題点を浮き彫りにした．第3章では，1980年代
の共和党レーガン政権期のブロック補助金政策が州・地方財政に及ぼした影響
について検証した．

　後半は，1980年代以降の新連邦主義における州の役割に着目し，州補助金
に焦点を当てて州と市町村との関係を中心に分析を行っている．第4章では，
新連邦主義の実験場としてのニューヨーク州を取り上げ，1975年ニューヨー
ク市財政危機以降の州補助金の変化と州内財政調整機能の変化について検証し
た．第5章では，自助努力の連邦主義（自活型連邦主義）と新たな州と都市と
の関係について，アメリカの州全体の動向と，ニューヨーク州内の州と市の関
係を郊外カウンティとの比較を通じて分析を行った．第6章では，「繁栄期」
といわれる1980年代のニューヨーク市経済の構造転換と雇用問題に焦点を当
て，市経済がグローバル化を通じて「世界経済依存型」へと転換し，雇用の不
安定化が高まっていく実態を明らかにした．第7章では，1980年代の「繁栄
期」にいかに貧富の格差が拡大したのかを示した上で，ニューヨーク州におけ
る州・地方の経費動向と貧困対策，州・地方税制改革と税収の動向，1990年
ニューヨーク州財政危機と財政改革について論じた．

　第8章では，1990年代から2000年代にかけての州税減税と州教育補助金に
焦点を当てて自治体財政への影響について分析した．2008年のリーマン・シ
ョック以降に州・地方財政が世界恐慌以来最悪の財政危機に陥っていることの
対応として，オバマ政権下ではアメリカ再生及び再投資法（ARRA: American

Recovery and Reinvestment Act）関連補助金が急増しており，ジョンソン政権以来最大の連邦政府による救済策ともいえる政策が展開しつつある．それが自治体財政にどのような影響を及ぼしているのかを，具体的事例として，ウェストチェスターカウンティ財政とイーストチェスター町財政，イーストチェスター学校区財政を取り上げ，さらに詳細な分析を行った．

第1章 ジョンソン政権期の連邦補助金政策と 「都市危機」

はじめに

本章の課題は，民主党ジョンソン政権下の「偉大な社会」期[1]における連邦補助金政策の変化ついて分析し，それが都市財政構造におよぼす影響を明らかにするところにある．この時期におけるアメリカ連邦補助金を取り上げる理由は，まず第1に，この時期の連邦補助金制度に連邦補助金史上ひいては財政史上かつてみられないほどの，きわめて重大な構造的変化が引き起こされたことである．つまり，これまでの州を中心とした連邦主義にとってその伝統的秩序を覆すような，連邦政府による地方とくに都市への積極的な介入が行われ，しかもそれが州を迂回した連邦－地方（都市）直結型という形ですすめられたことである．その一つのあらわれが，地方とくに都市に対する連邦補助金プログラムの「爆発的増加」であり，特定連邦補助金を中心とした連邦補助金の急増であるといってよい．F・ルーズベルトのニューディール期以来，連邦政府による州・地方への介入が積極化し，教育，保健，社会サービス，住宅，都市改造などの財やサービス供給が連邦政府の管理下で実施されるようになり，1960年代にはその動きが加速化した．その過程で，教育，保健，社会サービスなどいわゆるナショナル・ミニマムを保障するための連邦補助金に加えて，都市改造政策に関わる補助金なども拡大した．

第2の理由は，1960年代半ばに連邦補助金がいわゆる「農村型」補助金を

---

1) 「偉大な社会」期（Great Society Period）とは，民主党ジョンソン政権において「偉大な社会」計画が施行された時期つまり1964年から1969年の間をさす．アメリカでは慣用的に用いられる言葉である．

中心としたものから「都市型」補助金を中心としたものへと変化し[2]，本質的に連邦補助金の持つ意味が変わってきたことである．つまり，これまでの連邦補助金が農村開発や救貧対策等に重点がおかれていたのに対して，この頃から都市財政や都市問題に対応したものへと変化してきたのである．したがってその劇的な変化を跡づけることは，連邦政府の財政調整機能を考える上においても，また都市財政を考える上においてもきわめて重要であろう．

第3の理由は，都市財政とくに大都市財政からみると，この時期から「補助金依存型」構造を呈しはじめ，現代における「補助金依存型都市」[3]の原型がこの時期に形成されたことである．「集権化過程」[4]から「地方復位」へ向かいつつあるといわれた1960年代において，大都市ではむしろ「集権化過程」がにわかに進行しつつあったのである．このことは，1970年代半ばに勃発した都市財政破綻の醸成要因を考える上においても重要な視点であると思われる．

第4の理由は，1960年代半ばにはアメリカ史上かつてみられなかった「都市危機」[5]と呼ばれる事態，つまり都市における貧困問題や人種問題などの諸

---

2) 「都市型」補助金，「農村型」補助金という用語については明確な定義があるわけではない．便宜上，個々の連邦補助金プログラムの大半が大都市とくに標準大都市圏（Standard Metropolitan Statistical Areas, 以下 SMSA と略称）に配分されているものを「都市型」とし，農村に重点配分されているものを「農村型」としておく．

3) Burchell, Robert W., Richard L. Frorida and James Nemeth (1984), *The New Reality of Municipal Finance: The Rise and Fall of the Intergovernmental City*, New Brunswick, NJ: Center for Urban Policy Research), pp. 1-13 を参照．ここでは，'Intergovernmental City' の概念について論じられている．'Intergovernmental City' すなわち「補助金依存型都市」とは，バーシェルらの定義によれば，都市の歳入に占める連邦・州補助金の割合がきわだって高い水準にあり，その上経済的には衰退している比較的古い工業都市をいう．その背景には，都市の経済基盤が衰退し，非投資（ディスインベストメント）が進行する反面，公共サービスなどの需要が増大するために「財政ストレス」が発生するという問題がある．

4) 「集権化過程」（「集中化過程」とも邦訳されることがある）という用語は，ピーコック＝ワイズマンが『イギリスにおける公共支出の増大』（Peacock, A. T. and J. Wiseman (1961), *The Growth of Public Expenditure in the U. K.*, Princeton University Press) の中で用いている用語であり，この用語が用いられる際に主として表象におかれているのはイギリスのような単一制の中央集権国家である．アメリカのような連邦制国家においては，州の権限が比較的強いためストレートに「集権化」とすることには問題がある．しかし，あえて用いるとすれば，連邦と州・地方との関係という脈絡で捉えられることになろう．

5) 「都市危機」（Urban Crisis) という用語は，アメリカでは多くの文献で用いられている．Campbell, Alan K., ed., (1970), *The States and the Urban Crisis*, New York: McGraw-Hill などはその一つ．タブによれば，通常アメリカの用いられる「都市危機」という用語は，この40年ほどの

矛盾が激化するという事態が生じ，それが上記の3つの点と密接な関係をもっていることである．この意味で，連邦補助金政策の動向も都市における政治経済・社会的構造からもたらされる「都市危機」の分析抜きには評価し得ないのではないかと考えられる．

以上より，アメリカジョンソン政権下の「偉大な社会」期が連邦補助金史上にとっても都市財政史にとっても一大画期であることは明らかであろう．しかしながら管見による限り，連邦補助金と都市財政との関係についての研究それ自体端緒に就いたばかりであり，まして「偉大な社会」期の分析はほとんど行われてこなかったといってよい[6]．そこで本章では，公的扶助補助金に焦点を

間にずいぶん変化してきたとしている．つまり1950年代は郊外化，成長する郊外と衰退する中心都市との関係，1960年代は人種問題と貧困問題との関係，そして1970年代は衰退するスノーベルトと成長するサンベルトとの関係でそれぞれ捉えられている（Tabb, William (1986), *Urban Economics and Local Finance in the United States*, 宮本憲一他訳 (1986),「アメリカにおける都市経済学と都市財政」宮本憲一編 (1986),『地方財政の国際比較』勁草書房，249頁．また，北東部と中西部諸都市のケーススタディについては，Bernard, Richard M. (1990), *Snowbelt Cities: Metropolitan Politics of the Northeast and Midwest since World War II*, Sage Publications を参照．

また，ゴッディナー（Gottdiener, M）によれば「都市危機」という用語は1960年代の都市暴動の頃から用いられるようになり，それが1970年代に入って都市における公共部門の破産，都市における財政ストレスをさすようになったとしている．さらに「都市危機」を捉える3つの分析視角として，第1に，資本主義における公共部門による民間部門の需要への対応と独占資本の資本蓄積の論理の中で引き起こされた公共部門（都市）の破産，第2に，社会的財政的危機の中で展開する社会運動の激化，第3に，都市問題の激化をあげている（Gottdiener, M. ed. (1986), *Cities in Stress: A New Look at the Urban Crisis*, Urban Affairs Annual Reviews, pp. 7-14.）.

6) アメリカにおける連邦補助金と都市財政との関係に関する先行研究としては，Perloff, Harvey S., Richard P. Nathan, Walter W. Heller, Richard Rugles, Lyle C. Fitch, Carl S. Shoup and Harvey E. Brazer (1968), *Revenue Sharing and the City*, Johns Hopkins University Press, Fossett, James (1983), *Federal Aid to Big Cities: The Politics of Dependence*, Washington, D. C.: The Brookings Institution, Burchell, Robert W., James H. Carr, Richard L. Florida and James Nemeth (1984), *The New Reality of Municipal Finances: The Rise and Fall of the Intergovernmental City*. などがあげられる．

また，1960年代アメリカの政府間財政関係一般について論究したものに，*The Annals of the American Academy of Political and Social Sciences*, Vol. 359, May 1965 のアメリカの政府間財政関係と題する特集がある．その後の研究としては政府間財政関係諮問委員会（ACIR）による各種報告書や Break, George F. (1980), *Financing Government in a Federal System*, The Brookings Institution, Brown, L. D., James Fossett and K. T. Paime (1984), *The Changing Politics of Federal Grants*, Brookings Institution Press などがある．政治学的アプローチの研究が多い．

あてつつ，連邦補助金政策と都市財政との関係について考察を行うことにしたい．

ところで，本章で公的扶助補助金に着目する理由は，第1に，連邦補助金の中でも所得再配分に関わるこの公的扶助補助金は，金額的にみても最大でありこの時期に大都市を中心に「爆発的増加」をみたこと，第2に，都市における公的扶助負担がこの時期に急増し，連邦・州・地方（都市）間の負担率をめぐって一大議論が喚起されることとなったという点で都市財政にきわめて重大な影響をもたらしたことである．当時の公的扶助補助金の中心は，要児童扶養世帯補助金（AFDC）などオープンエンド型のマッチング補助金（open-ended Matching Grants）であった．州・地方政府の負担を伴う伝統的な特定補助金である．この時期に創設された連邦補助金の多くはプロジェクト別の特定補助金（Project Grants）であり，その意味では「偉大な社会」期に特徴的な補助金の典型あるいは「都市型」補助金の典型という位置づけはできない[7]．しかしながらこうした伝統的な所得再配分機能の一端を担う公的扶助補助金がこの時期に深刻化した都市の貧困問題に対応した「都市型」補助金として質的に変化していく過程を分析することは，現代の政府間財政関係の再編過程を考察する上でも重要な意味をもっと考えられる．

以下，第2次世界大戦以降の産業構造の転換による都市経済構造の変化と都市問題・貧困問題が顕在化していく過程，つまり「都市危機」の発生メカニズムを概観した上で，公的扶助を中心とした連邦補助金の展開と都市財政との関係についての分析に入ることとしたい．

1. 第2次世界大戦後の都市経済構造転換

第2次世界大戦後の急速な都市化の引き金となったのは，農業近代化とそれに伴う大量の農業失業者の発生であろう．アメリカにおいてはとくに南部を中心に農村経済が著しい転換を遂げた[8]．1945年には農家1件当たりのトラクタ

---

7) この時期に創設された典型的な「都市型」補助金としては，1965年に創設された住宅・都市開発省関連補助金などがある．

8) アメリカ南部における農村経済の変貌については，Piven, Frances Fox and Richard A.

第1章 ジョンソン政権期の連邦補助金政策と「都市危機」　　25

ーは1台しかなかったが，1964年には2台にまで倍増した．しかも機械化や
その他の技術革新によって1件あたりの農場の土地保有の拡大が促され，1951
年から1969年の間に100万件の農家が消失した．その一方で，以前として残
されている300万件の農家の平均敷地面積は10年前に比べて30% 大きい377
エーカーとなった．こうした変化によって農業労働者に対する需要を大幅に減
少させた．1950年から1965年の間だけで合衆国の農業生産高は45% 増加し
たが，反対に農業の雇用は45% 減少しているのである．しかも1967年の全国
の失業率は4% 程度であったのに対し，農村地域の失業率は37% にものぼっ
た．1940年以降，農業労働者の3分の2にあたる2,000万人以上の人口が土
地を離れて都市へ移住したのであり，しかもそのうち400万人以上が黒人（ア
フリカ系アメリカ人）であった．

　こうした事実は1950年代，1960年代を通じていかに大量の農業失業者が南
部の地で発生したのかを示しているわけであるが，南部だけでみても2,000
万人以上の人口が雇用を求めて都市に集中したことには注目すべきであろう．
しかもその移住先の大半が北東部大都市圏などの大都市であり，黒人の場合に
は実に370万人が南部から北東部の大都市に集中しているのである．この結果，
1940年には全国の黒人人口の約半分しか都市に住んでいなかったが，その割
合は年々増え続け，1950年には62%，1960年には73%，1965年には実に
80% にものぼっている[9]．これらの数値は，わずか四半世紀の間にいかに黒人
に代表される少数民族（マイノリティ）の多くが大都市に集中したのかを端的
に示しているといえよう．

　こうした農業近代化と農業失業者の発生を主要な契機として，北東部大都市
圏[10]を中心に大都市化が進行した．標準大都市圏（Standard Metropolitan

Cloward (1971), *Regulating the Poor: The Functions of Public Welfare*, Vintage Books,
pp. 200-201 が詳しい.

9)　U. S. Department of Commerce, Bureau of the Census (1978), *Statistical Abstract of the
United States*, Bernan Assoc, p. 23.

10)　アメリカの北東部は一般にニューイングランド地域（コネティカット，メイン，マサチューセ
ッツ，ニューハンプシャー，ロードアイランド，バーモント）と中央大西洋岸地域（ニュージャ
ージー，ニューヨーク，ペンシルヴァニア）が含まれる（Sawers, Larry and William K. Tabb
(1986), *Sunbelt and Snowbelt: Urban Development and Regional Restructuring*, Oxford
University Press, p. 6 の分類による）.

Statistical Areas，以下 SMSA と略称）の数は，1950 年には 168 であったのが 1960 年には 209，1970 年には 243 と増加の一途を辿った．また，全国人口に対する都市人口をみても 1950 年には 64.0%，1960 年には 69.9%，1970 年には 70.4% と着実な増加をみせた[11]．大都市圏（SMSA）内の第 2 次世界大戦以降の人口増加率をみると，中心都市に比べて郊外都市の方が高くなっており，1965 年以降その人口比が逆転するに至っている[12]．

しかしながらここで問題となるのが，中心都市における人口構成の変化，すなわち中心都市において人口が減少もしくは微増にとどまっているのにもかかわらず黒人層を含む低所得人口が増加している点にある．たとえばニューヨーク市の場合，1960 年から 1970 年にかけて人口は 1.5% の増加にとどまっていたが，少数民族の増加率は 61.8% にものぼった．これに対し，ニューヨーク市を除く郊外（SMSA）の場合には，少数民族の増加率は 61.3% と市とほぼ同じ数値だが，全人口の増加率は 26.4% とニューヨーク市に比べてはるかに高くなっている．この結果，少数民族のニューヨーク市人口にしめる割合は 1960 年には 15% であったのが，1970 年には 23% になっている．これに対して，ニューヨーク市を除く SMSA の場合には，少数民族の比率は 1960 年の 5 %，1970 年の 6% とわずかな伸び率にとどまっている[13]．

ボール（R. Bahl）らは，北東部大都市に共通した傾向は，高齢者や少数民族などのいわゆる「高コスト」の人口が中心都市に集中することであるとして，

---

11) U. S. Department of Commerce, Bureau of the Census (1978), p. 17. ただし，ここでの SMSA を表す数値は，1950 年の定義による．

12) Goodman, Jay S. (1975), *The Dynamics of Urban Government and Politics*, Macmillan, p. 54.

13) Bahl, Roy, Alan K. Campbell and David Greytak (1974), *Taxes, Expenditures, and the Economic base-Case Study of New York City*, Praeger, p. 29. なお，ニューヨーク市の区別人口動態については，Fitch, Lyle C. and Anmarie Hauck Walth,eds. (1974), *Agenda for a City: Issues Confronting New York*, Sage Publications（東京都訳『ニューヨーク市の当面する諸問題 II』6 頁）に詳しく分析が行われている．またここに掲げられている少数民族とは黒人及びその他の非白人であるが，プエルトリコ人は含まれていない．
    プエルトリコ人を含めて市人口に占める少数民族の割合をみると，1960 年は 22%，1965 年には 27% になる (The Final Research Report of the Graduate School of Public Administration and Social Service, the Temporary Commission on City Finances of New York (1966), *Financing Government in New York City*, New York University, p. 4).

これが公的な財政に重大なインパクトを与える指標として捉えている[14]．しかしその問題は，産業構造の変化に伴う雇用問題，貧困問題，その他の都市問題の激化という事実を抜きに語ることはできない．実際，1960年代の産業別雇用構成の変化をみてもわかるように，第2次産業雇用のしめる割合が低下傾向を辿り，サービス経済化がすすむ中で低所得未熟練労働者を中心に深刻な失業問題が顕在化しつつあったのである．

たとえば，ニューヨーク市の場合には，1960年代は「緩やかな成長期」[15]ともいわれ，その後の1970年から1975年にかけて47万人（12.5％減）もの雇用が減少した不況期とは違って，雇用が5.8％増と20万人も増加した時期であった[16]．ところが，産業別の内訳をみると，製造業が19％減と18万人の雇用が減少したのに加えて[17]，建設業が12％減，運輸業，公益事業共に7％減といわゆる生産的雇用が軒並み激減し，その一方で政府部門38％増，サービス業29％増といずれも不生産的ともいえる雇用が急増しているのである[18]．さらにサービス業の雇用の内訳をみると，対個人サービス業，ホテル業共に16％減少しているのに対して，教育サービス，種々の事業所関連サービス，法律サービスなどが30％から50％を上回る勢いで増加している[19]．

つまり，サービス経済化と一言にいっても，第3次産業の中でも特に金融や事業所関連サービス，公共部門などのいわゆるホワイトカラーの雇用機会の場が急増しているのであり，ブルーカラーの雇用機会の場が狭められているという事実がうかがえる．実際，サービス経済化の波は1970年代以降さらに劇的な転換を遂げるが，アメリカの大都市では1960年代にすでに雇用に多大な影響をもたらしていたことは注目すべき事態であるといえよう．

さて，大都市におけるこうした動向は，全体としての雇用が増大しているにもかかわらず，当然のことながら深刻な失業問題を喚起することとなった．し

---

14) Bahl, Roy (1974), *op. cit.*, p. 31

15) The Final Research Report of the Temporary Commission on City Finances (1978), *The City in Transition: Prospects and Policies for New York*, Arno Press, p. 29.

16) *Ibid.*, p. 23.

17) Bahl, Roy (1974), *op. cit.*, p. 13.

18) *Ibid.*, p. 9.

19) *Ibid.*, p. 10.

かもこの問題は特定地域に集中的にあらわれており，とくにゲットー地区（スラム地域）ではその周辺の大都市地域（SMSA）に比べて失業率（完全失業率）が著しく高くなっているのである[20]．たとえば，都市問題に関する全国委員会（National Commission on Urban Problem）の報告書によれば，**表 1-1** にように，ニューヨーク市では 1966 年のゲットー地区を除く SMSA の失業率が 5% であるのに対して，ハーレムで 8%，イーストハーレムで 9% となっており，さらにクリーブランドに至っては，ゲットー地区を除く SMSA の失業率が 4% にとどまっているのに対して，ハウとその周辺のゲットー地区の失業率は 16% と実に 4 倍も高くなっているのである．これらの数値は完全失業率（unemployment rate）でみたものだが，労働統計により不完全失業率（sub employment rate）でみるとさらに高い数値となる．たとえば 1966 年のニューヨーク市のハーレムで 29%，イーストハーレムで 33%，9 つのゲットー地区における失業率の平均は実に 33% にのぼっているのである[21]．1966 年の全国の失業率が 3.5% であったことを考慮すれば，これらの数値がいかに高いものであるかがわかるであろう．

中心都市における貧困問題の激化は単に失業問題にとどまらない．1964 年のニューヨーク，ハーレムの暴動，1965 年のロサンゼルス市ワッツの暴動，1966 年のニューヨーク，デトロイト，ニューアーク各都市の暴動，1968 年のワシントン，シカゴの暴動と相次いで都市暴動が勃発した．当時，通称カーナー委員会と呼ばれる都市暴動に関する全国委員会（National Advisory Commission on Civil Disorders）の報告書によって，次のような事実が明らかにされた．

「1949 年住宅法は国家的な目標として『すべてのアメリカの家庭に良好な住宅とそれにふさわしい環境』をすみやかに実現することを確約した．……しかし（それにもかかわらず）今日では全国の非白人の 56% が中心都市に住

---

20) National Commission on Urban Problems, United States National Commission on Urban Problems (1968), *Building the American City: Report of the National Commission on Urban Problems to the Congress and to the President of the United States*, U.S. Government Printing Office, p. 49.

21) Piven, Frances Fox and Richard A Cloward (1971), *op. cit.*, p. 216.

第1章　ジョンソン政権期の連邦補助金政策と「都市危機」　　29

表 1-1　ゲットー地区とその周辺の SMSA の失業率（1966 年）

SMSA	ゲットー地区	ゲットー地区の失業率 (%)	SMSA の失業率 (%)
ボストン	ロックベリー	6.9	3.7
グリーブランド	ハウとその周辺	15.6	3.5
デトロイト	セントラルウッドワード	10.1	4.3
ロサンゼルス	サウスロサンゼルス	12.0	6.0
ニューヨーク	ハーレム	8.1	4.6
	イーストハーレム	9.0	
	ベッドフォード	6.2	
フィラデルフィア	ノースフィラデルフィア	11.0	4.3
フェニックス	ソルトリバーサイド	13.2	
セントルイス	ノースサイド	12.9	4.5
サンアントニオ	イーストウエストサイド	8.1	
サンフランシスコ	ミッションフィルモア	11.1	5.2
オークランド	ベイサイド	13.0	

（資料）　National Commission on Urban Problems (1968), *Building American City, Report of the National Commission on Urban Problems to the Congress and to the President of the United States*, Washington, D. C.: U. S. Government Printing Office, p. 49.

んでいるが、このうち 3 分の 2 が基準以下の住宅と都市荒廃地域として有名な地域に住んでいる。これらの市民にとっては良好な住宅とそれにふさわしい環境というには程遠い状況にある。1950 年代に黒人の大半が都市に移住したが、国家を通じて建設された新しい住宅 1,680 万戸のうち 400 万戸しか中心都市に建設されなかった。……この結果、基準以下の住宅数それ自体は減少しているにもかかわらず、基準以下の住宅に住む非白人の数は 140 万戸から 180 万戸にまで増加したのである。」[22]

ただしここでいう基準以下とは、住宅・都市開発省（以下、HUD と略称）の分類によれば、①健全だが水道・ガス設備が十分でない住宅、②老朽化しかつ水道・ガス設備が十分でない住宅、③荒廃（腐朽）住宅を合わせたものを指している。HUD のデータによれば全国的傾向としてはこうした基準以下の住宅

---

22)　United States Kerner Commission (1968), *Report of the National　Advisory Commission on Civil Disorders*, A. Philip Randolph Institute, and others, March 1, p. 257. 全国的にみて、荒廃住宅に居住しているのは必ずしも少数民族に限らない。たとえば、1966 年には全国の基準以下の住宅約 600 万戸中 400 万戸以上が白人居住となっている。

は減少傾向にあるが，多くの都市の特定地域においては住宅の荒廃状況が続いていることがうかがえる．アメリカでは 1950 年代半ばから住宅の絶対的不足は解消されたといわれるが，それにもかかわらずゲットー地域を中心とした特定地区においては住宅の質的荒廃が重大な社会問題となり続けていたのである．

たとえば，14 大都市における非白人の中で老朽・腐朽化し水道設備のない住宅に住んでいる世帯の比率は，ピッツバーグで 59%，ニューオーリンズで 57%，ニューヨークで 42% となっており，またニューヨークにおける特定地域の老朽・腐朽住宅比率をみると，76% が非白人であるという．人口 2 万 5,300 人を有するある地域では 91% にものぼっているのである．さらに 12 大都市の特定地域における 1939 年以前に建築された住宅の比率は，白人が 3 割から 5 割であるのに対して，非白人のそれは 6 割から 9 割以上と異常に高くなっている[23]．

これらの事実は，住宅問題やスラム問題などの都市問題が大都市の特定地域に集中的に現れ，しかも都市の荒廃地域に集中しつつあった非白人貧困者に深刻な影響を及ぼしていることを示すものといえる．当時の都市問題に関する全国委員会の報告書には，都市改造政策の必要性が強調され，以下のような定義づけが行われている．

「（都市改造政策は）一般的に，学校，街路のような適切な公共施設の荒廃を計画的に除去してそれらを復元し，中央業務地区を復興させ，都市内に適切な工業用地を供給することによって，都市を改善しようとする公民による活動の成果である．都市改造政策に対する連邦補助金はこれらの諸活動に関わるものであるが，最も強調すべきはスラムを除去することにある．」[24]

これら一連の都市改造政策は，スラム・クリアランスとも呼ばれ，やがて「フェデラル・ブルドーザー（連邦政府のブルドーザー）による黒人一掃計画」との批判を浴びることとなった[25]．当時のロックフェラーの報告書によると，

---

23) *Ibid.*, pp. 257-259.

24) National Commission on Urban Problems, United States National Commission on Urban Problems (1968), *Building the American City: Report of the National Commission on Urban Problems to the Congress and to the President of the United States*, p. 37.

25) Anderson, Martin (1967), *Federal Bulldozer*（柴田徳衛・宮本憲一訳（1971），『都市再開発政策―その批判的分析』鹿島出版会）．

資本が集中集積する大都市において，貧困化が進行して都市の中心部にまでスラムが拡大することは国内最大の問題であるという考え方が示されていた．その対策として 1967 年までに 20 億ドルから 35 億ドルにまで拡大することが要求された．つまり，資本にとって「都市危機」はもはや放置できないほど深刻なものとなっていたのである．やがて，こうした企業側の要求を受けた形で，連邦政府の介入による都市改造政策が積極化することとなった．

2. 公的扶助の爆発的増加と「都市危機」

　以上のような都市における経済構造の変化あるいは社会構造の変化は，当然のことながら深刻な都市社会問題や都市財政問題を喚起することになり，まさに「都市危機」と呼ぶにふさわしい状況を呈するに至った．以下では，まず公的扶助の受給者という側面から「偉大な社会」期に都市の社会的需要がいかに増加したのかを検討し，次いでこの時期における連邦補助金の増加，つまり「都市型」補助金急増の実態について明らかにし，最後に公的扶助を中心に都市財政に及ぼされる影響について考察することにしたい．

　まず，この時期における連邦公的扶助受給者の全国推移からみることにしよう．ただしここでいう公的扶助とは，高齢者扶助（Old Age Assistance: OAA），要児童扶養世帯扶助（Aid to Families with Dependent Children: AFDC)[26]，盲目者扶助（Aid to Blind: AB），身体障害者扶助（Aid to Permanently and Totally Disabled: APTD）を含めたものをいう[27]．**表 1-2** をみてもわかるように，全体的な傾向として 1960 年代後半以降の増加率が著しい．1945 年から 1951 年までの年平均増加件数は 31 万 5,000 件，1957 年から 1963 年までは 22

---

26)　AFDC は主として児童をもつ貧困世帯に付与される公的扶助制度で，従来は ADC（Aid to Dependent Children）と呼ばれていたが，1962 年の社会保障法改正の際にサービスの対象者が児童から家族に重点がおかれるようになったことを反映して，その名称も AFDC に（Aid to Families with Dependent Children）改められた．クリントン政権期の 1996 年には AFDC は廃止となり，TANF（Temporary Aid for Needy Families）と呼ばれる就労条件付き臨時扶助となっている．

27)　Levitan, Sar A. (1969), *Programs in Aid of the Poor for the 1970s*, Johns Hopkins Press, pp. 22-32.

表 1-2　連邦公的扶助受給者の推移（1945〜1968 年）

（単位：1,000 人，各年 12 月現在）

年	合計	OAA	AFDC	AB	APTD
1945	3,071	2,056	943	72	—
1951	4,963	2,701	2,041	97	124
1957	5,274	2,487	2,398	108	281
1963	6,643	2,052	3,930	97	464
1966	7,411	2,073	4,666	84	588
1967	8,111	2,073	5,309	83	646
1968	8,892	2,028	6,086	81	703

（注）　OAA：老齢者扶助（Old Age Assistance）
　　　　AFDC：扶養児童世帯扶助（Aid to Families with Dependent Children）
　　　　AB：盲目者扶助（Aid to Bind）
　　　　APTD：身体障がい者扶助（Aid to Permanently and Totally Disabled）
（資料）　Levitan, Sar A. (1969), *Programs in Aid of the Poor for the 1970s*,
　　　　p. 26.

万 8,000 件，1963 年から 1966 年までは 25 万 6,000 件となっているのに対し，
1966 年から 1967 年までの 1 年間に 70 万件，1967 年から 1968 年までは 78 万
1,000 件と飛躍的な増加を示している．その内訳をみると，1960 年前後から
AFDC の割合が増加しており，1966 年から 1967 年までの間の増加に至っては，
公的扶助全体の増加率に匹敵するほどの伸び率である．**表 1-3** より，AFDC
の増加率についてみると，1950 年代が 17% であるのに対して 60 年代は 107%
となっており，そのうち 1964 年以降に発生した割合は 71% にものぼっている．
つまり，これこそが「偉大な社会」期に公的扶助受給者が「爆発的増加」みせ
たことの一端を示すものなのである．

　次に AFDC の地域別増減率をみてみよう．1960 年から 1969 年の間でとく
に 1964 年以降に発生した割合をみると，都市・農村を問わず全国的に高い数
値になっていることがうかがえる．ここで留意しなければならないのは，1960
年代の AFDC の全国増に対する寄与率である．地域別には，西部，南部，北
中部に比べて北東部の寄与率が高くなっており，121 大都市カウンティだけで
全体の 70% を占めている．さらに 121 大都市カウンティのうち，ニューヨー
ク，フィラデルフィア，シカゴ，デトロイト，ロサンゼルスの 5 大都市につい
てみると，その半数にあたる 34% を占めており，また，78 北部都市カウンテ
ィと 43 南部都市カウンティに分ければ，実に 60 対 10 と圧倒的に北部都市カ

第1章　ジョンソン政権期の連邦補助金政策と「都市危機」　　33

表1-3　AFDC 取扱件数の地域別増減率[1]

(単位：%)

	1950〜1960年変化率	1960〜1969年変化率[2]	1960〜1969 年全国に対する寄与率		
			1964 年以降の発生割合[3]	1950〜1960 年	1960〜1969 年
全国	17	107	71	100	100
地域[4]					
北東部	26	180	69	33	39
北中部	27	78	59	34	17
西部	38	161	72	33	26
南部	0	54	86	0	18
121 大都市					
カウンティ	35	165	71	80	70
5 大都市	26	217	75	23	34
残りの大都市	41	135	68	57	36
78 北部都市	41	175	70	74	60
43 南部都市	13	121	80	6	10
その他の都市					
農村カウンティ	6	60	71	19	30
北部	17	87	62	25	22
南部	−3	34	93	−6	9

(注)　1)　AFDC-UP（失業中の父親のいる世帯に対する公的扶助）を含む.
　　　　2)　1969 年 2 月以外の都市は 12 月現在の数値.
　　　　3)　前半の 4 年間と後半の 4 年 2 カ月はほぼ同じとする.
　　　　4)　U. S. Bureau of Census の定義による.
(資料)　Piven, Frances Fox and Richard A. Cloward (1971), *Regulating the Poor; The Functions of Public Welfare*, p. 186 and p. 188.

ウンティの寄与率が高くなっていることがわかる.

　このように，公的扶助の「爆発的増加」は大都市とくに北東部大都市を中心にみられることから，すでにみたような都市貧困問題の激化への対応策としての側面が強いと考えられよう．そこで問題となるのが，1960 年代後半になぜ公的扶助が「爆発的増加」をみせたのかである．その問題を考えるにあたって考慮すべきことは，1960 年代以降公民権運動の中心は南部から北東部に移行する中で，当時の黒人を中心とした貧困層による雇用・住宅・教育問題等に対する要求が高揚し，それが最高潮に達したこと，さらにそれに対する連邦政府や州・地方政府の対応が迫られた点にある.

　ピブンとクロワードによれば 1950 年代において全国的に大量の失業者が発

生したにもかかわらず公的扶助などの支出は微増にとどまり，しかも 1950 年代からすでに黒人貧困層の大量の流入を経験していた 5 大都市でさえシカゴを除いては，公的扶助の伸び率は低い水準のまま据え置かれていたという[28].

また，全国の失業率をみると 1953 年が 4.5％ であったのに対し，1954 年には 9.9％，1958 年には 12.6％ と跳ね上がっており，ベトナム戦争の始まった 1964 年以降も 10％ から 13％ と一貫して高くなっている[29]．しかしこうした状況であるにもかかわらず，政策的対応はきわめて貧弱で，1960 年に行われたマンハッタンのロウアーイーストサイドの抽出調査によると，公的扶助受給適格者のうち約半分しか実際には受給されていないことが明らかにされている[30].

つまり黒人を中心とした大量の都市への移住者のうち大半が都市で雇用吸収されず，しかも公的扶助受給水準以下の所得にとどまっていたのである．こうした矛盾が累積した結果として，「一大国家的問題としての公民権運動」[31]が展開したと考えられよう．連邦政府による一つの対応として 1964 年に公民権法（Civil Right Act），1965 年に投票権法（Voting Right Act）がそれぞれ制定されているが，ピブンらによるといずれも南部の黒人を対象としたものであったために北部の都市貧困層への直接的な影響はみられなかったという．

こうしたことが北部の都市の矛盾をさらに激化させたといってよい．こうした「都市危機」とでもいえるべき状況に対する連邦政府の対応が「偉大な社会」計画であり，その結果が「公的扶助の爆発的増加」だったのである．

3. 「偉大な社会」計画と「都市型」連邦補助金プログラムの展開

いわゆる「偉大な社会」計画は 1964 年のジョンソン大統領による「偉大な社会」宣言に始まる[32]．同年には経済機会法（Economic Opportunity Act）が

---

28) Piven, Frances Fox and Richard A. Cloward (1971), *op. cit.*, p. 218.
29) *Ibid.*, p. 215.
30) *Ibid.*, p. 219.
31) *Ibid.*, p. 229.
32) Congressional Quarterly (1970), *Congress and the Nation II*, Congressional Quarterly Books, p. 188.

制定され，同法の下で経済機会局（Office of Economic Opportunity）による
「貧困とのたたかい」（War on Poverty）をうたったコミュニティ活動事業が開
始された．さらに1965年には住宅・都市開発法（Housing and Urban Develop-
ment Act）や初等・中等教育法（the Elementary and Secondary Education
Act）が，1966年には実験的都市及び大都市圏開発法（the Demonstration
Cities and Metropolitan Development Act，一般にはモデル都市法と呼ばれる）
が制定されるなど，連邦補助プログラムが相次いで創設された[33]．

　さらに，これらのプログラムの他に重要なものとして，メディケアとメディ
ケイドがある．メディケイドは，連邦の1965年社会保障法改正によって制度
化されたもので，連邦の行政守備範囲が市民向け医療扶助にまで関わるという
一大法制上の画期として注目を集めた．その19項には医療扶助を必要とする
低所得者向けのプログラムが制度化されたが，それがメディケイドと呼ばれる
ものである．さらに同法の18項には65歳以上の高齢者を対象にしたプログラ
ムが制定されており，それがメディケアである．両者とも連邦政府の保健に関
する連邦補助の拡大及び改善という点において重要なものとされた[34]．いず
れにしても，これらの連邦プログラムの特徴を端的に述べるならば，プロジェ
クト別の特定補助金を伴う連邦プログラムがきわめて多いことにあり，しかも
「都市型」補助金が大半をしめていることにあるといえよう．

　1967年に刊行された政府間関係諮問委員会（ACIR）の報告書は，1964年か
ら1968年にかけての「偉大な社会」期を「（連邦）特定補助金の爆発的増加」
（The Categorical Explosion）の時期として特徴づけ，次のような補助金の動
向がみられたとしている．①補助金の急増，②プロジェクト別補助金利用の拡
大，③マッチング補助率の多様化，④奨励補助金の展開，⑤複数機能を持つ補

---

33) 連邦政府による都市政策および HUD 関連の法律や政策に関しては，以下の文献を参照.
Moynihan, Daniel P., ed. (1970), *Toward a National Urban Policy,* Basic Books,
Mcfarland, M. Carter (1978), *Federal Government and Urban Problems, HUD: Successes,
Failures and the Fate of Our Cities,* Westview Press, U. S. National Research Council
(1982), *The Evolution of National Urban Policy 1970-1980: Lessons from the Past,*
Washington, D. C.: National Academy of Sciences.

34) Newman, Howard N. (1972), "Medicare and Medicaid," *The Annals of the American
Academy of Political and Social Science,* Vol. 399, American Academy of Political and
Social Science, January, pp. 114-124.

助金の展開，⑥都市地域への補助金の増加，⑧行財政上の必要条件の明確化，
⑨都市計画における必要条件の拡大，⑩地域事務所体制の多様化，である[35].

　特定補助金，特にプロジェクト別補助金が金額的にも数の上においても「爆発的増加」をみたことについては，以下の事実からもうかがい知ることができる．たとえば1965年に創設された連邦補助プログラムをみると，それだけで実に109件にのぼっており，このうちプロジェクト別特定補助金は90件を占めていたのである．1966年にはさらに49件（うち40件がプロジェクト別補助金）の連邦補助プログラムが創設されており，1967年1月時点では連邦補助プログラム数全体で379件（うち280件がプロジェクト別補助金）にのぼっている．1962年以前の連邦補助プログラム数が160件（うち107件がプロジェクト別補助金）であったことを考え合わせると，いかにこの数値が大きいものであるかがわかるであろう[36].

　そこで次に，この時期における州・地方への連邦補助金および大都市向けの連邦補助金の推移をみることにしよう．表1-4は，州・地方に対する目的別連邦補助金の構成とその推移を示したものである．1963会計年度から1969会計年度にかけて連邦補助金は2倍以上になり，全連邦歳出に占める割合も7.7%から11.0%に増え，対GDP比率でみても1.5%から2.2%にまで増加している．さらに目的別にみると，社会保障（公的扶助を含む），教育・訓練・雇用，保健，コミュニティ・地域開発といった項目が大きい伸びを示していることがわかる．

　また，表1-5は，大都市（SMSA）に対する連邦補助金の推移を示したものである．1961年には39億ドルであったが，1964会計年度には56億ドル，1969会計年度には140億ドルにまで達しており，「偉大な社会」期に急増したという事実がうかがえる．特にこの時期に創設された連邦補助金プログラム関連項目の伸び率が著しいことがその特徴としてあげられよう．さらに強調されるべきことは，州・地方への連邦補助金にしめるSMSAへの配分割合が，1964会計年度に55%であったのが1969会計年度には69%と7割近くにも達

---

35)　ACIR (1977), *Categorical Grants: Their Role and Design-The Intergovernmental Grant System: An Assessment and Proposed Policies*, A-52, 1 Washington, DC: ACIR, p. 25.

36)　*Ibid.*, p. 28.

第1章　ジョンソン政権期の連邦補助金政策と「都市危機」　　37

表 1-4　州・地方に対する連邦補助金の推移（1963～1969 年度）

（単位：100 万ドル）

目的 ＼ 年度	1963	1964	1965	1966	1967	1968	1969
国 防	40	35	33	25	27	28	34
対外援助	7	4	4	6	7	6	6
軍人恩給	8	8	8	9	10	13	14
天然資源・環境・エネルギー	170	175	190	236	267	361	360
農 業	464	599	517	368	427	548	769
商業・運輸	3,075	3,710	4,100	4,074	4,147	4,351	4,421
コミュニティ・地域開発	271	522	689	804	955	1,388	1,664
教育・訓練・雇用・社会サービス	669	806	981	2,354	3,752	4,588	4,535
保 健	450	527	624	1,241	1,574	2,705	3,193
所得保障	3,246	3,502	3,530	3,577	3,770	4,262	4,804
司 法	—	—	—	1	3	11	28
一般事務	—	32	13	26	26	43	48
一般交付金・一般目的補助金	194	220	214	238	274	294	379
合 計	8,596	10,141	10,904	12,960	15,240	18,599	20,255

（資料）　ACIR（1977），*Categorical Grants: Their Role and Design—The Intergovernmental Grant System: An Assessment and Proposed Policies*, A-52, Washington, D.C., p. 26.

している事実からもわかるように，従来の「農村型」補助金とは違ったいわゆる「都市型」補助金がこの時期に急増していることであろう．

　そこで SMSA 地域に対する連邦補助金について，項目ごとの推移をみることにしよう．社会保障のうち 8 割近くをしめる公的扶助についてみると，1961 会計年度の 11.7 億ドルから 1964 会計年度には 14.5 億ドル，1969 会計年度には 30.2 億ドルとなっており，とりわけ 1964 会計年度以降の伸び率が著しく，1964 会計年度から 1969 会計年度の 5 年間に 2 倍以上になっている．1964 年時点では公的扶助補助金はハイウェイ補助金に次いで第 2 位であったが，1969 会計年度には最大の補助金項目となっている．つまり，1969 会計年度における連邦の社会保障関連補助金全体に占める SMSA の割合は 81% にもなっているのである．公的扶助補助金は「偉大な社会」期に創設された補助金とは異なるが，都市における貧困者や失業者の急増と相まってこの時期に急増したと考えられる．

　次に教育・雇用・訓練（教育・人的資源）についてみると，初等・中等教育は 1961 会計年度 2.2 億ドル，1964 年 2.6 億ドルとそれほどの増加を示してい

表 1-5　SMSA に対する連邦補助金の推移（1961〜1969 年度）

（単位：100 万ドル，％）

目的及びプログラム	1961 年度 金額	構成比	1964 年度 金額	構成比	1969 年度 金額	構成比
国　防	10	0.2	28	0.5	30	0.2
農業・農村開発	155	4.0	271	4.5	417	3.0
天然資源・環境	54	1.4	18	0.3	180	1.3
商業・運輸;						
経済開発	—		158	2.6	104	0.7
ハイウェイ	1,398	35.9	1,948	32.6	2,225	15.8
空港	36	0.9	36	0.6	83	0.6
都市大量交通	—		—		122	0.9
その他	1		5	0.1	5	
コミュニティ開発・住宅;						
大統領奨励基金	—		—		432	3.1
都市再開発	106	2.7	559	9.4	786	5.6
公共住宅	105	2.7	136	2.3	257	1.8
上・下水道	—		36	0.6	52	0.4
モデル都市	—		—		8	0.1
その他	2		17	0.3	75	0.5
教育・人的資源;						
初等・中等教育	222	5.7	264	4.4	1,262	9.0
高等教育	5	0.1	14	0.2	210	1.5
職業教育	28	0.7	29	0.5	179	1.3
雇用保障	303	7.8	344	5.8	449	3.2
人的資源活動	—		64	1.1	530	3.8
その他	3		7	0.1	333	2.4
保　健;						
保健サービス・計画	48	1.2	66	1.1	109	0.8
保健サービス供給	47	1.2	82	1.4	219	1.6
精神医療	4	0.1	8	0.1	77	0.5
医療扶助	—		140	2.3	1,731	12.3
保健人的資源	—		—		107	0.8
その他	—		4	0.1	54	0.4
所得保障;						
職業復帰	37	1.0	61	1.0	247	1.8
公的扶助	1,170	30.1	1,450	24.3	3,022	21.5
児童給食・特別ミルク・食券	131	3.4	168	2.8	482	34.3
その他	3	0.1	16	0.3	148	1.1
政府一般事務	25	0.6	47	0.8	129	0.9
その他	—		2		—	
合　計	3,893	100.0	5,588	100.0	14,045	100.0

（注）　1964 年の合計は 59 億 7800 万ドル，1969 年の合計は 140 億 4,500 万ドルとなるが資料に掲げられている数値のまま掲載した．ただし構成比の計算はこの数値で行なった．

（資料）　*Ibid.*, p. 30 より作成．

ないのに対し，1965 会計年度の初等・中等教育法成立以降に増加し 1969 会計年度には実に 12.6 億ドルにのぼっている．人的資源活動（Manpower Activities）は経済機会法制定時にあたる 1964 会計年度には 6,400 万ドルしか計上されていなかったが，1969 会計年度には 5.3 億ドルとなっている．このように，教育・雇用関連項目だけをみても 1964 会計年度から 1969 会計年度の間に 7.2 億ドルから 29.6 億ドルへと 4 倍以上に跳ね上がっているのである．ちなみに 1964 会計年度の教育・雇用関連補助金の全連邦補助金に占める割合は 8% だったが，1969 会計年度には 22% とその割合そのものも拡大し，SMSA 地域への配分割合は 63% となっている．

　最後に，コミュニティ開発・住宅（コミュニティ・地域開発）についてみておこう．1961 会計年度には 2.1 億ドルしか計上されていなかったが，1964 会計年度には 7.5 億ドル，住宅・都市開発法が制定された 1965 会計年度以降増え続け，1969 会計年度には 16.1 億ドルとなっている．この補助金は典型的な「都市型」補助金といえるもので，1969 会計年度におけるコミュニティ開発・住宅関連連邦補助金全体の SMSA 地域への配分割合は実に 97% にものぼっている．

4. 連邦補助金をめぐる連邦と州・地方間の負担問題

　以上，大都市の経済構造が著しく変貌した「偉大な社会」期を中心に連邦補助金体系が「都市型」へと変化しつつあることが示されたが，問題は連邦補助金が大都市財政に対していかなる影響を及ぼしたのかにある．以下，公的扶助を例に州と地方間の負担問題にしぼって詳しくみていくことにしよう．

　すでに検証したように，都市に対する連邦補助金は 1960 年代後半に急増した．中でも社会保障，教育・雇用，保健，コミュニティ開発・住宅という 4 大項目が際だって高い増加率を示していたことは周知の通りである．それと平行して大都市では，社会保障，教育・雇用，保健，コミュニティ開発といった連邦補助金を伴ういわゆる国家的事務に対する負担が著しく増大した．その典型例が，ニューヨーク市などでみられた「公的扶助の爆発的増加」とその負担をめぐる問題であるといってよい．

表 1-6　州別 AFDC プログラムの連邦・州・地方の負担割合（1975 年）

	負担（Assistance）			行政（Administration）		
	連邦%	州%	地方%	州%	地方%	財源
アラバマ	65.00	35.00		50.00		一般・特定
アラスカ	50.00	50.00		50.00		一般
アリゾナ	56.09	43.91		50.00		一般
アーカンソー	74.60	25.40		50.00		一般
カリフォルニア	50.00	33.75	16.25	25.00	25.00	一般
コロラド	54.69	25.31	20.00	30.00		一般
コネチカット	50.00	50.00		50.00		特定
デラウェア	50.00	50.00		50.00		一般
コロンビア・ディストリクト	50.00	50.00		50.00		議会の承認
フロリダ	57.34	42.66		50.00		一般
ジョージア	62.34	37.66		50.00		一般
グァム	50.00	50.00		50.00		一般
ハワイ	50.00	50.00		50.00		一般
アイダホ	68.18	31.82		50.00		一般
イリノイ	50.00	50.00		50.00		一般
インディアナ	57.47	25.52	17.01	不詳		一般
アイオワ	57.13	42.87		50.00		一般
カンザス	54.02	45.98		50.00		特定
ケンタッキー	71.37	28.63		50.00		一般
ルイジアナ	72.41	27.59		50.00		一般
メイン	70.60	29.40		50.00		一般
メリーランド	50.00	50.00		30.00	20.00	一般
マサチューセッツ	50.00	50.00		50.00		一般
ミシガン	50.00	50.00		50.00		一般
ミネソタ	56.84	22.08	22.08	25.00	25.00	一般
ミシシッピ	78.28	21.72		50.00		一般
ミズーリ	58.98	41.02		50.00		一般
モンタナ	63.21	17.86	8.93	不詳		一般
ネブラスカ	55.59	44.41		50.00		一般
ネバダ	50.00	50.00		50.00		一般
ニューハンプシャー	60.28	39.72		50.00		一般
ニュージャージー	50.00	37.50		不詳		一般
ニューメキシコ	73.29	26.71		50.00		一般
ニューヨーク	50.00	25.00	25.00	25.00	25.00	一般
ノースカロライナ	68.03	15.99	15.99	0-25.00	25.00-50.00	一般
ノースダコタ	57.59	31.81	10.60	37.50	12.50	一般
オハイオ	54.39	41.05	4.56	45.00	5.00	一般
オクラハマ	67.42	32.58		50.00		特定
オレゴン	59.04	40.96		50.00		一般

第1章　ジョンソン政権期の連邦補助金政策と「都市危機」　　　41

表1-6　つづき

	負担 (Assistance) 連邦%	州%	地方%	行政 (Administration) 州%	地方%	財源
ペンシルバニア	55.39	44.61		50.00		一般
プエルトリコ	50.00	50.00		50.00		一般
ローデアイランド	56.55	43.45		50.00		一般
サウスカロライナ	65.00	35.00		50.00		一般
サウスダコタ	67.23	32.77		50.00		一般
テネシー	65.00	35.00		50.00		一般
テキサス	59.55	40.45		50.00		一般
ユタ	70.04	29.96		50.00		一般
バーモント	69.82	21.18		50.00		一般
バージニア	58.34	41.66		10.00- 30.00	20.00- 40.00	一般
バージンアイランド	50.00	50.00		50.00		一般
ワシントン	53.72	46.28		50.00		一般
ウエストバージニア	71.90	28.10		50.00		一般
ウィスコンシン	59.91	40.09		50.00		一般
ワイオミング	50.94	19.53	19.53	不詳		一般

（資料）　Temporary Commission on City Finances (1977), *A Public Assistannce Programs in New York City: Some Proposals for Reform, Twelfth Interim Report to the Mayor*, p. 57.

　当時の連邦社会保障法によると，公的扶助の場合，行政上の決定権はすべて州に委ねられていた．つまり州にはプログラムの自由裁量権と連邦負担分以外の支出分を州と地方で配分する割合を決定する権限が与えられていたのである．したがって，連邦政府は公的扶助に要する配分の 50% 以上を負担してそれを補助金として州に交付し，州はまたその一部を負担して残りの負担を地方に転嫁するという構造になっており[37]，その結果，1969 年における公的扶助の支出配分は全体としてみると連邦 52%，州 37%，地方 11% となっていた[38]．

　ところが，その負担割合は州ごとでずいぶん異なっている．**表 1-6** は，1975年の AFDC プログラムの州ごとの負担割合を示したものである．同表からもわかるように，コネティカット州やデラウェア州のように，連邦と州とで50% ずつの負担を行っているところもあれば，ミシシッピ州のように連邦が78.28%，州が 21.72% の負担となっているところもあって多様である．これ

---

37)　*Ibid.*, p. 18.

38)　U. S. Department of Commerce, Bureau of Census (1971), *Statistical Abstract of the United States*, p. 291.

表 1-7　州別 AFDC 1 世帯あたり基準財政需要額，最高支出額，月平均受給額（1975 年）

（単位：ドル）

州	基準財政需要額	最高支出額	月平均受給額
アラバマ	225. 00	135. 00	94. 74
アラスカ	400. 00	400. 00	280. 92
アリゾナ	282. 00	197. 00	135. 34
アーカンソー	290. 00	140. 00	123. 42
カリフォルニア	389. 00	349. 00	265. 21
コロラド	264. 00	264. 00	207. 23
コネチカット	403. 00	403. 00	266. 41
デラウェア	287. 00	258. 00	193. 83
コロンビア・ディストリクト	349. 00	297. 00	235. 35
フロリダ	230. 00	170. 00	124. 74
ジョージア	227. 00	153. 00	98. 85
グァム	305. 50	305. 50	193. 36
ハワイ	497. 00	497. 00	340. 05
アイダホ	395. 00	344. 00	244. 76
イリノイ	317. 00	317. 00	275. 25
インディアナ	363. 00	250. 00	167. 97
アイオワ	376. 00	356. 00	275. 13
カンザス	353. 00	353. 00	235. 63
ケンタッキー	235. 00	235. 00	179. 24
ルイジアナ	203. 00	158. 00	122. 56
メイン	349. 00	219. 00	170. 52
メリーランド	314. 00	242. 00	185. 05
マサチューセッツ	304. 00	304. 00	289. 11
ミシガン	399. 00	399. 00	288. 68
ミネソタ	385. 00	385. 00	264. 74
ミシシッピ	277. 00	60. 00	48. 72
ミズーリ	370. 00	150. 00	140. 41
モンタナ	227. 00	227. 00	164. 79
ネブラスカ	328. 00	245. 00	206. 30
ネバダ	329. 00	230. 00	155. 14
ニューハンプシャー	346. 00	346. 00	132. 75
ニュージャージー	356. 00	356. 00	273. 52
ニューメキシコ	239. 00	206. 00	138. 12
ニューヨーク	400. 00	400. 00	351. 20
ノースカロライナ	200. 00	200. 00	155. 95
ノースダコタ	347. 00	247. 00	251. 34
オハイオ	431. 00	254. 00	203. 75
オクラハマ	264. 00	264. 00	186. 41
オレゴン	452. 00	413. 00	243. 86

第1章　ジョンソン政権期の連邦補助金政策と「都市危機」　　43

表 1-7　つづき

州	基準財政需要額	最高支出額	月平均受給額
ペンシルバニア	349.00	349.00	280.52
プエルトリコ	132.00	53.00	45.10
ローデアイランド	319.00	319.00	244.70
サウスカロライナ	217.00	117.00	89.11
サウスダコタ	329.00	329.00	204.53
テネシー	217.00	132.00	104.88
テキサス	187.00	140.00	109.10
ユタ	397.00	306.00	233.58
バーモント	458.00	367.00	271.51
バージニア	346.00	311.00	192.58
バージンアイランド	166.00	166.00	128.93
ワシントン	370.00	370.00	252.36
ウエストバージニア	332.00	249.00	167.22
ウィスコンシン	456.00	403.00	295.22
ワイオミング	270.00	250.00	173.65

（注）　1. 世帯とは4人世帯をさす．もし州内の地域間で金額が異なっている場合にはその最高額で示されている．
　　　　2. 基準財政需要と最高支出額は1975年6月1日現在．月平均支出額は1975年11月現在．
　　　　3. ニューヨーク州で報告されている数値は，基準財政需要の家賃部分がカウンティ間でばらつきがあるためその平均で示されている．ニューヨーク州の実際の基準財政需要の範囲は380ドルから563ドルであり，ニューヨーク市は476ドルである．

（資料）　*Ibid.*, pp. 52-53.

らは連邦と州のみで負担している場合だが，そのような州は圧倒的に多く，地方に対して負担を求めている州はニューヨーク，ミネソタ，コロラド，カリフォルニアなどの10州にすぎない．

　だが，1965年には全国の4分の1の州において，AFDC負担の大半が地方に求められていたのである．その後，1972年には6州が地方負担を廃止している[39]．それに対して，1972年においてもなお地方に対して高率の負担を求めている州がニューヨーク州である．ニューヨーク州では，連邦50％，州25％，地方25％と連邦の負担割合は最低であることに加えて，地方の負担割合は最高になっている．

　また，州によって公的扶助（ここではAFDC）の受給水準にもかなりの格差

---

39)　Temporary Commission on City Finances (1977), *Public Assistance Programs in New York City: Some Proposals for Reform Twelfth Interim Report to the Mayor*, The Commission, p. 59.

がみられる．**表 1-7** は，各州の 1 世帯（4 人家族）あたりの基準財政需要額，最高支給額ならびに月平均支給額を示したものである．ここでもニューヨーク州の月平均支給額は相対的にみてかなり高くなっている．もちろん，ニューヨーク州の水準でさえ物価などを考慮すれば貧困者にとっては十分であるとは言い難いが，全体としてみれば群を抜いて高水準になっているのである．

　このように，公的扶助の連邦補助金の州負担率が相対的に低く，地方の負担割合が相対的に高くなっているという事実は，都市に対する連邦補助金が急増した時期においてさえ，1960 年代後半以降の「公的扶助の爆発的増加」を経験した大都市にとってみれば多大な負担を強いられることとなり，1970 年代半ばにおける大都市財政危機勃発の一大情勢要因となったのである．

おわりに

　以上みてきたように，第 2 次世界大戦後の大都市化と大量の貧困者の流入を背景として大都市の貧困問題が顕在化した時期，すなわち，1960 年代後半に史上かつてみられないほどの連邦政府による都市問題対策が実施され，それに伴って連邦補助金政策が積極的に展開された．1960 年代後半以降，都市に対する連邦補助プログラムが急増したことはその一つあらわれといってよいだろう．その意味で 1960 年代半ばは連邦補助金の歴史にとっても重要な画期であると考えられる．

　しかしながら連邦補助金の体系が「都市型」になったとはいえ，それでもなお大都市における負担が軽減されたわけではなかった．「公的扶助の爆発的増加」とその負担をめぐる問題に象徴されるように，大都市の社会的需要は補助金の増加分をはるかに上回る勢いで急増していったのである．

　1966 年にニューヨーク市の市暫定委員会は，「公的扶助，教育，住宅といった貧困者向けの公的コストの負担は，ニューヨーク市のような中心都市に強いられる．連邦・州の責任は部分的で，保健・福祉コストの 2 分の 1，教育コストの 3 分の 1 しか負担されない．連邦の法規によって社会サービス向け連邦補助金は増加されるであろうが，1970 年代半ばまでにかなり増大するであろう貧困関連サービスを連邦・州が負担することを要求しておくことは，きわめて

重要である」40)として，次の３つの形態つまり，①公的扶助の機能をすべて州に移管する，②社会サービス向け特定補助金の増額，③一般目的州補助金及び連邦一般交付金の創設もしくは税源移譲，のいずれかの措置が望ましいとの勧告を行っている．これらの勧告の一部はのちに実施されることになるが，それが一般交付金の創設に向けた要求であった．次章では，一般交付金の成立と都市財政とのかかわりについて考察することとしたい．

---

40) The Final Research Report of the Graduate School of Public Administration and Social Service, Temporary Commission on City Finances, New York University (1966), *Financing Government in New York City*, p. 27.

第2章　一般交付金の成立と都市財政

はじめに

　アメリカの 1972 年州・地方財政援助法（The State and Local Fiscal Assistance Act of 1972）制定にはじまる一連の連邦補助金制度改革は，州・地方財政とくに都市財政に多大な影響を及ぼした[1]．その改革とは，1 つは一般交付金制度[2]の成立であり，もう 1 つはブロック補助金制度[3]の導入であった．本章の課題は，1972 年法成立前後から 1976 年第 1 次改正に至るまでの時期を中心に，前者の一般交付金制度の成立によって州・地方財政とくに都市財政に及ぼされた影響を解明することにある．

　本章で，一般交付金（地方財政調整制度）を取り上げる理由は以下の通りであ

---

1)　1972 年の州・地方財政援助法は別名一般交付金法（General Revenue Sharing Act）とも呼ばれる．わずか 5 年の時限立法であったが，その後 2 度にわたる改正を経て 15 年間施行された後，ついにレーガン政権下の 1987 年に廃止に至ったものである．

2)　アメリカの一般交付金制度は，日本の地方交付税制度に比べるとその規模はきわめて小さいものであった．日本の場合には地方交付税は国税 5 税の一定割合（1989 年の消費税導入までは国税 3 税の一定割合）とされているが，アメリカの場合には連邦個人所得税源のわずか 1.3% にすぎなかった．

3)　ブロック補助金は別名特別交付金とも呼ばれ，1970 年代前半には 2 つの主要なブロック補助金つまり，1973 年の総合雇用訓練法（The Comprehensive Employment Training Act of 1973, 以下 CETA と略称）において定められた CETA 補助金と 1974 年住宅・コミュニティ開発法（The Housing and Community Development Act of 1974, 以下 CDBG と略称）において定められたコミュニティ開発ブロック補助金がある．一般交付金とブロック補助金を総称してレベニュー・シェアリング（revenue sharing）とも呼ばれていた．一般交付金がレベニュー・シェアリングと同義で用いられることもあるが，厳密には両者は同義ではない．したがって，本書でも区別して，用いることにした．なお，日本では一般交付金（General Revenue Sharing）を一般歳入分与とも邦訳されることがある．

る．まず第 1 にこの時期におけるアメリカの一般交付金制度が，大都市財政危機の時代に成立したという点で，非常に新しい意味をもつ制度であったということである．従来の地方財政調整制度は，地域経済の不均等発展に伴う地域的財政不均衡の是正，とくに農村地域の救済を目的とした財政調整制度であったが，これに対してアメリカの一般交付金制度は都市財政の救済が求められていた時期に成立した制度であった．したがって，一般交付金の成立が都市財政におよぼされた影響をみることはきわめて重要な意味をもつ．

　第 2 の理由は，ニクソンからフォード共和党政権期には，民主党ジョンソン政権下の「偉大な社会」期とは違って，新連邦主義（ニューフェデラリズム）が提起され，1970 年代前半の一連の連邦補助金政策もそれとの関連が深いということである[4]．本格的に補助金削減といった大胆な政策が講じられるのはレーガン政権になってからであるが，この時期との対比でいえば，1970 年代前半は，いわばニューフェデラリズムの実験場としての緩やかな改革期として位置づけられよう．したがって，1970 年代前半の動向をみることは 1980 年代とのつながりを考える上においても重要であり，さらに財政連邦主義が州・地方財政にもたらす影響を考える 1 つの手がかりとなる．

　従来，日本においても一般交付金に関する研究あるいは紹介が行われてきたが[5]，もっぱら連邦と州あるいは連邦と州・地方との関係に力点がおかれたものが多く，連邦と地方あるいは連邦と都市との直接的な関係について言及された研究はきわめて少なかった[6]．また，アメリカにおいては一般交付金の成立時にいくつかの研究が行われており[7]，さらには「補助金依存型都市」という

4)　「偉大な社会」期の 1968 年度には連邦補助金の 98% が特定補助金でしめられており，一般補助金とブロック補助金はわずか 2% にすぎなかった．後者には，1966 年の保健パートナーシップ法（Partnership in Health Act of 1966）と 1968 年の街路防犯プログラム（Safe Street Program of 1968）があった（ACIR（1977），op. cit., p. 32）．

5)　当時のアメリカ一般交付金制度に関する日本の研究としては，水谷守男（1972），「米国における政府間財源調整─財源分与制度をめぐって」『福岡大学経済学論集』16 巻 2，3 号や 1972 年州・地方財政援助法を紹介した横田光雄ほか（1976），「アメリカにおける総合補助金制度の創設」『自治研究』第 52 巻 3 号，105-118 頁などがある．

6)　一般交付金と大都市財政に関する日本の研究としては，宮本憲一（1971），「財政改革と都市問題──60 年代アメリカの所説の紹介」『経済学雑誌』第 64 巻第 4 号」，同（1977），『財政改革』岩波書店がある．

7)　アメリカの一般交付金に関する主な研究としては，Nathan, Richard P., Allen D. Manvel,

テーマが取り上げられるようになったことで，連邦補助金と都市との関係で論じられるケースも多くなっている[8]．1970年代当時，深刻な財政難を抱える都市とくに大都市ではますます補助金に依存せざるを得なくなっており，都市の財政問題を考える上においても，また連邦補助金のあり方を考える上においても，1970年代前半の連邦補助金改革は重大な問題を提起しているといえよう．これが第3の理由である．

以下では，まず1960年代半ばに一般交付金を初めて連邦議会で提案したウォルター・ヘラー（Walter Heller）の所説を紹介し，次いで1972年の州・地方財政援助法の成立過程の検討，最後に一般交付金の州・地方に対する配分において州・地方財政ひいては都市財政に及ぼされた影響の分析を行うこととしたい．

1. ウォルター・ヘラーの所説

一般交付金をめぐるアメリカ連邦議会での論争は，1964年のウォルター・ヘラーの提案[9]に始まる．そこでまずヘラーの所説からみていくことにしよう．

Susannah E. Calkins and associates (1975), *Monitoring Revenue Sharing*, Washington, D. C.: The Brookings Institution, （一般交付金第1期の研究）および Nathan, Richard P., Charles F. Adams and associates (1977), *The Revenue Sharing: The Second Round*, Washington, D. C.: The Brookings Institution, （一般交付金第2期の研究）, Dommel, Paul R. (1974), *The Politics of Revenue Sharing*, Indiana University Press, Soltz, Otto G. (1974), *Revenue Sharing: The Legal and Policy Annalysis*, Preager Publishers, Oates, Wallace E., ed. (1975), *Financing the New Federalism, Baltimore*, ML: The John Hopkins University Press, Caputo David A. and Richard L. Cole eds. (1976), *Revenue Sharing: Methodological Approaches and Problems*, Massathusetts: Lexington Books, Juster F. Thomas ed. (1976), *The Economic and Political Impact of General Revenue Sharing*, National Science Foundation などがある．

8) 連邦補助金と都市財政に関する当時の研究としては，Fossett, James W. (1983), *Federal Aid to Big Cities: The Politics of Dependence*, Washington, D. C.: The Brookings Institution. （なお，これと同じ論文は，Brown, Lawrence D., James W. Fossett and Kenneth T. Palmer (1984), *The Changing Politics of Federal Grants*, Brookings Institution Press にも収録されている）などブルッキングス研究所から刊行されている一連の研究や Huddell L. Kenneth ed. (1979), *Fiscal Crisis in American Cities: The Federal Response*, Cambridge, MS: Ballinger Publishing Company などがある．

9) ヘラーの提案については，さしあたり，Heller, Walter (1966), *New Dimensions of Political*

ヘラーが一般交付金に着目した第1の根拠は，いわゆる「財政ミスマッチ」
(fiscal mismatch) の克服にあった．歳出面では州・地方の歳出は過去10年間
(1955年から65年まで) に125%の増加率を示したのに対して，連邦補歳出の
増加率は65%と州・地方の2分の1の伸び率にとどまっている[10]．これに対
して，歳入面ではその関係が逆転している．つまり，連邦が所得弾力性のある
所得税に依存しているのに対して，州・地方は税収全体の80%近くを財産税
(33%) と売上税 (45%) で賄わざるを得ない．ヘラーはこうした現象を「財政
ミスマッチ」と呼び，州・地方政府が「ひもつき」ではなく「ひもなし」の形
で連邦歳入の自然増分を得ることができれば，このミスマッチは克服され，経
済の総需要が高められると同時に経済の根幹部分に財源を与えることができる
と考えたのである．

　実際，1960年代には都市的サービス需要の急増などに伴って州・地方財政
は逼迫し，それは特に大都市に顕著にあらわれた[11]．ヘラーが「一般交付金
のプランは，地方の財政難とくに都市の財政逼迫を緩和させることがなければ
意味をもたない」[12]と述べたのも，こうした当時の状況を踏まえてのことであ
ろう．しかし，彼は大都市財政の逼迫に対しては何らの具体的な対策を打ち出
さず，一般的に州・地方の財政難の克服を唱っているにすぎなかった．

　ヘラーが一般交付金に着目した第2の根拠は，アメリカ連邦主義の強化にあ
った．ヘラーは州間の財政力不均衡を打開する道は連邦主義の強化にあるとし
て，とくに州の再活性化を強調して以下のように述べている．

　「われわれが州に対する連邦の新しい財政的救済措置を要求するにあたって
は，何よりもまず，州の財源を増加させるのみならず，州の活力を拡大するこ
とが必要であり，州を連邦主義のよりよき『サービス・ステーション』とする
にとどまらず，創造的かつ革新的なエネルギーを放出させることが不可欠とな

Economy, Cambridge, MS: Harverd University Press, Heller, Walter (1968), "A Sympa-
thetic Reappraisal of Revenue Sharing," in Perloff, Harvey S. and Richard P. Nathan
eds., *Revenue Sharing and the City*, New York: AMS Press を参照.

10)　Heller (1966), *op. cit.*, p. 127.

11)　1960年代から1970年代にかけての都市財政に関しては，さしあたり，Bahl, Roy ed. (1978),
Fiscal Outlook for Cities; Implications of A National Urban Policy, Syuracuse University
Press などを参照.

12)　Heller (1966), *op. cit.*, p. 159.

る」[13].

つまり，連邦主義の強化のためにはまずその財政基盤を固めなければならず，連邦主義を復活させて州を活性化させなければならないとした．その1つの方策として一般交付金を提案したのである．ヘラーは，一般交付金こそ「政治的かつ経済的民主主義をもたらすもの」となり，「政治的民主主義という点では分権化した多元的社会をつくりだし，経済的民主主義という点では，連邦─州─地方税制を累進税制」すなわち「低所得層に対して高所得者層以上に恩恵を与える」ような税制をつくりあげ，「州間の均衡化つまり経済的機会均等に貢献するものとなろう」と述べている[14].

ヘラーのいう分権化が，州を中心とした伝統的な連邦主義の再活性化によって達成され得るのかといった点に関しては，疑問を抱かざるを得ない．なぜなら，市民参加[15]や地方政府の財源強化といった地方自治の根本理念に欠くためである．しかも税体系を累進化させつつ州間の財政力不均衡の是正に貢献するほど，ヘラーの提示する一般交付金の金額（年間60億円程度）は大きなものではなかった．しかし，少なくともヘラーが，政治的民主主義と経済的民主主義を基本とするすぐれた理念を掲げ，所得税の累進制を強化させつつ所得再配分機能を高めると同時に，地域間の不均衡を是正しようとしたことは，評価すべき点である．

いずれにしても以上のような根拠により，一般交付金の提案がなされたわけだが，ここで注目すべきことは，一般交付金は州・地方に対して新しい財源と活力を与えるものであって，従来の特定補助金すなわち「国民向け連邦プログラムを犠牲にするものであってはならない」[16]とされたこと，つまり「（一般

---

13) *Ibid.*, pp. 168-172.

14) *Ibid.*, pp. 152-153.

15) ヘラーの所説では市民参加についてはまったく触れられていない．しかし，Goldenberg, Erie (1976), "Citizen Participation in General Revenue Sharing," in Junter, F. Thomas ed., *The Economic and Political Impact of General Revenue Sharing*, National Science Foundation, pp. 165-182. には，実際の一般交付金制度と市民参加の関係について分析されている．ここでは大都市ほど一般交付金の配分や使途に関する公聴会が開かれているケースが多いことが明らかにされているが，この公聴会はしだいに減少傾向をたどり，1972年には50%を超える地域で公聴会が開かれていたのに対して1974年には30%以下にとどまっているとしている（*Ibid.*, p. 167).

16) Heller (1966), *op. cit.*, p. 162.

交付金は）あくまでも既存の特定補助金を補う（supplant）ものであって決して
それにとって代わる（supplement）ものではない」[17]と強調された点にある．
そこで考案されたのが，一般交付金を連邦個人所得税源のある一定割合を財源
とする信託基金（trust fund）から賄うという方式であった[18]．ヘラーはこう
したファンドを設立することによって，一般交付金に対する連邦の予算過程の
影響を断ち切ろうと考えたのであった．

　また，一般交付金の配分に関しては，州の人口割で基本的に「ひもなし」の
形でまず州に配分し，それから州を通過（pass-through）して地方に交付され
るという形態になっていた．ヘラーは一般交付金交付の条件として，州は最低
限，会計監査を受けること，使途に関する報告書を提出することなどを義務づ
けていたが，ハイウェイ以外であればその使途は自由であり，基本的に州の自
由裁量を拡大することが一般交付金の目的であるとした[19]．

　以上のようなヘラー提案を受けて，1964年にジョンソン政権下で任命され
た11名から構成される特別調査委員会からも，ヘラー提案と似たレベニュー・
シェアリング提案が出された．この委員会の委員長がブルッキングス研究所の
ジョセフ・ペックマン（Joseph Pechman）であったことから，この時期に掲げ
られた一般交付金に関する提案はヘラー＝ペックマン提案と呼ばれている[20]．
しかしながら，いずれも採用されることなく挫折に終わっている．しかも，ジ
ョンソン政権下では二度とこうした提案が出されることはなかった．したがっ

---

17) Oates, W. E., ed. (1975), *Financing the New Federalism*, p. 3. 1950年代の一般補助金
（general support grants）に関する法案はすべて既存の特定補助金にとって代わることを前提
としたものであった．たとえば1958年のウィスコンシン州の共和党員レアード（Melvin R.
Laird）によるレベニュー・シェアリング法案は，そのレベニュー・シェアリングの分だけ既存
の連邦プロジェクト別特定補助金を削減するというものであった（Nathan, R. P. et al. (1975),
Monitoring Revenue Sharing, pp. 346-347, Mills, Myers (1975), "A Legislative History of
Revenue Sharing," *The Annals of the American Academy of Political and Social Sciencies*,
Vol. 419, May, p. 2).

18) Heller (1966), *op. cit.*, p. 146.

19) *Ibid.*, pp. 146-147.

20) Dommel, Paul R. (1974), *op. cit.*, pp. 38-60.
　ヘラーは，一般交付金制度に州，地方の徴税努力を促すようなインセンティヴすなわち，州・
地方が一般交付金を減税に用いれば交付額を削減するというペナルティを課し，反対に増税すれ
ば交付額を増加させるというインセンティブをもたせるべきだと主張していた（*Ibid.*, p. 156).

て，再び一般交付金が提案されるのは，その合理性に着目したニクソン＝フォード共和党政権になってからのことであった．

　既述のごとく，ヘラーが掲げていた一般交付金に対するビジョンは，連邦税の自然増収分を「ひもなし」補助金として州・地方に対して人口割で自動的に交付することによって，州・地方とくに都市の財政難を克服することにあった．ところが議会を通過して最終的に立法として制度化されるまでには，多くのインセンティヴを含む複雑なプログラムになっていたのである．

　以下，1972年州・地方財政援助法をめぐる議会の論争をみていくことにしよう．

2. 1972年州・地方財政援助法の成立へ

　1969年から71年にかけての不況期には，州・地方財政とくに大都市財政はさらに深刻になっていた．この時期に，積極的に税源移譲（Tax Sharing）の要求を掲げたのがニューヨークであった[21]．1968年末，財政難にみまわれていたニューヨーク市では，当時のリンゼイ市長（J. Lindsay）がニューヨーク州ロックフェラー知事（N. Rochefeller）に対して，州補助金の増額を求めていたが，しかし州もまた財政難に陥っているという理由で反対に5％の州補助金の削減が実施されたのである．ニューヨーク州知事が，連邦政府に対して連邦所得税源の10％を州・地方に移譲すべきとする要求を打ち出したのも，こうした状況を反映してのことであった．

　こうしたことが一つの契機となって1969年1月，バーンズ（Arthur F. Burns）を長とするレベニュー・シェアリング委員会が発足し[22]，法案の準備にとりかかることになった．その法案の内容をまとめると以下のようになる．

　第1に，連邦所得税源の一定割合を州・地方に対して毎年自動的に交付すること．

　第2に，連邦法で定められた特別なフォーミュラ（定式）にもとづいて州・

---

21)　*Ibid.*, pp. 80-81.
22)　この委員会には，バーンズの他に，ネイサン（Nathan）やワイデンバーム（Weidenbaum）らがいた（*Ibid.*, p. 82）．

地方に平衡に交付すること．

第3に，その資金の使途についてはひもがつかず，制約がないこと．

第4に，規模にかかわりなくすべての一般目的の地方政府（general-purpose local government）に交付すること．

さらに上記の法案を受けて政府間関係諮問委員会（ACIR）から以下のような勧告が出された[23]．その勧告の内容は以下の通りである．

第1に，連邦補陣所得税に対して州所得税の一定割合を税額控除（tax credit）することによって，州所得税の採用を促すこと．

第2に，委員会の勧告によればすべての一般目的の地方政府に交付することが認められているが，それよりもむしろ，少なくとも人口5万人以下のカウンティや都市（約800自治体）への交付を制限すべきであること．

第3に，一般交付金が州政府を通じて地方政府に交付される場合，地方の学校区に対するフォーミュラにもとづいて交付されるべきであること．

この ACIR 法案で注目すべきことは，第1に都市への交付を制限することが明記されていたこと，第2に，一般交付金に州・地方の徴税努力を促すようなインセンティブが含まれるようになったという点である．とくに第1の点は重視されるべきであろう．なぜなら，大都市の財政難をまったく無視し，都市が裕福であるとの前提に立ったこの勧告こそが，最後まで貫徹される指針となったからである．

1970 年代にはいると，州・地方の代表6団体（Big Six）すなわち全米知事会議（National Governor's Conference），全米市長会議（U. S. Conference of Mayors），全米都市連盟（National League of Cities），全米カウンティ連合（National Association of Counties），国際都市経営連盟（the International City Management Association），州政府協議会（the Council of State Government）が，公聴会を開催すべきことを要求し[24]，こうした要求を受けてベッツ（Jackson E. Betts）らによる法案が提出された．

---

23) ACIR の一般交付金に対する評価については，ACIR (1974), *General Revenue Sharing: An ACIR re-evaluation, A-48*, Washington, D. C. および，Nathan, R. P. et al. (1975), *Monitoring Revenue Sharing*, p. 356 参照.

24) Dommel, Paul R. (1974), *op. cit*, p. 94.

第2章　一般交付金の成立と都市財政　　　　55

　この時期における最も大きな変化は，第1に，連邦個人所得税の1.3%，つ
まり初年度で50億ドルを交付すべきことが提起されたことである．もし経済
成長に伴って個人所得が増加すれば，1980年までに100ドルに達するであろ
うとされていた．しかし，この所得税の一定割合というヘラー提案から引き続
きなされてきた提案は，実際には形骸化されてしまうことになる[25]．

　第2の大きな変化は，地方政府に交付される割合が増加したことにある．
1969年段階では州73%，地方27%という割合で交付されることになっていた
が，この時には，州50%，地方50%とされた．最終的には地方の割合はさら
に高められることになる．

　1971年11月には下院の歳入委員会（House Ways and Means Committee）
の委員長で，アーカンソー州の民主党議員ミルズ（Wibur Mills）を中心とし
たグループ[26]からは，1971年政府間財政調整法（The Intergovernmental Fiscal
Coordination Act）案が提出され，5年間にわたって州・地方に対して年間53
億ドルずつの交付金を付与し，その3分の1を州に，残りの3分の2を地方に
交付すべきことが提案された．ただし，ミルズは一般交付金の使途に関して連
邦議会の統制が希薄化されることなど，州・地方の自由裁量が高められること
にはことごとく反対の意を表した．

　結局，このミルズ法案に沿った形で，1972年6月，一般交付金法案が下院
で可決されることとなった[27]．下院では，多くの地方が深刻な財政難にみま
われており，この中には近年の都市化に伴ってかなり多くの公的扶助サービス
需要を抱えているところもあるのに対して，州の財政問題はそれほど深刻では
なく，比較的弾力性のある自主財源をもっている点が強調された[28]．その法

---

25)　Humphrey-Reuss法案によれば，初年度は30億程度とされ，さらにニューヨーク州ロックフ
　　　ェラー知事は1971年1月に100ドルの一般交付金を直ちに交付べきことを要求した（Nathan,
　　　R. P. et al. (1975), *Monitoring Revenue Sharing*, p. 360）.

26)　Dommel, Paul R. (1974), *op. cit*, pp. 91-92.

27)　このグループには，ミルズの他にニューヨーク州ケアリー（H. L. Carey），イリノイ州のバニ
　　　ー（Dan A. Vanie），オレゴン州のフルトン（R. Fulton），テネシー州のコーマン（J. A. Corman），
　　　カリフォルニア州のグリーン（W. J. Green），ペンシルヴァニア州のカース（J. E. Karth）らの
　　　民主党議員が含まれていた（Nathan, R. P. et al. (1975), *Monitoring Revenue Sharing*, p.
　　　362）.

28)　下院における議論については，U. S. House, Commitee on Ways and Means (1972), *State
　　　and Local Fiscal Assistance Act of 1972: Report with Supplemental, Additional, and*

案がこれまでのものと異なっていた点をまとめると以下の通りになる.

第1に, 以前には, 一般交付金の財源が個人所得税源の一定割合とされていたが, それが初年度53億ドルという金額提示方式に変化したこと.

第2に, 一般交付金の総額のうち州が3分の1, 地方が3分の2というように, 地方の配分割合が高められたこと.

第3に, これまでは恒久の法案とされていたのに対し, 5年間の時限立法となったこと.

第4に, 州政府に州個人所得税の採用を促す規定が設けられたこと.

第5に, 一般交付金を連邦の特定補助金のマッチング資金（裏負担）に充当することが禁止されたこと.

第6に, 地方政府に対して一般交付金の使途に関する優先支出項目が与えられたこと.

第7に, フォーミュラはこれまでは州人口と徴税努力によって決められていたが, その他に, 相対的都市人口規模, 州民1人あたり所得水準, 州所得税への相対的依存度が含められたこと.

しかし上院では, 大都市を抱える州に比較的有利なフォーミュラが支持されず, 上院独自のフォーミュラが提案された結果, 結局, 2つのフォーミュラが併用されることになり, 一般交付金はますます複雑をきわめた. 上院では, この他にも次のような修正規定が盛り込まれることとなった.

第1に, 交付された一般交付金を用いる公共事業に関しては, デーヴィス＝ベーコン法（Davis＝Bacon法）を満たすこと.

第2に, インディアン族地区とアラスカ原住民村にも一般交付金を交付すること.

第3に, 相対的に生活費の高いアラスカとハワイには追加的資金を付与すること.

こうして, 1972年10月20日, 州・地方財政援助法が成立した. 原住民地区への配分を考慮した点などは評価できるにしても, 2つのフォーミュラが併

Discerning Views, 924 Cong., 2nd Sess., Apr 26, 1972, HRpt. 1018, Part I to accompany H. R. 14370, U.S. House（1972）, *State and Local Fiscal Assistance Act of 1972, Conference Report*, 92nd Cong. 2nd sess., Sep. 26, 1972 Rpt. 1450 to accompany H.R. 1437 を参照.

第 2 章　一般交付金の成立と都市財政　　　57

用されることで，地域間格差をどこまで是正できるのかといった疑問が残されることとなった．条文には，これまで述べてきた内容に加えて，地方政府に対する一般交付金の配分規定などが細かく定められている．以下では，州・地方の財政難とくに都市財政難を緩和することが求められていた時期に成立した一般交付金制度が，実際には州・地方財政にどのような影響を及ぼしたのかを検討することにしよう．

3.　一般交付金の州・地方への配分と制約条件

　1972 年に一般交付金が交付された州・地方政府の総数は，実に 37,357 にのぼった[29]．これにインディアン族地区，アラスカ原住民村を加えると 37,730 になる．さらに，それを人口規模別でみると，人口 1,000 人未満の自治体がその半数をしめている[30]．これらの数値をみるだけでも，一般交付金がいかに多くの州・地方に交付されていたのかがわかるであろう．

　さて，一般交付金がどのように交付されていたのか，まず州間の配分からみていくことにしよう．すでに述べたように，交付金のフォーミュラは下院と上院の 2 つが併用されており，各州で 2 つのフォーミュラを算定した結果，金額の大きい方が採用されることになっていた．**表 2-1** は，各州がいずれのフォーミュラを採用したのかを示したものである．31 州が上院のフォーミュラ，残りの 20 州が下院のフォーミュラを採用しているが，下院のフォーミュラが相対的都市人口規模と州所得税への相対的依存度が含まれていることから，全体として，下院のフォーミュラを採用するのが都市州，上院のフォーミュラを採用するのが農村州となっている．たとえば，ニューヨーク大都市圏を含むニューヨーク州，ニュージャージー州，コネティカット州などはいずれも下院のフォーミュラを採用している．これに対し，州の都市人口比が 50 位つまりアメリカで最も低いヴァーモント州や 48 位のノースダコタ州などは，上院のフォーミュラを採用している．

---

29)　Nathan, R. P. et al. (1975)，*Monitoring Revenue Sharing*, pp. 330-331.
30)　Reischauer, R. D. (1975),"General Revenue Sharing: The Program's Incentives," in Oates, W. E. ed., *Financing the New Federalism*, p. 42.

表 2-1　州別 1 人あたり一般交付金（GRS）交付額の配分割合

（全国平均：100, 上院のフォーミュラ：S, 下院のフォーミュラ：H）

州	採用されたフォーミュラ	S にもとづく配分割合	H にもとづく配分割合	1972 年州・地方財政援助法における配分割合
アラバマ	S	110	81	101
アラスカ	S	92	86	84
アリゾナ	S	118	101	109
アーカンソー	S	120	77	109
カリフォルニア	H	92	117	108
コロラド	H	101	103	95
コネチカット	H	75	93	85
デラウェア	H	94	122	112
コロンビア区	H	72	132	121
フロリダ	S	90	85	83
ジョージア	S	100	86	92
ハワイ	H	126	129	118
アイダホ	S	125	85	114
イリノイ	H	86	103	95
インディアナ	S	92	86	84
アイオワ	S	112	91	102
カンザス	S	98	80	89
ケンタッキー	S	113	85	104
ルイジアナ	S	141	89	129
メイン	S	131	76	120
メリーランド	H	90	114	105
マサチューセッツ	H	97	122	111
ミシガン	H	95	106	97
ミネソタ	H	114	117	107
ミシシッピ	S	167	79	153
ミズーリ	H	87	88	81
モンタナ	S	124	93	113
ネブラスカ	S	109	87	100
ネバダ	H	95	99	90
ニューハンプシャー	S	94	72	86
ニュージャージー	H	78	97	89
ニューメキシコ	S	136	85	124
ニューヨーク	H	105	135	124
ノースカロライナ	S	112	86	103
ノースダコタ	S	150	76	138
オハイオ	H	76	84	77
オクラホマ	S	96	79	88
オレゴン	H	96	106	97

第2章 一般交付金の成立と都市財政　　　　59

表 2-1　つづき

州	採用されたフォーミュラ	S にもとづく配分割合	H にもとづく配分割合	1972 年州・地方財政援助法における配分割合
ペンシルヴァニア	H	97	99	90
ロードアイランド	H	101	107	98
サウスカロライナ	S	116	82	107
サウスダコタ	S	151	77	139
テネシー	S	105	78	97
テキサス	S	93	85	85
ユタ	S	121	104	110
バーモント	S	139	95	127
バージニア	H	91	96	88
ワシントン	S	96	87	88
ウエストバージニア	S	125	80	114
ウィスコンシン	S	126	118	116
ワイオミング	S	126	72	115

（資料）Oates, Wallace E., ed. (1975), *Financing the New Federalism: Revenue Sharing, Conditional Grants, and Taxation*, Baltimore: The Johns Hopkins University Press, pp. 44-45.

　しかし，2つのフォーミュラ間のあまり厳密な関係がみられるわけではなく，現実の基準財政需要額を正確反映しているのかといった点にも問題があるといわざるをえない．また，2つのフォーミュラが併用されているために，全体として州民1人あたり交付額のばらつきは比較的小さくなっている．それ以上の意味は何も示されていない．

　次に，地方への配分をみることにしよう．周知の通り，各州内における一般交付金の配分は3分の1が州，3分の2が地方となっており，地方政府に対しては連邦法に定められた一定のフォーミュラ[31]にもとづいて交付されることになっていた．そこで問題となるのが，この地方政府に対する配分規定が，大都市に不利な条件となっていることにある．その規定とは，以下の4つの点に求められる．

　第1に，地方政府は，各州から地方政府に交付される州民1人あたり交付額の平均の145％を上回る金額を受けることはできないとされるものである．これを仮に［145％上限規定］としておく．

31）これは，一般交付金が連邦から州に交付される場合に用いられる上院フォーミュラと非常によく似たものであるが，徴税努力の算定に若干の違いがある．

第 2 に，カウンティ政府を除くすべての地方政府は，各州から地方政府に交付される州民 1 人あたり交付額の平均の 20% を下回ることはできないとされるものである．これを仮に［20% 下限規定］としておく．

第 3 に，地方政府は，学校以外の税収と補助金を合わせた金額の 50% を超える金額を受けることはできないとされるものである．これを仮に［50% 上限規定］としておく．

第 4 に，フォーミュラの適用によって，交付額が 200 ドルを下回るような自治体やタウンシップがでてきた場合には，その交付権はカウンティ政府に移譲されることになるという規定である．

これら 4 つの制限規定のうち，問題となるのが第 1 から第 3 までの規定である．各州では，これら制限規定に対処するために複雑な手続きが講じられた．たとえば，州内で 145% 上限規定にかかる地方政府から 20% 下限規定にかかる地方政府に再配分されたり，それでもすべての地方政府が州民 1 人あたり交付額の平均 20% に満たない場合には，全地方政府に比例的に交付額が削減されることとなった．また反対に，すべての地方政府が 20% 移譲の交付を受けてもなお 145% 上限規定にかかる地方政府がでてきた場合には，全地方政府に比例的に再配分が行われることとなった．さらに，145% 上限規定にはかからないが，50% 上限規定にかかる場合には，その地方政府がカウンティ政府に包摂される自治体やタウンシップであれば，そのカウンティ政府に付与されるか，あるいはカウンティ政府でもいずれかの制限にかかる場合には，州に返上されることとなった[32]．

実際に報告されているデータによれば，1972 年に交付額全体の 6.6% にあたる 3 億 5,000 万ドルがこうした規定によって再配分されていた．約 38,000 の交付団体のうちわずか 74 団体を除くすべての団体が直接的，間接的影響を受けたことが，ライシャワーらの研究によって明らかにされている[33]．

表 2-2 は，ブルッキングス研究所のプロジェクトとして行われた調査結果を示したものであるが，これによれば，1972 年にこれらの規定によって影響を受けた交付団体の 3 分の 1 以上（32.9%）にあたる 12,641 団体がこうした規定

---

32) *Ibid.*, p. 52.
33) *Ibid.*, pp. 52-53.

第2章　一般交付金の成立と都市財政　　61

表 2-2　一般交付金に関して制限規定を受ける地方政府の数（1972 年）

制限を受ける地方政府	地方財政の数				割合（％）			
	合計	カウンティ	自治体	タウンシップ	合計	カウンティ	自治体	タウンシップ
合　計	12,641	173	5,463	7,005	32.9	5.6	29.6	41.4
GRS の交付団体	11,541	173	5,028	6,340	30.0	5.6	27.2	37.5
145% 上限規定にかかる団体	1,238	—	822	416	3.2	—	4.4	2.5
50% 上限規定にかかる団体	3,085	173	1,584	1,328	8.0	5.6	8.6	7.8
20% 下限規定にかからない団体	1,514	171	1,208	135	3.9	5.6	6.5	0.8
20% 下限規定にかかる団体	1,571	2	376	1,193	4.1	0.0	2.0	7.1
20% 下限規定にかかる団体	7,208	—	2,622	4,596	18.8	—	14.2	27.2
GRS の不交付団体	1,100	0	435	665	2.9	0.0	2.4	3.9
税収も補助金もない団体	539	0	212	327	1.4	0.0	1.1	1.9
その他の理由で交付されない団体	561	0	223	338	1.5	0.0	1.2	2.0

（資料）　Nathan, Richard P., et al. (1975), *Monitoring Revenue Sharing*, p. 154.

によって影響を受けたことがわかる[34]．それを地方政府の類型別にみると，カウンティでは 0%，市町村では 4.4%，タウンシップでは 2.5% となっている．また，50% 上限規定を受けた団体についてみると，それは全体の 8% をしめており，地方政府の類型別では，カウンティ 5.6%，市町村 8.6%，タウンシップでは 7.8% となっている．また，税収も補助金もないなどの理由で一般交付金を交付されない団体もあらわれたが，それは全体の 2.9% にとどまっている．

一方，20% 下限規定にかかる団体についてみると，それは全体の 18.8% をしめ，カウンティは 0%，市町村は 14.2%，タウンシップでは実に 27.2% となっている．また，団体数の上でも 20% 下限規定にかかる 7,208 団体のうちタウンシップは 4,596 団体にものぼっている．

---

34)　ここで掲げられている数値は，*Ibid.*, p 154 による．また，ライシャワーによれば，13,196 団体がこうした制限規定による影響を受けているとしている（Reischauer, R. D. (1975), "General Revenue Sharing: The Program's Incentives," in Oates, W. E. ed., *Financing the New Federalism*, pp. 53-54.）.

表 2-3　145% 上限規定によって交付額が制限される地方政府（1972 年）

人口規模	制限を受ける地方政府の数				その割合（%）		
	合計	自治体		タウンシップ	自治体		タウンシップ
		計	カウンティに包摂されない自治体		計	カウンティに包摂されない自治体	
300,000 以上	10	10	6	—	20.8	12.5	—
100,000 以上 300,000 未満	11	11	7	—	10.4	6.6	—
50,000 以上 100,000 未満	14	13	10	1	5.7	4.3	1.5
10,000 以上 50,000 未満	84	79	71	5	5.0	4.5	0.6
2,500 以上 10,000 未満	197	177	169	20	5.4	5.1	0.9
1,000 以上 2,500 未満	231	173	173	58	4.8	4.8	0.2
500 以上 1,000 未満	205	111	111	94	3.4	3.4	0.3
500 以下	486	248	248	238	3.9	3.9	0.3
合　　計	1,238	822	795	416	4.4	4.3	2.5

（資料）　*Ibid.*, p. 158.

　さらに 145% 上限規定に限定して，それを人口規模別にみたのが**表 2-3** である．これによると，この規定にかかる団体はわずか 3.2% にすぎなかったが，人口 30 万人以上の都市では実にその 20.8%，10 万人以上 30 万人未満の都市では 10.4%，5 万人以上 10 万人未満の都市では 5.7% となっており，大都市ほど 145% 上限規定の制約を受ける比率が高くなっているという事実が浮かび上がってくる．

　とくに，この規定によって大きな打撃を受けたのは 13 州の最大規模の都市であった．この時期にはこれら大都市のほとんどが深刻な財政難にみまわれており，それに追い打ちをかけるかのように，145% 上限規定によって本来受けるべき交付額が削減されたのである．たとえば，セントルイスでは，75% も交付額が削減され，フィラデルフィアでも 54% の削減が行われている．反対に，比較的裕福な郊外などは全体的に 18% の増収となっている．こうした事実からも明らかなように，145% 上限規定が貧困問題を抱え都市的需要増に悩む大都市に不利な制度となっていたのである[35]．

　これに対して，20% 下限規定はいわば形骸化した団体やきわめて裕福な団

---

35)　*Ibid.*, p. 55.

体に恩恵を与えるものとなっていた．たとえば，きわめて裕福な団体として知られるロングアイランドのヒューレットベイパーク・ヴィレッジ（Hewlett Bay Park Village，1969 年の 1 人あたり所得が 18, 815 ドル）やグレートネックエステイト（Great Neck Estates，1969 年の 1 人あたり所得が 12, 128 ドル）でも，さらに裕福で有名なニューヨーク州のスカースデール（Scarsdale），カリフォルニアのビバリーヒルズ（Beverly Hills），フロリダのパームビーチ（Palm Beach），ミシガンのジョージポイント（Grosse Pointe）といったところでさえ，この下限規定から追加的交付金が付与されていたのである[36]．

これまで，一般交付金の配分に関わる制限規定を中心にみてきたが，その矛先は大都市に対する配分を制約することに向けられており，きわめて裕福な自治体にまで再配分するといったいわばばらまき型の交付金であった．

4. 一般交付金と地方財政

地方政府に対しては，上記のような規定の他に，以下のような交付要件が与えられていた．①将来および過去の一般交付金の使途に関する計画書ならびに報告書を毎年作成すること．②一般交付金に関しては別途，会計手続きを行うこと．③人を差別するようなプログラムには一般交付金は使用しないこと．④当該団体の自主財源からの支出に関する立法や手続きにしたがって一般交付金を使用すること．⑤以下の 8 項目にわたる優先支出項目に使用すること．治安（警察，消防），環境保全（清掃），公共交通，保健，レクリエーション，図書館，貧困者・高齢者向け社会サービス，財務，⑥一般交付金を連邦特定補助金のマッチング負担に使用しないこと．⑦一般交付金の少なくとも 25％ は建設プロジェクトに使用すること．ただし，その建設プロジェクトに携わる労働者の賃金はデービス＝ベーコン法に定められた賃金規定にしたがうこと[37]．

このうち地方政府にとって問題となるのが，⑤と⑦である．**表 2-4** は，1973〜1974 年度の 97 都市における一般交付金の使途について示したものである．同表には，実際に報告書にもとづく数値と，キャプト（Caputo）とコール

---

36) *Ibid.*, pp. 55-56.
37) Public Law 92-512, 2nd Cong., H. R. 14370, October 20, 1972.

表 2-4　97 都市における一般交付金（GRS）の使途（1973～1974 年度）

目的	実際の報告書	インタビュー・データ
経常支出および維持費		
治　安（消防・警察）	25.8	19.8
環境保全（清掃）	1.9	0.4
公共交通	1.7	0.9
保　健	0.2	0.9
レクリエーション	1.1	1.1
図書館	0.2	0.1
高齢者・貧困者向け社会サービス	0.4	0.6
財　務	0.5	0.3
資本支出		
複数目的および政府一般	10.9	12.1
教　育	0.0	0.0
交　通	4.0	3.2
社会開発	0.7	0.4
住宅・コミュニティ開発	1.7	1.4
経済開発	1.0	1.0
環境保全（清掃）	3.4	3.2
治　安	13.4	11.4
レクリエーション・文化	19.1	27.9
その他	4.2	9.8

（資料）Caputo, David A. and Richard L. Cole, eds.（1976）, *Revenue Sharing: Methodological Approaches and Problems*, Massachusetts: Lexington Books, p. 56.

（Cole）がアンケート調査によって調べた結果が記載されている．この表から
まずうかがえることは，経常支出に関しては，優先支出項目の第一番目に掲げ
られていた治安（消防と警察）に対して，一般交付金全体の 4 分の 1 以上，経
常支出全体の 80％ 以上にあたる金額が使われていたことである．一般交付金
の少なくとも 25％ 以上を充当することとされていた資本支出に関していえば，
全体の 50％ 以上が充当されている．その内訳をみるとレクリエーション・文
化が最も高くなっているが，それに次いで資本支出でも治安や複数目的および
政府一般が高い比重を占めていることがわかる．治安に関する数値はいずれも
アンケート結果よりも高くなっており，このことは，優先支出項目の指定が地
方政府の一般交付金に対する使途を著しく制約せしめたことを意味していると
いえよう[38]．

　この点は，州政府と地方政府を比較すればさらに明確となる．つまり州では

第 2 章　一般交付金の成立と都市財政　　　　65

一般交付金の使途が最大なのは教育であるが，全体的にみて比較的様々な費目
にわたっているのに対し，地方では，連邦法に規定された優先支出項目に特化
する傾向にあり，地方財政に必要なここの財政需要を無視した構造になってい
るのである．また，州では，その 80% 以上が経常経費に充てられているのに
対して，一定割合を資本支出に充当することが定められている地方では，50%
近くが地方支出に向けられているのである[39]．

　さて次に，各州・地方政府の財政に対する一般交付金の相対的規模について
みることにしよう．ただし，この州・地方財政に対する相対的規模は，全体と
してはそれほど大きいわけではない．たとえば，1970〜1971 会計年度の州・
地方の自主財源一般歳入に対する 1972 年の一般交付金の割合は，全国平均で
4.5%，税収に対する割合が 5.6%，一般歳出に対する割合は 3.5% となって
いる[40]．しかし，この数値はあくまでも州・地方を合わせた全国平均であり，
当然のことながらその数値は州・地方ごとで大きく異なってくる．

　表 2-5 は，州・地方の一般歳出（1970〜1971 会計年度）に対する一般交付金
（1972 年）の割合から，地方政府にとって有利な 10 州と不利な 10 州とに分類
したものである．全体的に一般歳出に対する一般交付金の割合は，地方政府の
方が高くなっているが，その割合が州によってどの程度の違いがあるのかを示
した数値をみると，最も高いのがハワイ州である．ここでは地方の一般歳出に
対する一般交付金の割合が 8.5%，州で 1.1% となったいることから，地方は
州の 7.8 倍にものぼっている．これに次いでアラスカ州では，5.1 倍，全国で
州の都市人口比が最低であるヴァーモント州では 4.6 倍となっている．これ
に対し，全国最大の人口規模を有するニューヨーク市を抱えるニューヨーク州
では，地方は州のわずか 1.4 倍にとどまっている．この数値から全国で最も
不利な州として位置づけられるのである．

　このように一般交付金制度が大都市に不利であることは大都市圏（SMSA）
と非大都市圏における一般交付金の配分割合からもうかがうことができる．**表**

---

38)　Caputo, David A. and Richard L. Cole, eds. (1976), *op. cit.*, p. 56.
39)　Palmer, John L. and Isabel V. Sawhill, eds. (1982), *The Reagan Experiment: An Examination of Economic and Social Policies Under the Reagan Administration*, Washington, D. C.: The Urban Institute Press, pp. 450-456.
40)　Nathan, R. P., et al. (1975), *Monitoring Revenue Sharing*, pp. 332.

表 2-5　1970～1971 年の州・地方の一般歳出に対する 1972 年の一般交付金の割合

州	一般歳出に対する GRS の割合 地方政府（A）	一般歳出に対する GRS の割合 州政府（B）	$\dfrac{A}{B}$	州の都市ランキング
地方政府に有利な州				
ハワイ	8.5%	1.1%	7.8	6
アラスカ	2.4	0.5	5.1	43
バーモント	7.5	1.6	4.6	50
ユタ	6.0	1.9	3.2	10
メイン	7.5	2.4	3.1	41
ロードアイランド	5.4	1.8	3.0	3
オクラホマ	5.1	1.7	3.0	23
ノースダコタ	6.7	2.3	2.9	48
アラバマ	6.2	2.1	2.9	35
アイダホ	6.2	2.2	2.8	38
地方政府に不利な州				
インディアナ	3.9	2.2	1.8	29
ミズーリ	3.8	2.2	1.7	21
カンザス	3.6	2.1	1.7	26
フロリダ	3.5	2.0	1.7	9
カリフォルニア	2.9	1.8	1.6	1
ネブラスカ	4.0	2.5	1.6	31
ネバダ	2.4	1.5	1.6	8
ニュージャージー	3.1	2.1	1.5	2
オハイオ	3.4	2.3	1.5	16
ニューヨーク	2.6	1.9	1.4	4

（資料）　Nathan, Richard P., et al.（1975）, *Monitoring Revenue Sharing*, p.153.

表 2-6　SMSA 内外の地方政府に対する連邦直接的支出と一般交付金

（単位：100 万ドル，%）

	地方政府に対する連邦直接的支出 1966-1967 年 金額	地方政府に対する連邦直接的支出 1966-1967 年 割合	地方政府に対する連邦直接的支出 1971-1972 年 金額	地方政府に対する連邦直接的支出 1971-1972 年 割合	地方政府に対する GRS（1972 年）金額	地方政府に対する GRS（1972 年）割合
SMSA 内	1,396.3	79.6	3,897.1	85.6	2,476	70.2
SMSA 外	357.1	20.4	654.1	14.4	1,051	29.8
合　計	1,753.4	100.0	4,551.2	100.0	3,527	100.0

（資料）　Caputo, David A. and Richard L. Cole, eds.（1976）, *Revenue Sharing*, p.4.

第 2 章　一般交付金の成立と都市財政　　　67

表 2-7　州・地方に対する連邦補助金の変化率（1965〜1970 年度，1970〜1975 年度）

（単位：100 万ドル，％）

年　度	連邦補助金総額	1975 年ドル価値でデフレートした連邦補助金総額	連邦支出に占める連邦補助金の割合	GNP に対する連邦補助金の割合	州・地方の歳出に対する補助金の割合
1965	10,904	17,145	9.2	1.6	15.3
1970	24,018	32,239	12.2	2.3	19.4
1975	49,723	49,723	15.3	3.3	23.4
期間の変化率					
1965〜70	120	88	33	48	27
1970〜75	107	54	25	44	21

（資料）　ACIR, *Categorical Grants*, A-52, op. cit., p. 34.

2-6 は SMSA 内外における連邦直接的支出と一般交付金を比較したものである．第 1 章で明らかにしたように，1966 年から 1972 年にかけて，都市人口比率すなわち SMSA の人口比が相対的に増加し，都市問題の激化や都市的需要の増大がみられ，それに伴って SMSA に対する連邦直接支出の相対的割合は 80％ から 86％ へと上昇した．しかし，一般交付金の配分に関しては，SMSA への配分割合は 1965 年の連邦直接支出よりも低い 70％ 程度にとどまっているのである．

　また，一般交付金制度の成立以降，州・地方に対する連邦補助金の増加率それ自体も鈍化した．それを示したのが，**表 2-7** である．これは 1965〜1970 会計年度の 5 年間と 1970〜1975 会計年度の 5 年間とを比較したものであるが，総額でみれば 1965 年度から 1975 年度までの間に連邦補助金は約 5 倍となり，1975 年のドル価値でデフレートした価値でみても 3 倍近くにまで拡大している．連邦支出に占める連邦補助金の割合も 1965 会計年度に 9.2％ であったのが 1970 会計年度には 12.2％，1975 会計年度には 15.3％ にまで増加し，GNP に対する連邦補助金の割合は 1965 年度の 1.6％ から 1975 年度には 3.3％，州・地方の歳出に対する連邦補助金の割合も 1965 会計年度の 15.3％ から 1975 年度には 23.4％ にまで拡大している．しかし，1960 年代後半と 1970 年代前半の年平均増加率をみると，連邦補助金の総額の伸び率は 120％ から 107％ に鈍化しており，またそれを 1975 年のドル価値でデフレートすればさらに 88％ から 54％ の伸びにとどめられていることがわかる．また，連邦支出にしめる連邦補助金の割合も変化率でみれば，33％ から 25％ に抑えられ，連邦補助金の

対 GNP 比，連邦歳出総額に占める連邦補助金の割合ともにその変化率が抑制
方向にあることがうかがえる．

　以上より，一般交付金が地方政府に交付される過程において，連邦による統
制が加えられそれがとくに大都市の交付額を抑制する働きを行ったこと，一般
交付金制度は都市州と呼ばれる州では州と地方間での地方政府の配分が不利な
立場に立っていること，一般交付金は相対的に他の連邦直接支出に比べて大都
市圏への配分割合が低いこと，そして最後に，一般交付金の成立によって，連
邦補助金の総額そのものは増え続けているものの，その増加率が抑制傾向にあ
ることが明らかにされた．

おわりに

　これまで，1970 年代前半を中心に，アメリカ一般交付金制度の成立が州・
地方に及ぶ影響を検討し，それがこの時期における財政調整機能制度としては
いかに矛盾の多い制度であったことを考察してきた．州・地方財政援助法が第
1 回目の改正を迎えた時期においても，一般交付金制度に関しては多くの論争
を巻き起こすこととなった．たとえば，スクラー（Morton H. Sklar）は，一般
交付金制度が，少数民族，助成，貧困者に対する従来の特定補助金の削減につ
ながっていることから，貧困者に対しては否定的なインパクトを与えていると
して痛烈な批判を行っている[41]．

　一方，一般交付金制度が財政難を抱える大都市にはまったくといってよいほ
どその危機の打開にはつながらず，それどころか不利にさえなっているとの批
判も出され，少なくとも 145％ 上限規定の撤廃をすべきとの要求も出された[42]．
こうした批判は，1975 年のニューヨーク市財政破綻を契機としてさらに高ま
り，失業率の高い地域を対象とした景気対策レベニュー・シェアリングの提案
も出されるにいたっている[43]．しかし，こうした大都市に不利な制限規定は

---

41)　Sklar, Morton H. (1975), "The Impact of Revenue Sharing on Minorities and the Poor,"
　　in Subcommittee on Intergovernmental Relations of the Committee Government Operations,
　　United States Senate, *Revenue Sharing: A Selection of Recent Research*, pp. 365-410.

42)　Nathan, R. P. et al. (1975), *Monitoring Revenue Sharing*, p. 11.

43)　Strauss, Robert P. (1976), "Overhauling the Federal Aid System: Redesigning General

そのまま第2期にも受け継がれることとなったのである.

　以上の事実は，一般交付金制度そのものに，1960年代後半に急増した「都市型」連邦補助金を整理・削減しようとする要因が内在していたことを示すものといえよう．本章ではもっぱら一般交付金に絞ってその特徴をみてきたが，その基本的な特徴の一部は，特別交付金つまりブロック補助金についても当てはめることができる．次章では，レーガン政権下でのブロック補助金政策に焦点をあてて分析をすすめることとしよう.

Revenue Sharing and Countercyclical Aid Programs," *National Tax Journal*, September, pp. 341–355.

第3章 レーガン政権期のブロック補助金政策と州・地方財政

はじめに

　1981年2月に共和党レーガン政権によって連邦歳出削減計画が公表されたとき，最も注目を集めたのが，州・地方に対する500余連邦特定補助金プログラムのうちの90の補助金をわずか3つのブロックに統合しつつ，大幅な連邦補助金削減を実施するという連邦財政史上きわめて大規模な計画であった[1]．本章の課題は，レーガン政権期におけるブロック補助金の特質を，第1章と第2章で展開した過去20年余にわたる一連の連邦補助金制度の構造的変化との関わりで解明し，その改革の波が州・地方財政に及ぼす影響を明らかにするところにある．

　ところで，ブロック補助金の概念そのものが連邦財政史に登場したのは，第

---

1) Peterson, George E., Randall R. Bovbjerg, Barbara A. Davis, Walter G. Davis, Eugene C. Durman and Theresa A. Gullo (1986), *The Reagan Block Grants: Whats Have We Learned?*, Washington, D. C.: The Urban Institute Press. 本書によれば，1981年当時には300以上の連邦特定補助金があったとされるが，実際には1981年1月1日現在の政府間財政関係諸問委員会（ACIR）の計算によれば，534の補助金が存在していたことが明らかにされている（ACIR (1982), *A Catalog of Federal Grant-in-Aid Programs: Grant Funded FY 1981*, M-133, Washington, D. C., February, p. 2.).

　また，レーガン政権期の補助金政策を含む内政面に関する諸政策について言及したものとしては，Palmer, John L. and Isabel V. Sawhill eds. (1982), *The Reagan Experiment: An Examination of Economic and Social Policies Under the Reagan Administration*, Washington, D. C.: The Urban Institute Press, や, Palmer, John L., ed. (1986), *Perspectives on the Reagan Years*, Washington, D. C.: The Urban Institute Press などがある. さらに，レーガン政権の前半期おける経済政策・財政政策を批評したものとしては，Craig, Stubblebinem Wm. and Thomas D. Willett (1983), *Reaganomics: Modern Report, SanFrancisco*, Carifornia: ICS Press などがある.

2次世界大戦直後すなわち特定補助金プログラムが連邦予算にとって重要な項目となり始めた頃のことであった[2]. それは州・地方に対する連邦補助金をブロック補助金として統合することによって，多数の連邦補助金プログラムの管理を合理化し，補助金総額そのものを削減することによって，政府支出の拡大に歯止めをかけることを主たる狙いとしていた.

そのような狙いをもつ当時の諸提案の中でまず最初に実現したのは，保健・教育・福祉省 (The U. S. Department of Health, Education and Welfare, 以下, HEW と略称) 管轄の 14 の特定補助金プログラムをブロック補助金として統合する計画であった.

その後，1960 年代には 2 つのブロック補助金すなわち 1966 年保健パートナーシップ法 (The Partnership for Health Act of 1966) と 1968 年総合犯罪規制および街路防犯法 (the Omnibus Crime Control and Safe Streets Act of 1968) にもとづくブロック補助金がそれぞれ制定された[3]. さらに，1970 年代にはニクソン政権下で特別交付金構想が打ち出され，そのうち 2 つのブロック補助金すなわち 1973 年総合雇用・訓練法 (the Comprehensive Employment and Training Act, 以下 CETA と略称)[4] と 1974 年住宅・コミュニティ開発法にもとづくブロック補助金 (以下 CDBG と略称)[5] がそれぞれ制度化されてきた. その他にも，社会福祉や教育の分野でも一部の特定補助金が統合されている[6].

---

2) Peterson et al. (1986), *op. cit.*, p. 2.

3) 1966 年の総合保健協力法にもとづくブロック補助金については，ACIR (1977), *The Partnership for Health: Lessons from a Pioneering Block Grant, The Intergovernmental Grant System: An Assessment and Proposal Policies*, A-56, Washington, D. C., January を参照. さらに，1968 年の総合犯罪規制および街路防犯法 (the Omnibus Crime Control and Safe Streets Act of 1968) にもとづくブロック補助金については，ACIR (1977), *Safe Streets Reconsidered: The Block Grants Experience 1968-1975, The Intergovernmental Grant System: An Assessment and Proposal Policies*, A-55 および A-55a, Washington, D. C., January.

4) CETA ブロック補助金については，ACIR (1977), *The Comprehensive Employment and Training Act; Early Readings from a Hybrid Block Grant, The Intergovernmental Grant System: An Assessment and Proposal Policies*, A-58 を参照.

5) コミュニティ開発ブロック補助金については，U. S. Department of Housing and Urban Development (1976), *Community Development Block Grants Program: Directry of Allocations for Fiscal Year 1976*, October.

6) ACIR (1977), *Block Grants: A Comparative Analysis*, A-60, pp. 11-13.
   1967 年の社会保障法改正 (第 V 条) と 1974 年の教育法改正 (第 IV 条) によって，プログラ

このように，レーガン政権期以前にもすでにいくつかのブロック補助金が存在していたのであるが，レーガン政権期のブロック補助金がそれ以前のものと決定的に異なっていた第1の点は，州に割り当てられた役割にあり，それがレーガン政権の新連邦主義ひいては新自由主義＝新保守主義と密接な関係をもっていたことである．

第2の相違点は，レーガンが軍事増強策をおしすすめつつ，非軍事支出を大幅に抑制するという一連の諸政策を遂行する中で，ブロック補助金を歳出削減の主要な手段とした点にある．したがって，ブロック補助金そのものが州・地方に対する大幅な補助金削減と直接的な関連をもつこととなったのである．

従来，ブロック補助金は，特定補助金と一般補助金の中間的な形態であり，特定補助金のもつ管理面での非合理性を克服するものとして論じられてきた[7]．また，地方自治体からみれば特定補助金に比べると自由裁量権が行使できるという利点も見受けられる．しかし，レーガン政権下においてブロック補助金は，過渡期の補助金形態，すなわち究極的には内政面における行政事務の負担の大半を州に移管して，できる限り連邦補助金そのものをなくしていくための過渡的な手段として位置づけられたのであった[8]．

以上のようなレーガン政権下の諸政策が，現実にはいかなる矛盾を生むものであったのか，さらには州・地方財政にどのような影響がもたらされたのかを解明することは80年代の新連邦主義を特徴づける上においても重要な課題であるといえよう．以下では，まずレーガン政権期以前のブロック補助金を検討した上で，上記の分析に入ることにしたい．

ムの統合によるブロック補助金とも考えられるようなプログラムが成立している．しかし，その補助金の性格は特定補助金の単なる拡大にすぎない．

7) レーガン（Michael Reagan）は，ブロック補助金がもしそのプログラムの管理上の責任を交付団体に保障するものであれば，それは一方において管理を分離させ，特定のプログラムにおける地方に選択と意思決定を認めつつ，他方においては集権的な諸政策をとる有益な手段となると指摘しており，とくに特定補助金のもつ管理面での非合理性を克服する点に着目していた（*Ibid.*, p. 13）.

8) Brown, Lawrence D., James W. Fossett and Lenneth T. Pakmer（1984）, *The Changing Politics of Federal Grants*, Washington, D.C.: The Brookings Instutution, p. 49.

1. レーガン政権期以前のブロック補助金

　アメリカ連邦財政史上初めてブロック補助金が提案されたのは，第1次フーバー政権下の1949年の勧告においてであった．そこでは，「補助金制度は，現在のような分散的なものではなく，ハイウェイ，教育，公的扶助，公衆衛生といったような広範な領域にわたる項目として確立されなければならない」[9]と結論づけられていた．コンラン（Timothy Conlan）によれば，こうしたブロック補助金の提案は歴史的にみてまったく異なる2つの理論的根拠にもとづいて行われてきたという[10]．

　まず第1の観点は，管理面の合理化に関する議論であった．つまり，数多くの特定補助金をブロック補助金として統合することにより，管理面で合理化を図ろうというものである．そうした議論は，ブロック補助金が初めて提案された時から約20年にわたって支配的であった論調であり，とくにジョンソン政権下で特定補助金が急増したときにも主として唱えられてきたものであった．

　第2の観点は，1970年代すなわちニクソン政権期に入って以降，新連邦主義との関連で主張されるようになったもので，それはとくに特定補助金をめぐって特定の利害集団と議会と連邦プログラムを管理する官僚との間に「鉄の三角形」と呼ばれる関係が成立しているという批判からきたものであった．したがって，ニクソンの特別交付金構想，すなわち都市コミュニティ開発，運輸，司法強化，人的資源訓練，農村開発の6つの領域にわたって特別交付金を創設しようという構想は，特定補助金を統合することよりもむしろ連邦の介入を最小限にとどめることに力点がおかれていたのである．しかし，この特別交付金構想は議会の猛烈な反対にあい，特定補助金を統合した2つのブロック補助金，すなわちCETA補助金とコミュニティ開発ブロック補助金（CDBG）の成立をみたにとどまっている．

---

9) Commission on the Organization of the Executive Branch (1949), *A Report to Congress on Federal-State Relations*, Washington, D.C.: U.S. Printing Office, pp. 31-32. Peterson et al. (1986), p. 2.

10) Conlan, Timothy (1984), "The Politics of Federal Block Grants: From Nixon to Reagan," *Political Science Quarterly*, Vol. 99, Summer, pp. 247-270.

第3章　レーガン政権期のブロック補助金政策と州・地方財政　　75

　ニクソン政権期に確立した2つのブロック補助金がレーガン政権期のものと
異なっている点は，州に直接交付されるものではなかったところにある．17
の職業訓練関連の連邦特定補助金を統合したCETA補助金は，以前の人的資
源補助金額，失業者数，貧困指数をフォーミュラとし，州，人口10万人を超
える都市とすべてのカウンティに交付されるものであった[11]．また，都市再
開発，モデル都市計画，上下水道，オープンスペースの保持，近隣施設，リハ
ビリテーションのための融資，公共施設のための融資という7項目にわたる都
市開発関連の連邦特定補助金を統合したCDBGは，人口，貧困者数，過密住
居をフォーミュラとし，州，人口5万人以上の都市と人口20万人以上のカウ
ンティに交付されるものであった[12]．さらに，CETA補助金は，ブロック補
助金として成立するや否や，議会によって再び多くの部分が特定補助金化され
てしまい，CETA支出全体の中にCETAブロック補助金の占める割合は，
23%にとどめられていた[13]．

　コンランのいうブロック補助金をめぐる2つの議論に加えて，ピーターソン
（George E. Peterson）らはこれまでのブロック補助金提案の背景には，多かれ
少なかれ増大する補助金をコントロールしようとする意図が働いていたことを
指摘している[14]．しかし，ブロック補助金に歳出抑制機能を持たせることは，
少なくともレーガン政権以前においては，ブロック補助金の原理の一部にすぎ
なかった．ピーターソンらによれば，ニクソン政権期とレーガン政権期の社会
サービスプログラム第XX条のブロック補助金のみが従来の無制限のマッチ
ング補助金制度に代わって連邦の社会サービス支出に一定の予算枠を設けたに
すぎなかったとしている[15]．したがって，1977年のACIRの定義においても，
「ブロック補助金とは，交付団体の自由裁量が大きく，その使途も広範な領域
にわたっており，法定のフォーミュラにしたがって主として一般目的の政府に

---

11)　Mirengoff, William and Lester Rindler (1978), *CETA: Manpower Programs Under Local Control*, Washington, D. C.: National Academy of Sciences.

12)　U. S. Department of Housing and Urban Development (1976), *op. cit.*

13)　Peterson, et al. (1986), *op. cit*, p. 4.

14)　*Ibid.*, pp. 4-5.

15)　Derthick, Martha (1975), *Uncontrollable Spending for Social Services Grants*, Washington, D. C.: the Brookings Institution.

供給されるプログラムである」[16]とされ，その基本的性格は財政にではなくむしろ構造，機能，管理にあるとされていたのである．

これまでみてきたように，レーガン政権期以前のブロック補助金は，補助金そのものを削減することを目的としていたものではなかった．しかもその補助金の交付対象は，ニクソン期に新連邦主義が提唱されていたとはいえ，必ずしも州のみに限られているものではなかった．また，カーター民主党政権期には都市開発活動補助金（Urban Development Action Grant）が創設され，都市の貧困地域への対応が本格化した．ところが，レーガン政権期のブロック補助金は歳出抑制の手段とされるのみならず，州と地方に対して責任と負担を強いる制度となったのである．以下，その点をみていくことにしよう．

2. レーガン政権期の連邦補助金削減策

レーガン政権期には2度にわたる大幅な連邦補助金削減が実施された．**図3-1**は，1979会計年度から1989会計年度までの州・地方に対する連邦補助金の推移を示したものである．この図からもうかがえるように，第1回目が1981年度から1982年度にかけての66億ドルすなわち7%の削減であり，2回目が1986年度から1987年度にかけての40億ドルすなわち3.5%の削減であった．

なかでも1981年2月に発表された連邦歳出削減計画は，大規模なブロック補助金化に伴う連邦補助金削減を中心としたものであった．当初のレーガン大統領の提案は1982会計年度の連邦補助金を400億ドル以上削減するというものであり，1981～1986会計年度の間の連邦予算の年平均増加率を1976～1981会計年度の間の12%から7%にまで引き下げることを目的としたものであった[17]．政府にとっては，国防支出を増加させ，当時の所得移転すなわちセー

---

16) ACIR (1977), *Block Grants: A Comparative Analysis*, A-60, p. 6. この ACIR の報告書には，ブロック補助金の定義とは別に，その目的として①経済性と効率性，②プログラムの拡大（「拡大を通じた改善」），③分権化，④調整，⑤ターゲッティング，⑥更新，⑦専門家による統制があげられている（*Ibid.* pp. 7-11）．補助金の削減にはまったく言及されていない．

17) Brown, Lawrence, et al. (1984), *The Changing Politics of Federal Grants*, p. 46.
当時，地方に対する補助金の削減については，イギリスや日本などの先進資本主義諸国でも共通した問題であった．イギリスではサッチャー政権下でブロック補助金政策がすすめられ，地方に対する歳出統制が加えられた．日本でも第2次臨時行政調査会による地方行革において，児童

第3章 レーガン政権期のブロック補助金政策と州・地方財政

図3-1 州・地方に対する連邦補助金の推移（1979～1989年度）

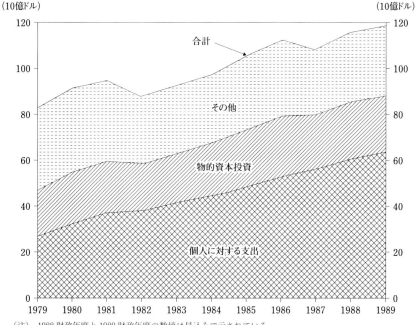

(注) 1988財政年度と1989財政年度の数値は見込みで示されている．
(資料) Executive Office of the President, Office of Management and Budget (1989), *Special Analyses, Budget of the United States Government, FY 1989*, p. H-3.

フティネットの最低水準を維持するためには，これらの分野以外の連邦補助金を含む連邦支出を削減することが必要だったのである．実際，レーガン大統領は1982年の予算教書の中で年間9％ずつの軍事支出の実質増を提案していたが，この数値は4年間にわたって40％以上の増加を意味していた．事実上，無条件にこの提案を受け入れ，その結果，国防支出は急増の一途をたどることとなり，これまで前例のない平時における財政赤字がつくられる一大要因となったのである[18]．

福祉や生活保護など高率補助金を中心に一律削減が実施された．
18) Palmer, John L. and Isabel V. Sawhill, eds. (1984), *The Reagan Record, An Assessment of America's Changing Domestic Priorities*, An Urban Institute Study, Cambridge, MS: Ballinger Publishing Company, pp. 107-112. アメリカの連邦財政の赤字の原因は，軍事費増に加えて，その後に実施される所得税法人税を中心とした減税政策によるところも大きい．

表 3-1　1960年代から1980年代にかけての連邦補助金の推移（1960~1987年度）

（単位：10億ドル，%）

年	補助金合計	年間変化率	個人向け補助金		補助金の割合			1982年のドル価値でデフレートした数値	
			合計	補助金にしめる割合	州・地方の歳入にしめる割合	連邦の支出にしめる割合	GNPにしめる割合	補助金合計	年間変化率
1960	7.0	7.7	2.5	35.7	16.8	7.6	1.4	18.4	7.0
1965	10.9	7.9	3.7	33.9	17.7	9.2	1.6	27.2	8.1
1970	24.0	18.2	8.6	35.8	22.9	12.3	2.4	50.8	13.3
1975	49.8	14.7	16.4	33.0	29.1	15.0	3.3	80.6	9.7
1977	68.4	15.7	22.2	32.4	31.0	16.7	3.6	100.0	11.4
1978	77.9	13.9	24.2	31.0	31.7	17.0	3.6	107.2	7.2
1979	82.9	6.4	26.9	32.4	31.3	16.5	3.4	105.2	-1.9
1980	91.5	10.4	31.9	34.9	31.7	15.5	3.4	106.3	1.0
1981	94.8	3.6	36.9	39.0	30.1	14.0	3.2	100.7	-5.3
1982	88.2	-7.0	37.9	42.9	25.6	11.8	2.8	88.2	-12.4
1983	92.5	4.9	41.6	45.0	24.7	11.4	2.8	88.9	0.8
1984	97.6	5.5	44.3	45.4	23.3	11.5	2.6	90.0	1.2
1985	105.9	8.5	48.1	45.4	23.0	11.2	2.7	94.2	4.7
1986	108.8 (112.4)	2.7 (6.1)	50.4	46.3	21.1	11.1	2.6	93.1	-1.2
1987	99.1 (108.4)	-8.9 (-3.6)	48.4	48.8	19.5	10.0	2.2	81.5	-12.5

（注）　1. ここでいう補助金とは連邦補助金のことをさす.
　　　　2. 1986年と1987年は見込み. （　）内は実際の数値.

（資料）　U. S. Department of Commerce, Bureau of the Census (1987), *Statistical Abstract of the United States*, p. 255. Executive Office of the President, Office of Management and Budget, *Special Analyses of the United States Government*, FY 1988, p. H-37 and FY 1989, p. H-35.

　さて，1981年8月13日に一括予算調整法（the Omnibus Budget Reconciliation Act of 1981）が定められ[19]，第97議会では1981年初頭の大統領による諸提案の大半がわずか8ヶ月のうちに次々と制度化されることとなり[20]，**表 3-1**（1960会計年度から1987会計年度までの連邦補助金の推移）に示されるような連邦補助金の一大削減が実施された．名目的には，連邦補助金が削減されたのは

---

19)　一括予算調整法については，97th Congress Session, House of Representatives, Omnibus Budget Reconcilliatiion Act of 1981, To Accompany H. R. 3982, July 29 を参照.

20)　Peterson, et al. (1986), *op. cit.*, p. 6. 連邦補助金の削減の議論については，Ellwood, John William, ed. (1982), *Reductions in U. S. Domestic Spending: How They Affect State and Local Governments*, New Brunswick, New Jersey: Transaction Books を参照.

1981～1982 会計年度と 1986～1987 会計年度の間であるが，1982 年のドル価値でデフレートした数値でみると，実質的には 1978 年以来 5 度にわたって削減されていることが明らかになっている．しかも，1980 年代に入ってからの連邦補助金の増加率は実質的にはきわめて低く，1981～1982 会計年度には実に 12% 以上の実質削減が行われている．第 1 章でみたように，1965～1970 会計年度の間のいわゆる「偉大な社会」期には実質的な連邦補助金の変平均増加率が 13.3% であったことを考慮すれば，いかに対照的であるかがわかるであろう．

　また，1981 会計年度から 1982 会計年度にかけての連邦補助金の州・地方歳入にしめる割合，連邦支出にしめる割合，GNP にしめる割合をみると，それぞれ 30.1% から 25.6% へ，14.0% から 11.8% へ，3.2% から 2.8% へと低下した．1987 年度にはいずれも 1960 年代の水準すなわち 1970 年代に一般交付金や CETA 補助金などが創設される以前の水準にまで引き下げられたのである．

　次に，**表 3-2** より，州・地方に対する連邦補助金の目的別推移についてみることにしよう．1981～1982 会計年度の 66 億ドルにのぼる州・地方への補助金削減のうち，最も大きな削減をみたのが，教育・雇用・訓練，社会サービスであった．それは，215 億ドルから 166 億ドルへと 50 億ドル近くも減少しており，補助金削減全体の実に 74% をしめている．その他の項目としては，運輸が 135 億ドルから 122 億ドルへと 13 億ドルの削減，コミュニティ・地域開発が 61 億ドルから 54 億ドルへの削減，所得保障のうち学校給食・特別ミルクプログラムは 34 億ドルから 29 億ドルへと 5 億ドルの削減，保健は 188 億 9,500 万ドルから 188 億 3,900 万ドルへ 5,600 万ドルの削減（ただし保健のうちメディケイドについては増加）となっていた．

　連邦補助金が大幅に削減された項目についてさらに細かくみていくと，1960 年代から 1970 年代にかけて都市問題や環境問題などに対処すべき作られたプログラムの多くが，削減の対象となっていることが明らかとなる．例えば，汚水処理場建設補助金は，1981～1983 会計年度の間に 39 億ドルから 30 億ドルへと 9 億ドルも削減され，しかも 1981 年には，連邦水質汚染規制法の改正により，連邦負担分を 75% から 55% にまで引き下げることが議会によって決定

表 3-2・州・地方に対する連邦補助金の推移（1975～1988年度）

（単位：100万ドル）

項　目	1975	1980	1981	1982	1983	1984	1985	1986	1987	1988
国　防	74	93	75	68	86	95	157	177	193	210
天然資源、環境	2,437	5,363	4,945	4,872	4,018	3,779	4,069	4,255	4,073	3,864
環境保全関係	2,025	4,603	4,181	4,079	3,266	2,922	3,197	3,418	3,251	2,916
エネルギー	43	499	617	509	482	534	529	538	455	414
農業関係	404	569	829	986	1,822	1,832	2,420	1,932	2,092	1,751
運　輸	5,864	13,087	13,462	12,171	13,248	15,013	17,055	18,366	16,919	17,854
空　港	292	590	469	339	453	694	789	853	917	979
ハイウェイ	4,702	9,209	9,107	7,903	8,896	10,522	12,841	14,110	12,649	13,269
鉄　道	**	54	51	80	182	34	35	22	22	26
都市大量交通	689	3,129	3,771	3,782	3,655	3,483	2,797	3,229	3,254	3,184
商業、住宅融資	2	3	4	3	62	2	2	2	1	1
コミュニティ、地域開発	2,842	6,486	6,124	5,379	4,962	5,157	5,221	4,861	4,235	4,498
アーパラチア地域開発	306	335	329	304	262	209	198	154	141	123
CDBG	38	3,902	4,042	3,792	3,554	3,819	3,817	3,326	2,967	3,037
都市再開発	1,374	214	156	101	38	24	28	—	—	—
教育、雇用、訓練、社会サービス	12,133	21,862	21,474	16,589	16,125	16,669	17,817	18,953	18,657	21,336
初等・中等教育	2,184	3,370	3,345	*	*	*	*	*	*	*
身体障害者の補習	—	—	—	2,939	2,629	3,067	4,194	3,392	3,199	3,825
特別プログラム	—	—	—	636	509	570	479	575	*	—
二ヵ国語教育	—	—	—	110	108	112	96	52	*	*
連邦直轄地域補助	277	622	693	546	548	567	629	—	—	—
職業教育	653	854	723	802	705	719	633	1,008	1,225	964
図書館資料	210	158	80	101	124	80	79	98	122	150

労働奨励	304	383	368	222	281	259	274	227	137	95
社会サービス（BG）	2,047	2,763	2,646	2,568	2,508	2,789	2,743	2,671	2,688	2,685
人的資源開発	803	1,548	1,735	1,531	1,685	1,717	1,807	1,831	1,771	2,150
雇用・訓練扶助	2,504	6,191	5,926	3,295	3,187	2,555	2,775	3,019	2,929	3,014
臨時雇用扶助	372	1,797	852	38	46	-15	-18	—	—	—
保　健	8,810	15,758	18,895	18,839	20,224	21,837	24,451	26,823	29,466	32,846
アルコール、麻薬、精神病	590	679	664	656	506	501	501	494	622	713
メディケイド	6,840	13,957	16,833	17,391	18,985	20,061	22,655	24,995	27,435	30,664
所得保障	9,352	18,495	21,013	21,930	24,758	25,678	27,153	29,070	29,972	31,494
公的扶助プログラム	5,121	6,888	7,694	7,488	7,844	8,311	8,592	9,877	10,540	10,784
食　券	136	413	489	752	629	732	886	968	1,107	1,154
学校給食、特別ミルクプログラム	1,565	3,388	3,359	2,875	3,115	3,361	3,480	4,029	4,304	4,672
住宅扶助	1,326	3,435	4,035	4,894	5,695	5,750	6,407	5,221	4,588	5,192
軍人恩給	33	90	74	63	66	66	91	90	95	106
行政司法	725	529	332	187	101	69	95	133	234	336
一般行政	101	138	208	252	211	171	182	171	} 2,000	} 1,955
一般目的財政援助	6,971	8,478	6,710	6,347	6,330	6,677	6,656	6,988		
一般交付金	6,130	6,829	5,137	4,569	4,614	4,567	4,584	5,114	76	—
合　計	49,791	91,451	94,762	88,195	92,495	97,577	105,897	112,357	108,392	116,666

（注）1. 一は該当項目が存在しないこと、*は不詳であること、**は50万ドル以下であることを示している。
2. 1988年は見込み。
3. 小項目は主要な項目のみ表示。
4. BGとはブロック補助金のことをさす。
5. 1987年と1988年の一般行政と一般目的財政援助は合計金額で表示されている。

（資料）U. S. Department of Commerce, Bureau of the Census (1987), *Statistical Abstract of the United States*, p. 255. および、Executive Office of the President, Office of Management and Budget (1988), *Special Analyses, Budget of the United States Goverment, Fiscal Year 1988*, pp. H/32-H/37, and *Ibid., Fiscal Year 1989*, pp. H/30-H/35 より作成。

された[21]．また，運輸の分野では，ハイウェイが一定の増加を示しているの
に対し，首都ワシントンD. C. のメトロ（地下鉄）を除く都市大量公共交通補
助金は 1981 会計年度の 38 億ドルから 1985 会計年度には 28 億ドルにまで削減
され，さらに 1989 年度予算に対しても大幅な削減計画がすすめられていた[22]．

これに対し，移転的プログラムの補助金の一部は，名目的には一定の増加を
みせている．たとえば，1981～1982 会計年度の間にメディケイド補助金は 168
億ドルから 174 億ドルに，住宅扶助は 40 億ドルから 49 億ドルにそれぞれ増加
した．その結果，連邦補助金全体に占める移転的プログラムのシェアは年々上
昇し，1960 年代，1970 年代には連邦補助金全体の 3 分の 1 であったが，1987
年度には 50％ 近くを占めるまでに至っている．しかし，移転的プログラムの
1 つであるメディケイド補助金は，その当時からすでに年間 3％ から 4.5％ ず
つ（1982 年度には 3％，1983 年度には 4％，1984 年度には 4.5％）削減すること
が決められており，1982 年には州がメディケイド受給者に対して医療サービス
に対する一定の料金を請求できるような決定が行われ，受益者負担がさらに強
化されるものとなっている[23]．

また，1986～1987 会計年度の 40 億ドルの削減については，第 2 章で紹介し
た一般交付金の廃止に伴う影響が大きい[24]．それだけで 50 億ドル以上の削減
となっている．つまり，1986～1987 会計年度の連邦補助金削減分がそのまま
一般交付金の削減分となっているのである．ついに 1988 年には，この一般交
付金制度は廃止に至る．

したがって，2 度にわたる連邦補助金の大幅削減のうち，2 度目が一般交付
金の廃止との関連が深いとすれば，一度目はブロック補助金と密接な関係があ
るとみてよいだろう．次節では，このブロック補助金を中心にみていくことに
しよう．

---

21) Brown, Lawrence, et al. (1984), *The Changing Politics of Federal Grants*, pp. 47-48.
22) Executive Office of the President, Office of Management and Budget (1989), *Special Anatysis, Budget of the United States Government, Fiscal* Year *1989*, H-s.
23) Brown, Lawrence, et al. (1984), *op cit.*, pp. 47-49.
24) 一般交付金制度はアメリカで初めて導入された地方財政調整制度であり，1972 年のニクソン共和党政権期に成立したが，1988 年のレーガン共和党政権期についに廃止に至っている．

3. ブロック補助金政策の展開

1981年2月のレーガン大統領による提案は，90の連邦特定補助金を3つのブロック補助金に統合するというものであったが，最終的には77の特定補助金プログラムを9つのブロック補助金に統合することで合意され[25]，結局は，教育と保健の分野を中心に，社会サービス，低所得者住宅エネルギー扶助，コミュニティ・サービス，アルコール・麻薬・精神病予防及び保健サービス，母子保健，プライマリケア，初等・中等教育，コミュニティ開発の9つの新しいブロック補助金が創設あるいは再編成されることとなった[26]．

その内訳は，**表3-3**に示されるとおりである．同表からも明らかなように，9つのブロック補助金のうち，少なくとも6つは大がかりな特定補助金の統合を含んでおり，初等・中等教育ブロック補助金の場合には，実に37件の特定補助金プログラムが統合されている．この1981年におけるブロック補助金創設にともなって統合された特定補助金の総数は実に77にものぼっており，こうした大規模な補助金統合によって，それぞれのプログラムに対する連邦補助金支出は10%から35%削減されることとなったのである[27]．

これら9つのブロック補助金に加えて，1982年には雇用・訓練パートナーシップ法（the Job Training Partnership Act, 以下JTPAと略称）のもとで，CETA補助金に代わって新しいJTPA補助金が創設された．JTPAブロック補助金がこれまでのCETA補助金と異なる点は，CETA補助金が公共部門の雇用対策に供給されるものであったのに対して，JTPA補助金は民間部門の役割が強調される点にあった[28]．同法の制定以降，雇用・訓練関連補助金は激減した．1981年度には59億ドルであったのに対し，1982年度には33億ドル，1984年には26億ドルと半減するに至っている（**表3-2**）．

---

25) Peterson, et al. (1986), *op. cit.*, p. 6 ピーターソン編の本書には最終的に57の特定補助金が
   ブロック補助金に統合されたと記述されているが，実際の統計にあたってみると77の特定補助金
   が統合されている（ACIR（1982），*M-133*, p. 1）．

26) *Ibid.*, pp. 67–69.

27) Brown, Lawrence, et al. (1984), *op. cit.*, p. 47.

28) *Ibid.*, p. 47.

84

表 3-3　1981 年に創設されたブロック補助金

（単位：100 万ドル，%）

ブロック補助金	1982 年会計年度の支出額	1981 会計年度に対する変化率	統合された特定補助金の数
社会サービス	2,400.0	−19.8	既存のブロック補助金と社会サービス訓練補助金（第 XX 条）
低所得者住宅エネルギー扶助	1,869.0	＋6.6	低所得エネルギー扶助
コミュニティ・サービス	336.5	−35.9	7 つの特定補助金
アルコール，麻薬，精神病	428.1	−20.8	10 の特定補助金
予防および保健サービス	81.6	−12.4	既存のブロック補助金と 6 つの特定補助金
母子保健	347.5	−23.5	9 つの特定補助金
プライマリーケア	246.3	−23.9	2 つの特定補助金
初等・中等教育	470.7	−10.5	37 の特定補助金
コミュニティ開発	3,456.0（うち小都市向けは 900.0，都市向けは 2,556.0）	−13.0	既存のブロック補助金と 4 つの特定補助金を再編成．ブロック補助金のうち小都市の部分の管理を連邦から州へ移管．

（資料）　Palmer, John L. and Isabel V. Sawhill, eds. (1982), *The Reagan Experiment*, Washington, D.C.: The Urban Institute Press, pp. 172‐173, ACIR, *A Catalog Federal Grant-In-Aid Programs to State and Local Governments: Grants Funded* FY 1981, 1982, および，Peterson, George E., et al. (1986), *The Recgan Block Grants*, pp. 8-11 より作成．

　ブロック補助金かはそれ以降もすすめられ，1981 年にはわずか 4 つのブロック補助金，すなわちコミュニティ開発ブロック補助金（CDBG），CETA ブロック補助金（CETA 第 II 条，B&B），社会サービス（低所得の公的扶助受給者向け社会サービス）ブロック補助金，保健医療ブロック補助金（総合公共保健サービス保健奨励補助金）しかなかったのに対し，1984 年には 12 のブロック補助金が存在することとなった[29]．

　こうしたブロック補助金に加えて，ブロック補助金以外の補助金項目の統廃合も同時にすすめられることとなった．**表 3-4** は，1978 会計年度から 1984 会計年度までの目的別の特定補助金プログラムの推移を示したものである．同表からも明らかなように，フォーミュラ補助金とプロジェクト補助金を合わせた特定補助金プログラムは，1981 年度には 534 件あったのが，1984 年度には 392 件と 142 件の減少をみるに至っている．このうちフォーミュラ補助金は 173 件から 126 件へ 47 件の減少，プロジェクト補助金は 361 件から 266 件へ

---

29)　ACIR (1982), *M-133*, pp.13-15.

表 3-4　項目別特定補助金プログラム数の推移（1978〜1984 年度）

予算項目	1978 会計年度			1981 会計年度			1984 会計年度			1981〜1984 会計年度増減数
	F	P	計	F	P	計	F	P	計	
国　防										
国防—軍事部門	2	3	5	—	1	1	—	1	1	0
国防関連活動	—	—	—	1	5	6	1	5	6	0
一般科学、宇宙、技術										
一般科学、基礎研究	—	1	1	—	1	1	—	1	1	0
エネルギー										
エネルギー供給	—	1	1	—	1	1	—	—	—	−1
エネルギー保全	2	1	3	10	3	13	9	—	9	−4
エネルギー、情報、政策、規制	1	1	2	2	3	5	1	2	3	−2
天然資源、環境										
水資源	2	5	7	2	4	6	1	3	4	−2
保全、国土管理	4	9	13	2	10	12	1	11	12	0
レクリエーション資源	6	4	10	6	4	10	6	3	9	−1
汚染統制および防止	10	25	35	11	25	36	10	18	28	−8
その他の天然資源	1	3	4	1	6	7	1	4	5	−2
農　業										
農業研究開発	5	4	9	5	3	8	4	5	9	+1
商業・住宅金融資										
モーゲッジ、保険	—	2	2	—	3	3	—	2	2	−1
その他の商業振興、規制	—	2	2	—	5	5	—	5	5	0
運　輸										
陸　運	24	20	44	20	14	34	15	16	31	−3
空　運	2	1	3	—	—	—	—	1	1	+1
水　運	2	—	2	1	1	2	1	—	1	−1
その他の運輸	1	—	1	1	—	1	1	—	1	0
コミュニティ及び地域開発										
コミュニティ開発	—	5	5	—	10	10	2	5	7	−3
地域開発	6	30	36	5	25	30	2	22	24	−6

表3-4 つづき

予算項目	1978 会計年度 FP 計			1981 会計年度 FP 計			1984 会計年度 FP 計			1981～1984 会計年度増減数
	F	P	計	F	P	計	F	P	計	計
災害救済、保険	—	9	9	—	12	12	—	12	12	0
教育、訓練、雇用、社会サービス										
初等・中等・職業教育	29	41	70	29	47	76	20	33	53	−23
高等教育	6	4	10	5	9	14	1	7	8	−6
研究、一般教育補助	6	15	21	7	16	23	5	7	12	−11
訓練、雇用	15	8	23	12	13	25	8	5	13	−12
その他の労働サービス	1	—	1	—	—	—	—	2	2	+2
社会サービス	13	34	47	19	47	66	14	42	56	−10
保健										
保健医療サービス	9	47	56	9	54	63	3	24	27	−36
保健研究	—	14	14	—	12	12	—	7	7	−5
保健医療労働力の教育訓練	—	1	1	—	1	1	—	—	—	−1
消費者、職業保健および安全	—	7	7	—	8	8	—	6	6	−2
所得保障										
住宅扶助	—	3	3	—	4	4	—	3	3	−1
食料、食物援助	10	4	14	12	2	14	12	2	14	0
その他の所得保障	5	5	10	7	4	11	3	4	7	−4
軍人恩給、サービス										
復員軍人向け病院、医療	4	1	5	4	—	4	4	—	4	0
その他の恩給、サービス	—	—	—	—	1	1	—	1	1	0
司法										
連邦立法強化活動	3	10	13	—	—	—	1	—	1	+1
刑事裁判補助	—	—	—	1	5	6	1	5	6	0
一般行政										
一般財産および記録管理	—	1	1	—	1	1	—	1	1	0
その他の一般行政	1	1	2	1	1	2	—	—	—	−2
合計	170	322	492	173	361	534	126	266	392	−142

(注) F はフォーミュラ補助金。P はプロジェクト補助金。

(資料) ACIR, A Catalog of Federal Grant-In-Aid Programs to State and Local Governments: Grants Funded FY 1981, February 1982, pp. 4-5. および ACIR, A Catalog of Federal Grant-In-Aid Programs to State and Local Governments: Grants Funded FY 1984, pp. 4-5.

95件の減少となった. その内訳をみると, 1981会計年度から1984会計年度にかけて教育・職業関連のプログラム数は-60, 保健は-44, 天然資源・環境は-13, コミュニティ・地域開発は-9, エネルギー関係は-7, 所得保障は-5, 運輸は-3などとなっている.

こうした補助金の統合は, これまでにない大規模な再編であり, 1960年代後半から1970年代前半にかけてみられた連邦―地方直結型のプロジェクト補助金や「都市型」連邦補助金の急増に歯止めをかけるものとなったのである. それはまさに, ジョンソン政権期における大都市の貧困問題や都市問題に対応すべく実施されてきた連邦補助金政策の大幅な後退を意味するといってよいだろう. それこそが, レーガンの新連邦主義=新保守主義の諸政策における連邦補助金政策の役割だったのである.

4. 新連邦主義と州・地方財政への影響

レーガン政権期のブロック補助金の特徴の1つは, 州政府の役割を強調したことにあり, 地方政府を交付対象とした既存のブロック補助金でさえも州の役割が増大するように再編成されていたことにあった. 実際, 1981年にすでに存在していた4つのプログラムのうち2つは地方にも配分されるものであった. それらは, プログラムの管理責任も地方におかれていたが, それらさえも州を中心としたものに再編成されたのである. つまり, CDBGの場合には, その中の小都市に向けられる自由裁量補助金の権限が州に付与されるよう改正され[30], またJTPAブロック補助金の場合には, CETA以上に州に対して多くの権限が付与されることとなった[31]. こうした方向は, レーガンの新連邦主義を反映したものといってよいだろう.

1982年に大統領演説の中でレーガンは「交換」('swap')と「削減」('turn back')から成る「新連邦主義」を提唱していたが, ここでいう「交換」とは. 連邦政府がメディケイドプログラムに対する全責任を負う代わりに, 州がAFDCと食券プログラム (のちのこの食券プログラムは「交換」の提案から外さ

---

30) Brown, Lawrence, et al. (1984), *op. cit.*, p. 49.
31) *Ibid.*, p. 50.

れることになる）の全責任を引き受けるというものであった[32]．政府はまた，
初等・中等教育や社会サービスのような内政面におけるその他の領域の連邦の
責任も徐々に縮小させようとした．また，「削減」とは，すでにみたようなブ
ロック補助金化を通じた連邦補助金の大幅な削減を意味しており，1988年ま
でに61の連邦補助金プログラムの再配分（1981年のブロックの補助金と新しく
提案された7つのブロック補助金が含まれていた）を行うというものであった．
これらのプログラムは1983年度予算の連邦支出全体のおよそ3分の1をしめ
ていた[33]．

　このように，連邦補助金面での州の活性化を図ろうとしたこれまでの共和党
政権とは違って，レーガン政権は大幅に連邦補助金を削減することを第一の目
標としていたが，ここには2つの狙いがあった．1つは，補助金削減の見返り
として州政府に意思決定権を移管することであり，もう1つは，あらゆるレベ
ルの政府の内政面における支出を抑制することであった[34]．

　こうした諸政策は当然のことながら，州・地方に対して大きな影響を及ぼす
こととなった．まず第1に，AFDC，メディケイド，失業保険のように，扶助
を求める人々の数と1人あたりの単価によってその支出が左右されるエンタイ
トルメント・プログラムにおける支出抑制が促されたことである．それは管理
面における合理化とサービスコストの削減という形で実施され，サービス水準
の低下となってあらわれることとなった．

　表3-5は，1981年以降の州ごとの社会サービスの受給資格の変化を示した
ものである．州によっては，州の保育所プログラムなどの受給資格を有する所
得基準が引き下げられ，料金スライド制が強化されたり，州によってはかなり
の社会サービス水準の引き下げが実施された．たとえば，アリゾナ州では，在
宅保護サービスに対する受給資格が厳格化され，カリフォルニア州ではカウン
ティに対する在宅社会サービス水準を引き下げるためのガイドラインが設定さ
れたが，その中にはサービス受けていない人で自宅以外の療養地を選択しない

32）　*National Journal*, Vol. 14, February 17, 1982 の特集および Palmer, John L. and Isabel V.
　　　Sawhill, eds.（1982），*op. cit.*, pp. 217-259.
33）　Brown, Lawrence, et al.（1984），*op. cit.*, p. 50.
34）　Palmer, John L. and Isabel V. Sawhill, eds.（1982），*op. cit.*, p. 16.

第3章 レーガン政権期のブロック補助金政策と州・地方財政　　89

表 3-5　1981 年以降の州別社会サービス受給資格の変化

州	受　給　資　格　の　変　化
アリゾナ	在宅保護サービスに対する受給資格を厳格にする．託児所のスライド料金制採用．
カリフォルニア	州はカウンティに対する在宅社会サービス水準の引き下げのためのガイドラインを設定．それには，サービスを受けていない人で自宅以外の療養地を求めない人の受給資格を廃止することなどが含まれる．
コロラド	コミュニティ・ボードによって供給されている発育上障がいを負った受給者へのサービスには，社会サービスブロック補助金は使用しない．保育所の受給資格を有する所得を，州の世帯所得平均の 65% から 57% に引き下げる．
フロリダ	高齢者に対する地方サービスプログラムの廃止．その大部分は高齢者法（Older Americans Act）による資金と州の資金にとって代わることになる．
イリノイ	保育所の受給資格を有する所得を州の世帯所得平均の 80% から 70% に引き下げる．
ケンタッキー	保育所の受給資格を有する所得を州の世帯所得平均の 80% から 60% に引き下げる．
マサチューセッツ	受給資格には変化なし．連邦補助金削減による州の歳出増にかかわりなく，保育所に対するスライド料金の引き上げ．
ミシガン	社会サービス政策には変化なし．以前には連邦補助金プログラムにかかわる者に対して，第 XX 条規定の 55% から 60% の間の支出を行っていた．
ミネソタ	受給資格はカウンティ毎に決定される．
ミズーリ	民間保育所に対しては 1 日につき 55 セントの共同支払いを求める．託児所に対する受給資格は最初は厳しく，保育所支出が以前のプロジェクトの水準に下がればこれらの規制は緩和する．
ニュージャージー	第 XX 条のサービスに対する連邦の受給資格の要件は取り除く．州は 1983 会計年度には既存の水準を維持することを選択．
ニューヨーク	第二子の保育に対しては 1 ケ月につき 23 ドルの料金を課す．保育所の児童に対する料金の月額の上限を 40 ドルから 45 ドルに引き上げる．保育所を有料とする所得水準を引き下げる．たとえば 2 人家族の場合，受給資格をもつ所得を 7,760 ドルから 6,220 ドルに引き下げる．
ノースカロライナ	「非指定」サービスは削域されたが，受給資格にはとくに変化なし．
オハイオ	所得にかかわりなく供給されてきたサービスを除くすべてのサービスに対する公共料金を引き上げる．
オレゴン	公営にともなうリスクが高いかあるいは中くらいであるようなサービスに対する受給資格を厳格にする．
テキサス	これまで濫用あるいは無視されてきた経験のある保護サービスの受給資格を厳しくする．保育所は主として AFDC の受給者か保護サービスの必要のある人に限定する．簡易保育所の供給者に対しては料金計画を求める．家族計画の優先順位は，AFDC，亡命者現金扶助，SSI の受給者に対するサービスを強化するよう設定する．コミュニティ・ケアーの規則はサービスの最低水準をなくするよう緩和する．
バーモント	保育所サービスに対する料金の引き上げ．3 人家族の場合，月収総額が 450 ドル（これまでは 400 ドル）を下回る者のみ保育所を無料にする．所得水準が上がるにつれてその料金が高くなるようにする．
バージニア	地方に対して選択的料金制の採用を促す．AFDC の受給者の子弟の保育は厳しくする．

（資料）　Peterson, et al.（1986），*The Reagan Block Grants*, pp. 58-59.

表 3-6　保育所に対する従来の連邦補助基準とテキサス州の新基準（1982 年）

要請事項	連邦の基準	テキサス州の基準
職員対子供の最低限の比率		
乳　児	1：3	1：5 から 1：7
幼　児	1：4	1：9 から 1：13
保育所の最低規模	6	特になし
乳　児	6	特になし
幼　児	12	35
職員の技術		
指導者	専門技術修得者	なし
保育士	専門技術修得者	なし

（資料）　Peterson, George E., et al. (1986), *The Reagan Block Grants*, p. 26.
（原資料）　Young Kathryn and Edward Zigler, "Infant and Toddler Day Care:
Regulation and Policy Implications," unpublished document, New Haven,
Connecticut: Yale University, 1985.

人の受給資格を廃止するといったことなどが含まれていた．コロラド州では，
コミュニティ・ボードによって供給されている発育上障がいを負った受給者へ
のサービスには，社会サービスブロック補助金を使用しないことを決め，託児
所の受給資格については，州所得平均の 65% から 57% にまで引き下げを行っ
た．ニューヨーク州では第二子の保育に対しては 1 ヶ月につき 23 ドルの料金
を課すなどの取り決めがなされ，保育所を有料とする所得水準の引き下げ
(7,760 ドルから 6,220 ドル) か行われた．テキサス州では社会サービスの受給
資格基準を厳格化し，保育所は主として AFDC 受給者か保護サービスの必要
のある人に限定することとされた．

　表 3-6 は，1982 年のテキサス州における保育所プログラムの基準を，従来
の連邦補助基準と比較したものである．それによると，以前の連邦補助基準に
比べて保育所 1 ヶ所あたりの児童数が大幅に増加しており，児童とスタッフの
比率も緩和され，スタッフの専門技術も問われなくなるといった見直しが行わ
れていることがわかる．こうした社会的規制緩和の影響は社会サービス水準の
質的低下を招いた．

　第 2 に，政府はいくつかのプログラムを廃止したりその他の特定補助金をブ
ロック補助金に統合したりすることによって，1981 会計年度に 361 あった補
助金プログラムを 1983 会計年度には 259 にまで削減したが，州は自主財源を

用いてこうした補助金統合によってもたらされたかなり多くの補助金削減分を肩代わりするとともに，これまでの支出優先順位を大幅に変更したのである．これは，これまで州が関与することのなかった連邦—地方直結型の大都市プログラムのシェアの縮小となってあらわれるとともに，大都市貧困者向けの補助金の大幅な削減を意味するものとなった．

たとえば，母子保健ブロック補助金の場合，州がこれまで長期にわたって関与してきた身体障がい児サービスプログラムのシェアは増加したが，これまで州が関与せず，連邦直轄の大都市プログラムとして知られてきた鉛汚染プログラムのシェアは大幅に低下した．

予防に関する保健及び保健サービスブロック補助金のもとでも，これまで州が関与することのなかった大都市プログラムであるリスなどの動物対策プログラムのシェアは縮小した．ただしフロリダ州のように，州がこれまでこれらのプログラムを管轄してきた州は例外であった[35]．

社会サービスブロック補助金のもとでも同じ理由から家族計画や託児所のシェアは縮小している．たとえばバージニア州の場合には，1981会計年度から1983会計年度にかけて保育所に対する補助金は44.8%の減少，家族計画は72.5%の減少，雇用・教育・訓練は37.6%の減少となっており，それに伴って受給者もそれぞれ，53.0%，55.1%，52.4%のマイナスとなっている[36]．

初等・中等ブロック補助金の場合も同様で，これまで中心都市の学校区に集中的に支出されてきた代表的な大都市プログラムである学校差別対策扶助の予算配分のシェアは，最高に削減されることとなった．つまりほとんどの州では，とくに多くの少数民族を擁する大都市の学校区に資金を重点的に配分するというこれまでの連邦の政策から完全に脱却し始めたのである．それは需要の多少に関わらず学校区の児童数にもとづいて均等に補助金を割り当てるという方式にとって代わることとなった[37]．

コミュニティ開発ブロック補助金の場合においても，州がイニシアチブを握ることによって住宅の修復に関するプログラムのシェアが大幅に縮小し，それ

---

35) Peterson, et al. (1986), *op. cit.*, pp. 17-19 and pp. 102-113.

36) *Ibid.*, pp. 113-120

37) *Ibid.*, pp. 33-66.

に代わって経済開発やインフラ整備のシェアが増大した．このことは「非常に高所得の階層が恩恵をうける比重が増大したのに対して，低・中所得世帯に直接ターゲットを向ける比重が低下した結果」[38]でもあった．

このようにブロック補助金化に伴う影響の1つとして大都市向けの補助金のシェアが縮小したことが指摘できるわけだが，それはまさに1960年代後半以降の「都市型」補助金急増に逆行する傾向であることはいうまでもない．都市研究所の抽出調査によれば，1981会計年度から1984会計年度の間に各州の最大のコミュニティ機関が受けているコミュニティ・サービスブロック補助金のシェアは，州全体の27%から19%にまで縮小していることが明らかにされている[39]．さらに，連邦補助金削減の一部は地方の歳出増となってあらわれ，それは大都市で顕著にみられた．1980〜1983会計年度の間の世帯あたり平均税負担は27大都市のうち22都市で増加するなど，増税の動きもでてきた[40]．

この時期にはまた，多くの労働可能な貧困者や貧困に近い人々つまりおよそ40万人か50万人のAFDC受給者や100万近い食券受給者が政府のプログラムから排除されることとなった．さらに，公的に貧困として定義された人口の割合は，1979年には11.7%であったのが，1982年には25.0%にまで増加した．これは1965年以来最悪の水準であった[41]．つまり，不況と政府によるブロック補助金化に伴う連邦補助金を通じた社会プログラムの削減が貧困の増加に寄与したのである．

---

38)　*Ibid.*, p. 17-18, および Palmer, John L. and Isabel V. Sawhill, eds. (1982), *op. cit.*, p. 17.
39)　Peterson, et al. (1986), *op. cit.*, p. 19.
40)　*Ibid.*, p. 22.
41)　Palmer, John L. and Isabel V. Sawhill, eds. (1982), *op. cit.*, pp. 17-18.
　　大都市に対する連邦補助金が削減されその負担が大都市に転嫁された背景には，この時期における大都市財政構造の変化との関係がある．1970年代における大都市財政危機の時代から一転して，1980年代には財政再建が達成され，表面的には黒字に転化した．その典型がニューヨーク市であった．それについでは次章で触れるが，詳しくは，Tabb, William K. (1982), *The Long Default: New York City and the Urban Fiscal Crisis*, New York and London: Monthly Review Press（宮本憲一他監訳 (1985)，『ニューヨーク市の危機と変貌』法律文化社）などを参照．そうした都市では，連邦補助金の削減によってさらに深刻な打撃を受けている．
　　なお，レーガンの諸政策が大都市に及ぼした影響については，Peterson, George E. and Carol W. Lewis, eds. (1986), *Reagan and the Cities*, Washington, D.C.: The Urban Institute Press が詳しい．

レーガン政権期のブロック補助金化の目的が，州・地方に対する連邦補助金の削減，とくに大都市に対する補助金の大幅な削減であったとすれば，それはまさに大都市貧困者の犠牲の上に達成されたといってよい．平時における未曾有の軍事支出の増大を可能にすべく行われた内政面における大幅な連邦補助金削減策は，ブロック補助金を主要な手段とすることによって達成されたのである．

おわりに

1989年度予算に対して3つの補助金の削減や廃止が計画された[42]．第1は，都市大量公共交通プログラムの大幅削減であり，第2はカーター民主党政権の時に創設された大都市プログラムの1つである都市開発活動補助金，経済開発助成，アパラチア地域開発補助金というコミュニティ・地域開発関連の3つの特定補助金の廃止で，その目的は経済的意思決定に対する連邦の直接的介入を縮小させることにあった．第3は，コミュニティ・サービスブロック補助金の段階的廃止であり，これは，すでにみたように1981年の一括予算調整法のもとで創設された9つのブロック補助金のうちの1つであった．このコミュニティ・サービスブロック補助金は，その起源をたどればジョンソン政権期の「貧困とのたたかい」政策の中心的役割を担ってきた連邦の諸プログラムを統合したもので，主として地方のコミュニティ活動機関に供給されてきた貧困対策のための補助金であった[43]．

本章の「はじめに」でも述べたように，レーガン政権期のブロック補助金は，過渡期の補助金形態すなわち究極的には内政面における行政事務の大半を州に移管して，できる限り連邦補助金そのものをなくしていくための過渡的な手段として位置づけられていた．コミュニティ・サービスブロック補助金の廃止案はまさにレーガン政権期のブロック補助金が連邦補助金廃止の過渡的な手段であるとの証明にもなるだろう．

---

42) Palmer, John L. and Isabel V. Sawhill, eds. (1982) *op. cit.*, pp. 13-14.
43) Executive Office of the President, Office of Management and Budget (1991), *Special Analysis, Budget of the United States Government, Fiscal Year 1989*, p. H-2.

このように，レーガン政権期におけるブロック補助金をはじめとする一連の連邦補助金政策は，1960年代の「偉大な社会」期に急増した大都市プログラムを削減ないしは統廃合しつつ，連邦の内政面における歳出削減を第1の目的としてきた．また，大都市プログラムの削減は，プログラムの管理主体を州に移管することによってさらに推し進められたといってよい．レーガン政権の「交換」と「削減」から成り立つ新連邦主義は，プログラムの管理面における合理化や規制緩和を促進するものとなり，連邦のみならず，州・地方の歳出をも抑制させる手段となったのである．

第4章 新連邦主義の実験場と州と市の財政関係
——1975年ニューヨーク市財政危機以降の州補助金の動向を中心に——

はじめに

　現代は資本主義の1つの転換点ともいえるべき様相を呈している．とくに
1980年代には，第3章で明らかにしたような新自由主義＝新保守主義的な諸
政策が，従来の「福祉国家」的諸政策に代わって主流をしめるようになり，そ
うしたなかで政府間関係[1]ひいては政府間財政関係の再編が迫られるようにな
った．本章では，ニューヨーク州を事例にとりあげて，新連邦主義における政
府間財政関係の再編過程とそこから生ずる諸矛盾を解明することを課題として
いる．

　本章ではさしあたり州と地方政府の間にみられた新しい財政関係に着目した
い[2]．その第1の理由は，アメリカではレーガン政権からブッシュ（父）政権

---

1) 政府間関係（'intergovernmental relations'）という用語は，およそ半世紀以上も前からアメ
リカで一般的に使用されるようになったものだが，その起源は，アメリカがイギリス植民地支配
を受けていた頃にもとめられる（ACIR（1970），*State Involvement in Federal-Local Grant
Programs: A Case Study of the 'Buying In' Approach, M-55*, ACIR, p. 1)．また，各国の
政府間財政関係をとりあげた日本における研究としては，林健久・宮本憲一・大島通義，（1989)，
『政府間財政関係論』有斐閣などがある．

2) 1970年代における地方に対する州の介入の実態を，カリフォルニア，ミネソタ，モンタナ，ニ
ュージャージー，ペンシルバニア，ロードアイランド，テネシー，テキサス，ワシントンの9州
を事例に研究したものとしては，Peterson, John（1979），*State Roles in Local Government
Financial Management: Nine Case Studies*, Washington, D. C. がある．また，U. S. Depart-
ment of Housing and Urban development Office of Policy Development and Research
(1979), *State Roles in Local Government Financial Management* にも実態が報告されてい
る．ACIR の報告書としては，ACIR（1987），*Measuring State Fiscal Capacity, 1987 edition,
M-156*, Washington, D. C. がある．さらに，州と地方の関係をパートナーシップとして論じて
いるものに，Zimmerman, Joseph Francis（1995），*State-Local Relations: A Partnership*

にかけての長期にわたる共和党政権の下で新自由主義＝新保守主義の潮流とともに，「州権強化」をうたった新連邦主義的諸政策がすすめられてきたが，意外に州権強化の実態が知られてこなかった．それは都市財政の分析が多く，州財政の研究があまり行われてこなかったことにもよっている[3]．したがって，州と地方あるいは州と都市の財政関係の研究なくしては，州権強化の実態そのものも解明しえず，ひいては現代資本主義における政府間財政関係の再編過程も解明することはできない．

第2の理由は，連邦政府が新自由主義的諸政策を積極的に展開する以前からすでに，州と地方間で新たなる局面があらわれていたことである．つまり，1970年代の地方財政危機とくに大都市財政危機を契機として州が地方に対する介入を積極化し，その過程で州補助金が増加する一方，「地方事務の州への移管」がにわかに進行していたのである．したがって，「連邦政府の州への移譲」に先だってすすめられた州と地方間の州権強化の過程を分析することはきわめて重要であろう．

第3の理由は，現代が政府間財政関係の再編という点で，史上3度目の一大画期でありアメリカ財政史上重大な変化が引き起こされていることにある．第1の画期は，ニューディール期，第2の画期がジョンソン政権期下の「偉大な社会」期にあるとすれば，1980年代の「新連邦主義（ニューフェデラリズム）」期つまり競争的連邦主義が強められた時期は第3の画期として位置づけられよう[4]．したがってその画期を歴史的に位置づけることは重要であると思われる．

Approach, 2nd ed., New York: Praeger Publishers がある.

3) ゴールドによれば，アメリカにおける州財政の研究がこれまで等閑視されてきたのは，事務配分，委任事務，減税，州税・地方税の体系などが，州によってきわめて多様であり，補助金制度にしても極単純な制度を採用している州もあれば，100以上の特定補助金をもつ州があるなど，州間の財政比較が困難であったことにあり，州財政一般を論じることができなかったためだとしている（Gold（1983），*State and Local Fiscal Relations in the Early 1980s*, The Urban Institute, p.7）.

4) 新藤宗幸は1980年代の新保守主義改革下の政府間関係を，①National Government が小さい政府への道をたどるなかで起こってきた地方自治ひいては政府間関係の機能と構造の変化，②自治と分権の再構成，③州政府の復権が連邦からも地方からも期待されているような新しい変化，④National Government の視点支出の削減とプログラム権限の移譲に伴うゼロサム関係的集権化の進行の4点から「転換期」として位置づけている（新藤宗幸（1988），「転換期のアメリカ政府間関係──新保守主義下の州・地方関係を中心として」日本地方自治学会編『転換期の地方自治─課題と展望』敬文堂，60-83頁）.

そこで本章では，アメリカ連邦制の中間に位置する州に着目しつつ，州と地方の財政関係の分析を行うこととしたい．対象となる時期は，州が地方財政とくに大都市財政の危機に対応して，地方への介入を積極化した時期，すなわち1970年代後半から1980年代前半である．また，ニューヨーク州を事例に取り上げたのは，ニューヨーク州が「ホームルール」と呼ばれる比較的強い地方自治の伝統を有しているにもかかわらず，「州権強化」の過程でそうした伝統がゆらぎつつあるという事態が進行し，他州に比してそれが明確な形で示されうるためである．しかも1975年に表面化したニューヨーク市の財政破綻以降の州による市への積極的な介入の過程は，現代の州と地方間の財政関係再編成過程の典型をなしているからである．

以下では，まずアメリカ全州の州・地方間の財政関係再編成の実態を概括した上で，ニューヨーク州のケーススタディに入ることにしたい．

1. 新連邦主義下の州と地方の財政関係——地方事務の州への移管

現代アメリカにおける政府間財政関係の形成は，1930年代の「ニューディール」期にさかのぼるといわれる[5]．この時期からアメリカ連邦制は大きな転換期を迎えることとなり，連邦による州・地方政府への介入がはじまった．その過程が一段と積極化したのが1960年代後半のいわゆる「偉大な社会」期であった．この時期には，伝統的な連邦主義を覆すような連邦による地方とくに都市への直接的な介入が積極的に行われ，それに伴って連邦特定補助金が急増した．

しかし，こうした半世紀にわたる歴史の流れは1980年代に入って一転した．つまり，国際的な新保守主義＝新自由主義の潮流のなかで新連邦主義が支配的となり，連邦政府は対外的には軍拡をすすめる一方で，対内的には歳出削減を実施するとともに，「州権強化」と称して州への権限移譲をおしすすめたのであった．第3章で明らかにしたように，1980年代には州・地方への連邦補助金の合理化再編が実施され，州・地方の歳入に占める連邦補助金の割合は，

---

5) The Council of State Government, *The Book of States, 1988-1989 edition, Volume 27*, Lexington, p. 222.

1981 会計年度の 25% から 1987 会計年度には 19% にまで低下した[6].

　2 度にわたる連邦補助金削減の影響が最も深刻にあらわれたのが，地方とくにニューヨーク市などの大都市であった．依存財源である補助金が市財政にとって貴重な財源となってきたためである．それは裏を返せば自主財源が乏しくなってきていることのあらわれでもあった．補助金収入は，1970 年代までは経費の急増と歳入の伸び率鈍化にともなう歳入不足を補うものとなっていた．大都市は「補助金依存型都市」[7]とでもいえるべき様相をみせはじめており，その意味で 1980 年代の連邦補助金削減の影響は多大なものとなった．ただ，金額で見る限り，連邦補助金総額では増えているが，大都市向けの補助金の多くが削減されたことが影響しているといえよう．

　こうした状況の下で，州と地方政府の関係は新たな局面を迎えることとなる．つまり，地方とくに大都市の財政危機を契機に州が連邦に代わって地方への介入を積極的に展開するという事態があらわれた．その 1 つが「地方事務の州への移管」という事務再配分であった．しかも注目すべき点は，すでに 1980 年代以前から進行しつつあったことにある．

　そこで，まず「地方事務の州への移管」の過程からみていくことにしよう．1969 年，ACIR は，地方の財政問題を解決するための方策として，12 項目からなる勧告を行っていた[8].

　①州は教育に対する財政責任のほとんどすべてを引き受けること．

　②連邦は公的扶助（一般扶助とメディケイドを含む）に対する財政責任を引き
　　受けること．

　③州は州の学校補助の不足に伴う自治体の超過負担の埋め合わせを行うこと．

　④州は公衆衛生の病院プログラムにおいて公平性を高めること．

　⑤連邦ハイウェイ補助金プログラムの改正を行うこと．

---

6)　*Ibid.*, p. 222.

7)　Burchell, Robert W., Richard L. Florida and James Nemeth (1984), *The New Reality of Municipal Finance: The Rise and Fall of Intergovernmental City*, Center for Urban Policy Research, pp. 1-13.
　　連邦補助金との関係で，大都市の補助金依存型財政構造を分析したものとしては，上記の他に以下の研究がある．

8)　ACIR (1969), *State Aid to Local Government. A-34*, pp. VI-VII.

⑥州は都市大量公共交通の財政に参加すること.

⑦ハイウェイに対して州財源を配分すること.

⑧州ハイウェイ利用財源の使用に弾力性をもたせること.

⑨州・地方財政制度を効率的に組織化すること.

⑩地方政府の能力を評価する基準を設けること.

⑪特定補助金プログラムに対して州の基準を設けること.

⑫州補助金プログラムを総合計画と分野別計画に合わせること.

この勧告の特徴は，地方の財政難克服策の1つとして，連邦や州の事務範囲を拡大させていくこと，たとえば教育を州に，公的扶助などの社会福祉を連邦に移管させていくという提案を行っていることにある．1980年代の州権強化の動きとは異なるが，地方事務を連邦や州に移管させて縮小させるという点では軌を一にしているといってよい．極端な言い方をすれば，「地方事務の州への移管」は，2000年代の今日においてすすめられている分権改革からみれば逆行した動きであり，地方自治の後退にもつながりかねない側面をもつ.

だが，第1章の「おわりに」で触れたように，1966年当時，ニューヨーク市暫定員会が市の財政難の解決策として，①公的扶助の機能をすべて州に移管する，②社会サービス向け特定補助金の増額，③一般目的州補助金及び連邦一般交付金の創設もしくは税源移譲，のいずれかの措置が望ましいとの勧告を行っていた[9]．このことから，自治体からすれば「地方事務の州への移管」は，州補助金の増加や州一般交付金の創設と同じような「財政的救済策」の一つとして位置づけられていたと考えられる．しかも，州一般交付金が創設されてもその金額がきわめて少額で，州補助金もそれほど期待できないものとなると，「地方事務の州への移管」要求はますます高まっていったのである.

こうした地方の財政危機と地方の強い要求を背景に，1970年代頃から1980年代初めにかけて各州では「地方事務の州への移管」が積極的に展開し，その範囲は実に司法，福祉，教育，その他の領域にまで及んだ．まず，司法についてみると，ネバダ州，ニューヨーク州，ミシガン州などでは積極的に司法（地方裁判所）の一部またはすべてが州に移管された[10]．たとえばミシガン州では

---

9) The Final Research Report of the Graduate School of Public Administration on New York (1966), *Financing Government in New York City,* p. 27.

ウェインカウンティの司法が州に移管され，ネバダでは 8 つの地区の地方裁判所が州に移管された．ニューヨーク州では実に地方裁判所のすべての事務が州に移管されたのである[11]．1980 年には，全国で 22 州が司法の一部またはすべてを州に移管しておりこのうち 11 州では 1974 年から 1980 年の間に州の責任の比重が高められている[12]．

つぎに福祉についてみてみよう[13]．モンタナ州では 1981 年にカウンティの福祉事務すべてが州に移管され，ネバダで州はメディケイドと養育施設費のすべてが州に移管された．ニュージャージー州では 1 人あたり福祉費が州の平均を超えるカウンティに対して州が年間 1,500 万ドルの追加的支出を行うことで，カウンティ負担の軽減を図っている．福祉は，州・地方間で見る限り，州への集中の著しい事務の 1 つである．1981 年現在，実に 35 州で AFDC（要児童扶養世帯扶助）が完全に州に移管されているのである．また，AFDC の負担率は，1979 年から 1981 年にかけてコロラド州（州の扶助費の負担率が 55.86% から 57.3% に），ミネソタ州（州の扶助費の負担率が 60% から 85% に），バージニア州（州の管理費の負担率 60% から 80% に）の各州で増加している．他州に比べてニューヨークでは比較的州の責任が小さい．そのことがますます地方政府の福祉の州への移管要求をかき立てたといってよい．1960 年代以来，ニューヨーク市などではその要求をし続けてきたにもかかわらず，1980 年代になるまで実現されなかった．ようやく，1983 年にメディケイドの州の負担率が 50% から 70% に引き上げられることになり，1984 年には 72%，1985 年には 76%，1986 年には 80% と段階的に引き上げられることになったのである[14]．

最後に，教育についてみると，初等・中等教育は最も変化が少ない分野の 1 つとなっており，28 州で州の負担率が 5% 以上増加したにとどまっている[15]．その他，ニューヨークでニューヨーク市立大学の 4 年制大学部の財政責任すべ

---

10) Gold (1983), *op. cit.*, p. 44.

11) Green, Cynthia B. (1985), "State Aid," in Brecher, Charles and Raymond D. Horton eds., *Setting Municipal Priorities 1986*, New York University Press, p. 112.

12) Gold, *op. cit.*, p. 44.

13) *Ibid.*, pp. 44–48. 福祉には，所得保障の他に食券やメディケイドなどが含まれる．

14) Green, Cynthia B., *op. cit.*, p. 107.

15) Gold, *op. cit.*, p. 53.

第4章　新連邦主義の実験場と州と市の財政関係　　　101

表 4-1　各州の自主財源からの経費負担割合（1981 年）

（単位：%）

州	合　計	ハイウェイ	社会福祉	保健・病院	地方公立学校
アラバマ	62. 0	67. 5	94. 2	42. 6	77. 1
アラスカ	83. 5	59. 3	99. 1	84. 1	83. 5
アリゾナ	58. 0	72. 3	61. 8	46. 3	50. 8
アーカンソー	66. 8	79. 9	96. 8	46. 9	64. 1
カリフォルニア	67. 1	51. 2	99. 5	47. 2	79. 7
コロラド	51. 7	60. 8	80. 0	49. 5	43. 2
コネティカット	56. 4	56. 4	92. 1	89. 8	36. 2
デラウェア	76. 3	73. 6	99. 5	98. 7	76. 1
フロリダ	51. 4	64. 6	84. 6	32. 6	56. 0
ジョージア	53. 9	55. 0	95. 9	28. 1	61. 8
ハワイ	80. 6	50. 7	99. 4	98. 5	97. 2
アイダホ	66. 3	79. 8	90. 7	37. 8	60. 0
イリノイ	55. 0	63. 3	95. 6	56. 6	42. 4
インディアナ	61. 5	82. 0	67. 3	38. 7	64. 5
アイオワ	57. 8	57. 2	79. 6	42. 6	44. 6
カンザス	50. 9	51. 2	96. 3	48. 9	46. 7
ケンタッキー	77. 0	91. 6	96. 6	71. 6	79. 0
ルイジアナ	65. 8	76. 1	93. 3	56. 0	63. 3
メイン	62. 5	55. 7	91. 2	83. 0	54. 5
メリーランド	59. 5	81. 0	100. 0	71. 0	43. 6
マサチューセッツ	60. 9	56. 9	96. 6	67. 9	41. 6
ミシガン	55. 6	69. 4	92. 6	47. 2	40. 6
ミネソタ	59. 6	46. 2	60. 5	47. 9	61. 5
ミシシッピ	66. 2	63. 6	88. 5	34. 0	70. 1
ミズーリ	53. 5	59. 3	100. 0	47. 5	42. 0
モンタナ	52. 4	57. 5	55. 1	61. 8	53. 4
ネブラスカ	51. 1	58. 8	65. 0	39. 5	18. 1
ネヴァダ	48. 9	53. 1	76. 3	20. 8	60. 2
ニューハンプシャー	47. 9	62. 8	74. 1	90. 5	7. 2
ニュージャージー	56. 5	42. 8	77. 5	69. 0	40. 9
ニューメキシコ	78. 0	77. 5	93. 2	69. 9	82. 5
ニューヨーク	46. 4	40. 3	50. 0	54. 6	41. 8
ノースカロライナ	68. 3	82. 5	46. 1	54. 0	74. 0
ノースダコタ	69. 5	59. 3	74. 5	93. 8	49. 1
オハイオ	54. 3	63. 7	81. 5	62. 1	45. 4
オクラホマ	66. 1	78. 0	97. 6	52. 8	67. 5
オレゴン	52. 6	76. 2	80. 6	66. 6	37. 1
ペンシルバニア	55. 0	66. 1	90. 4	80. 4	48. 6
ロードアイランド	66. 2	53. 3	98. 9	99. 3	38. 1

表4-1 つづき

州	合　計	ハイウェイ	社会福祉	保健・病院	地方公立学校
サウスカロライナ	65.7	76.9	94.8	46.9	66.1
サウスダコタ	61.8	61.2	88.3	44.0	30.8
テネシー	51.4	69.6	83.4	35.3	56.2
テキサス	51.5	58.3	94.9	42.0	56.3
ユタ	61.5	68.2	95.3	73.3	58.0
バーモント	62.4	54.4	100.0	94.4	29.5
バージニア	60.3	80.7	75.3	78.1	44.0
ワシントン	62.6	64.5	98.3	56.4	82.3
ウエストバージニア	69.4	89.6	97.1	54.0	69.5
ウィスコンシン	62.6	41.2	69.5	50.6	40.1
ワイオミング	58.7	75.5	100.0	31.9	31.2
全国平均	58.0	61.3	83.7	52.0	53.2

（注）　連邦の負担を除く.

（資料）　ACIR, *Significant Features of Fiscal Federalism, 1981-1982 edition, M-135*, p. 24 より作成.

てが州に移管されたことなどがあげられる.

　表4-1 は, 1981 年現在の州・地方間の経費負担割合を示したものである. まず項目別にみると, 州への集中化の著しい項目が福祉であることがうかがえる. また, 州別にみると, 全体的に集中化の最も小さい州がニューヨークであり, 集中化の最も大きい州がアラスカ, 次いでハワイとなっていることがわかる. このように, 州・地方間の事務配分でみる限り, ニューヨークは全国的に最も地方分権化がすすんでいる州であるといってよい. しかし, それを別の観点からみると, 事務の移管を通じての州による「財政的救済」が遅れているあらわれでもあろう. この数値は, 1981 年現在のものであるが, 1983 年以降, ニューヨーク州によるメディケイドの負担率が高まる中で[16], 福祉事務の州への集中化もまた高まったのである.

　この時期にはまた「地方事務の州への移管」のみなならず, 州の委任事務（マンデイト）における地方の「超過負担」問題も顕在化し, カリフォルニア, マサチューセッツなど 12 州で地方の超過負担の返還をめぐる要求が出された[17]. こうした要求を契機に, 新しい委任事務は減少傾向を示している. さらに, 地

16）　Green, Cynthia B., *op. cit.*, p. 112.

17）　Gold, *op. cit.*, p. 54.

第4章　新連邦主義の実験場と州と市の財政関係　　　103

方が州に求めているのは課税制限など財政統制の緩和及び撤廃であった．1980
年代前半に地方に対する規制を緩和した州は，カリフォルニアなどの5州にす
ぎず，その内容も地方にそれほど大きな影響を及ぼすものではなかった．たと
えば，プロポジション13号によって財産税減税が実施されたカリフォルニア
では，都市の議会の過半数の得票があれば，ある程度まで財産税以外の税や使
用料などの引き上げを行う権限が都市に対して与えられた．オハイオでは売上
税の制限税率が0.5%から1%に引き上げられた[18]．しかし，全体的に州に
よる地方への財政統制を緩和させるという面ではそれほど大きな変化はみられ
ないというのが実情であった．

2. 州補助金構造の変化

「地方事務の州への移管」が州による間接的な「財政救済策」の一環である
とすれば，より直接的な「財政救済策」は州補助金の増加であろう[19]．地方
に対する州補助金は，州によって多少の差異はあるものの，州一般経費を構成
する費目のなかで最も比重が高くなっている[20]．その意味で，州財政にしめ
る補助金の役割も重要であるといってよい．
　州補助金の増加は，第2次世界大戦後の地方財政の逼迫と関連している．
1950年代以降，地方が「財政のミスマッチ」と呼ばれる経費の著しい増加と
歳入増の鈍化を経験して，財政が逼迫していったのに対し[21]，州の税収はと
くに1960年代後半以降，地方のそれを上回って増加しはじめた[22]．そうした
状況のもとで州補助金は，戦後から1970年代を通じて大幅に増加したのであ

---

18)　*Ibid.*, pp. 55-64.
19)　州補助金には，広義の分類によれば，①直接補助金，②税源移譲，③地方への経費の償還，④
　　融資や先払いが含まれるが，狭義の分類によれば，直接補助金のみが含まれる．州の会計報告書
　　によれば，広義の州補助金が計上されているのに対し，地方の報告書には狭義の補助金のみが計
　　上されているので注意が必要である（*Ibid.*, p. 5）．
20)　州の一般歳出にしめる州補助金の割合は，1981会計年度の平均で36%であるが，福祉など事
　　務配分の差によって州ごとにかなりのばらつきがある．ニューヨーク州（46.6%）は，全国でみ
　　るとカリフォルニア（47.2%）に次いで州補助金の割合が高い州に分類される（*Ibid.*, pp. 12-15.）．
21)　ACIR（1969），*A-34*, p. 1.
22)　Aronson, J. Richard and John L. Hilley（1986），*Financing State and Local Government*,
　　Forth Edition, The Brookings Institutiion, pp. 80-81.

104

表 4-2　地方への州補助金の推移（1957～1981 年度）

年度	1 人あたり補助金 （ドル）	1 人あたり補助金 （1972 年のドル価値）	州支出にしめる 州補助金の割合	合　計 （10 億ドル）
1957	43. 88	83. 42	35. 3%	7. 439
1962	58. 94	98. 06	34. 9	10. 906
1967	96. 70	133. 56	35. 7	19. 056
1972	177. 16	177. 16	37. 2	36. 759
1977	283. 22	193. 98	36. 8	61. 074
1981	404. 17	201. 68	36. 0	91. 307

(注)　連邦から地方へ州を通り抜けて流れるパススルー補助金を省く.
(資料)　Gold, Steven D. (1983), *State and Local Relations in the early 1980s*, The Urban Institute
　　　Press, p. 10.

った[23]．州補助金には通常，連邦から地方へ交付されるいわゆるパススルー
補助金が含まれるが，それを除いた額を示したのが**表 4-2** である．同表からも
明らかなように，1957 会計年度には 74 億ドルであったが，1981 会計年度には
913 億ドルにまで増え，実に 10 倍以上も増加しているのである．州支出にし
める州補助金の割合は 35% 前後だが，1 人あたりの補助金は 1957 会計年度か
ら 1981 会計年度にかけて 43 ドルから 404 ドルにまでとなり，1972 年のドル
価値でデフレートしても 3 倍近くになっている．

　次に，**表 4-3** により州補助金の目的別構成の変化についてみよう．その特徴
は，まず第 1 に，教育補助金が州補助金のなかで 6 割という最大のシェアも有
し，常に過半をしめていることである．第 2 に，福祉補助金がそれに次いで大
きなシェアをしめていることである．福祉については，すでにみてきたように，
州・地方間の事務配分の割合が州によって著しく異なっているが，平均値でみ
ると，福祉補助金のシェアは 1972 会計年度には 19% をしめていたが 1981 会
計年度には 12% 程度にまで比重が低下している．第 3 に，一般交付金[24]を含
む一般補助金の割合が 1970 年代以降全体の 1 割をしめていることである．第
4 に，ハイウェイ補助金の比重が年々低下し，1957 会計年度には 15% もしめて
いたが，1981 会計年度には 5% 程度にまで低下していることである[25]．したが

23)　Gold (1983), *op. cit.*, p. 9. 1970 年代の連邦・州補助金の動向については，ACIR (1980), *Recent
　　Trends in Federal and State Aid to Local Government, M-118* を参照.
24)　当時の州の地方への一般交付金については，さしあたり，ACIR (1980), *The State of State-
　　Local Revenue Sharing, M-121* を参照.
25)　Gold (1983), *op. cit.*, pp. 11-12.

第4章 新連邦主義の実験場と州と市の財政関係　　105

表 4-3　目的別州補助金の推移（1957〜1981 年度）

（単位：%）

年度	教　育	福　祉	一般補助金	ハイウェイ	その他	合　計
1957	56. 6	15. 3	9. 0	14. 6	4. 6	100. 0
1962	59. 4	16. 3	7. 7	12. 2	4. 4	100. 0
1967	62. 2	15. 2	8. 3	9. 8	4. 5	100. 0
1972	57. 7	18. 9	10. 2	7. 2	6. 1	100. 0
1977	60. 5	14. 3	10. 4	5. 9	8. 9	100. 0
1981	62. 7	12. 1	10. 5	5. 2	9. 5	100. 0

（資料）　*Ibid.*, p. 10.

って州補助金は第2次世帯大戦以降，教育と福祉を中心に増加したといえよう．

しかし，1980 年代にはいると，州財政の悪化とともに州補助金の伸び率は鈍化した．それはこの時期に，アメリカの州の多くが 1930 年代以来最も深刻な財政問題を経験したことによっている[26]．とくに 1980〜1983 会計年度の間には，連邦補助金の著しい削減や経済不況の影響を受けて州財政は急速に悪化した[27]．州・地方を合わせた数値でみると，1978 会計年度には 100 ドルの黒字であったが，1979 会計年度には 66 億ドルの黒字となり，1980 会計年度には 9 億ドルの黒字，1981 会計年度には 1 億ドルの黒字と，徐々に黒字の額が減少し，1982 会計年度には 44 億ドルの赤字に転じた．税収増も 1979 会計年度には 10.3%，1980 会計年度には 9.7%，1981 会計年度には 9.3%，1982 会計年度には 8.3% と，1980 年代に入り鈍化の一途をたどった[28]．また，州財政だけを取り上げると，州の税収は 1978〜1982 会計年度の間に個人所得の 7% から 6.5% に低下した．連邦補助金の大幅な削減が行われた直後の 1982 会計年度には，半分以上の州が，また 1983 会計年度には 3 分の 2 以上の州が予算削減に踏み切った[29]．

---

26)　1980 年代初頭の州財政の状況をサーベイしたものとしては，Gold, Steven D. (1982), "Federal Aid and State Finances," *National Tax Journal*, Volume XXXIV, No. September, pp. 373-381. Gold, Steven D. (1983), "Recent Development in State Finances," *National Tax Journal*, Volume XXXVI, Vol. 1, March, pp. 1-29 などがある．

27)　この時期における連邦補助金削減に対する州・地方の対応については，Nathan, Richard P., Fred C. Doolittle and associates (1983), *The Consequences of Cuts: The Effects of the Reagan Domestic Program in State and local Governments*, Princeton Urban and Regional Research Center を参照．

28)　Gold (1983), *op. cit.*, p. 17.

こうした状況のもとで，州補助金の増加率が鈍化した．1980年代前半に州補助金の増加率が低下した要因として，ゴールドは，第1に，補助金配分のフォーミュラを変更することによる歳出削減や直接的な歳出削減，第2に，予算均衡を取るための削減，第3に特定財源収入の減少にともなう削減の3つをあげている[30]．ここで重要なのは，州補助金の配分フォーミュラが大都市に不利になっていることである．たとえば，マサチューセッツ州では，1983会計年度以前は，1983会計年度以前は，1人あたり財産税の評価額にもとづいて補助金が交付されていたが，地域の財政力に応じて補助金が配分されるようになり，補助金交付の枠や下限が設定された．また，ウィスコンシン州では，一般交付金プログラムの平衡力を高める改正，すなわち学校の財産区に対して特別なあつかいをせず，一般的な財産税の税額控除を行うような改正がなされたため，財産税率の高い都市地域では補助金が削減された．さらに，従来のような赤字額（財源不足額）によってではなく，経費全体をもとに補助金を算定するよう改正されたために，都市大量公共交通補助金が削減された[31]．

このように州補助金は，第2次世界大戦以降，大幅に増加したが，1980年代に入り，連邦補助金の大幅な削減にともなう州財政逼迫の影響を受けて減少に転じている．それに加え，大都市への補助金が削減されるなど州内の財政調整機能もまた変質しつつあった．しかし，州補助金の削減だけで「財政的救済策」があまり行われなかったと判断するのは早計であろう．なぜなら，その「財政的救済策」は州補助金のみならず「地方事務の州への移管」を通じても行われたからである．

以下では，州による地方への介入の実態を具体的にみるために，ニューヨーク州の事例を検証することにしよう．

3. ニューヨーク州財政構造の変化と1975年ニューヨーク市財政破綻

ニューヨーク州は，通称エンパイアステイと（Empire State）と呼ばれる[32]．

---

29) *Ibid.*, pp. 29-32.
30) *Ibid.*, p. 33.
31) *Ibid.*, p. 40.

第 4 章　新連邦主義の実験場と州と市の財政関係　　107

表 4-4　ニューヨーク州の州民総生産 (GSP) の推移 (1967〜1986 年)

(単位：100 万ドル，%)

年	ニューヨーク州	対全国比
1967	85,473	10.6
1977	170,357	11.5
1978	185,092	12.0
1979	199,090	8.1
1980	214,143	12.5
1981	240,237	9.0
1982	255,686	8.2
1983	282,764	8.5
1984	311,727	8.4
1985	336,071	8.5
1986	362,736	8.7

(資料)　ACIR (1989), *Significant Features of Fiscal Federalism, 1989 edition,*
Vol. I, *M-163,* p. 4 より作成.

州人口は，1987 年当時約 17,825,000 人とカリフォルニア州に次いで多く[33]，
1980 年の統計では都市人口比が 90.4%[34]と非常に高い典型的な都市州であっ
た. 州人口は，サンベルト・スノーベルト[35]という用語に象徴される北東部
大都市圏衰退問題が顕在化した 1970 年代には減少傾向をたどったが，1980 年
の 1,755 万 8,000 人を最低に，1980 年代は漸増傾向に転じた. 1990 年には
1,799 万 455 人，2000 年には 1,897 万 6,457 人，2006 年には 1,930 万 6,183
人と増え続けている. 2006 年現在ではカリフォルニア州，テキサス州に次い
で全国 3 番目の人口を有する州となっている.

表 4-4 は，1967 年から 1986 年にかけてのニューヨーク州の州民総生産の推
移を示したものである. 州民総生産の対全国比は，1967 年に 10.6%，1977 年
に 11.5%，1978 年に 12.0%，1980 年に 12.5% と一時的に 1979 年に 8.1%
にまで低下したものの，1970 年代を通じて増加傾向をたどった. しかし，

---

32)　Jones, Gerry ed. (1987), *State Information Book, 1980-1987*, Corporation Rockvill:
Maryland, p. 520.

33)　ACIR (1989), *Significant Features of Fiscal Federalism, 1989 edition*, Vol. I, *M-163*, p. 3.

34)　Jones, Gerry ed. (1987), *op. cit.*, p. 520. 当時のニューヨーク州における行財政に関しては，
さしあたり，Zimmerman, Joseph F. (1981), *The Government and Politics of New York
State*, New York University Press を参照.

35)　Sawers, Larry and William K. Tabb (1984), *Sunbelt/Snowbelt: Urban Development and
Regional Restructuring*, Oxford University Press.

表4-5　ニューヨーク州個人所得の推移（1967～1987年）

(単位：100万ドル，％，ドル)

年	個人所得		1人あたり個人所得	
	ニューヨーク州	対全国比	ニューヨーク州	全国
1967	67,640	10.8	3,771	3,161
1977	142,464	8.9	7,981	7,294
1978	154,800	8.6	8,736	8,136
1979	169,652	8.4	9,621	9,033
1980	188,275	8.4	10,718	9,919
1981	209,179	8.3	11,914	10,989
1982	223,261	8.3	12,703	11,480
1983	239,979	8.4	13,581	12,098
1984	263,537	8.5	14,867	13,114
1985	280,397	8.5	15,786	13,895
1986	299,324	8.5	16,821	14,606
1987	320,930	8.5	18,004	15,481

（資料）　*Ibid.*, pp. 6-9より作成.

1980年代になると8％台の水準にまで低下した．また，**表4-5**により州内の個人所得の推移をみると1970年代には全国の増加率を下回り，対全国比も1967年の10％台から8％台にまで低下した．その後は8.5％と一定であり，ほぼ全国の動向と同じ推移を示していたことがわかる．

　次に，州財政構造の変化についてみてみよう．**表4-6**により，まずニューヨーク州財政の全体構造[36]をみると，州は1983会計年度でおよそ296億ドルの歳出を行っている．州財政は，一般会計，特別会計，社会資本会計，公債費会計の4会計から構成されるが，そのうち最大規模をもつ一般会計歳出は，175億8,100万ドルとおよそ全体の59％，6割近くをしめている．それに続いて，特別会計が28％，公債会計が7％，社会資本会計5％といった比重になっており，日本に比べると，社会資本関係の比重が低いのが特徴である．

　州の一般会計歳出のなかで最も比重が高いのは，地方への補助金であり，105億8,500万ドルと全体の6割をしめている．州補助金は，特定補助金と，

---

36)　ニューヨーク州の会計年度は，4月から翌3月まで，ニューヨーク市の会計年度は7月から翌6月までとなっている．ニューヨーク市の歴代各市長は，この会計年度の違いからもたらされる市財政への影響を鑑み，州が均衡予算を実施すべきとの訴えを起こしたり，追加的補助金を要求したりしてきた（Grossman, David A., (1983), "Intergovernmental Aid," in Breacher, Charles and Raymond Horton eds., *Setting Municipal Priorities 1984*, New York University Press, p. 46).

第4章　新連邦主義の実験場と州と市の財政関係　　　109

表 4-6　会計別にみたニューヨーク州の歳入と歳出（1983 会計年度）

（単位：100 万ドル）

	一般会計	特別収入会計	社会資本会計	公債費会計	合　計
総収入	17,532	8,556	1,491	2,055	29,634
税　収	15,467	554	—	14	16,035
雑収入	1,198	98	106	909	2,311
連邦補助金	52	6,645	504	16	7,217
公債基金	—	—	396	—	396
他会計からの繰入金	315	1,259	485	1,116	3,175
短期債権	500	—	—	—	500
総支出	17,581	8,395	1,489	2,092	29,557
地方への補助金	10,585	5,544	1	—	16,130
州の直轄事務	4,492	1,982	4	—	6,478
州の一般負担金	1,282	73	—	—	1,355
公債費	236	—	—	814	1,050
社会資本プロジェクト	—	1	1,453	—	1,454
他会計への繰出金	986	795	31	1,278	3,090

（資料）　Cynthia, Green B. (1983), "State Aid," in Brecher, Charles and Raymond D. Horton eds.,
　　　　Setting Municipal Priorities 1984, New York University Press, p. 53.

　一般交付金を含む一般補助金から構成されるが，このうち一般交付金の割合は
表 4-7 に示されるように，1975 会計年度から 1976 会計年度にかけて，2 億
9,700 万ドルから 6 億 9,000 万ドルにまで増加し，その一般会計にしめる割合
も 3% から 6% にまで増加した．しかし，その後は，微増もしくは減少に転じ，
州補助金にしめる一般交付金の割合も 1 割程度にとどまっている．
　このニューヨーク州一般交付金は，ニューヨーク市など大都市の強い要求を
反映して，連邦の一般交付金（General Revenue Sharing）に先駆けて，1970
年に導入されたものである．ニューヨーク州一般交付金は，所得弾力性の高い
州所得税の 18% を一定のフォーミュラにもとづいて州内の 1,605 自治体すべ
ての一般目的をもつ地方政府に配分するというプログラムで，地方の自由裁量
がきわめて高い[37]．しかし，都市が一般交付金に大きな期待を寄せていたに

37)　一般補助金は，1789 年に存在していたが，1946 年の第 1 次モール委員会や 1965 年の第 2 次モ
　　ール委員会で，町村よりも市の方が 1 人あたりの配分額が多く定められるようになり，さらに
　　1968 年には特別視補助金（Special City Aid）が導入された．1970 年にようやく導入された一般
　　交付金は，半分が市に配分されるため，従来の一般補助金に比べると市への配分が極めて高いの

表4-7 ニューヨーク州の一般会計歳出（1975〜1982 会計年度）

（単位：100万ドル）

	1975	1976	1977	1978	1979	1980	1981	1982
合　計	9,677	10,651	11,370	11,269	11,982	13,061	15,181	16,782
地方への補助金	5,638	6,319	6,687	6,634	7,082	7,581	8,528	9,375
教　育	2,638	2,985	3,088	3,195	3,226	3,479	3,914	4,183
高等教育	303	282	332	317	454	464	540	656
社会サービス	1,382	1,616	1,782	1,717	1,795	1,866	2,130	2,470
保健・教育	178	172	169	135	132	171	170	189
精神衛生	80	86	107	107	159	155	159	230
運　輸	211	214	215	233	268	284	424	325
住　宅	113	91	83	62	64	61	66	74
一般交付金	297	690	719	719	800	829	801	881
その他の補助金	136	183	192	149	184	272	324	368
州の直轄・委任事務	3,101	3,320	3,349	3,652	3,880	4,343	5,388	5,982
社会資本建設	491	617	540	445	433	527	600	733
公債費	328	395	412	416	521	594	649	676
他会計への繰出金								
その他の支出	119	—	382	122	66	16	16	16

（資料）　*Ibid.*, p. 58.

もかかわらず，その州補助金に占める割合は1割程度にとどまっている点は注目すべきであろう．なぜなら，ニューヨーク市などでは，このことがさらに福祉などの「地方事務の州への移管」要求をかき立てる契機となったからである．

そこで，地方財政にしめる州補助金の規模をニューヨーク市を事例にみていこう．ニューヨーク市の場合，1985会計年度における市への補助金は42億ドルで，市の一般会計収入のおよそ22％をしめている．市の3大財源は，市税及び料金収入（63％），州補助金（22％），連邦補助金（15％）となっており，連邦・州補助金といういわゆる依存財源は市の自主財源の過半にあたり，州補助金は連邦補助金とともに重要な財源となっていたのである[38]．かつて，リンゼイ市長は，「クリスマス・レター」とよばれるニューヨーク州知事への要望のなかで，①ひものつかない一般交付金の創設，②マッチングをともなわない

が特徴となっている（State of New York (1975), *Report of the Temporary State Commission on State and Local Finances, State Revenue Sharing*, pp. 5-21）.

38)　The Nelson A.Rockefeller Institute of Government, State University of New York (1983), *1983-1984 New York State Statistical Yearbook*, 10th Edition, November, p. 402.

第4章　新連邦主義の実験場と州と市の財政関係　　　111

教育補助金のような特定補助金の増額，③地方の課税権の拡大などを要求していた[39]．しかし，1968年の特別市補助金（Special City Aid）や1970年の一般交付金プログラムの導入を除いては，それほど大きな変化はみられなかった．

ところが，州による地方ととくに大都市への介入は，1975年に表面化したニューヨーク市財政破綻に象徴される地方の財政危機を契機に積極化した．もともと，州はニューヨーク市にたいし，8億ドルの直接融資を行っていたが，1975年6月に市が債務不履行に直面すると，州は自治体援助公社（MAC: Municipal Assistance Authority）をつくり，市の税収から公債を売却することによって，市の短期債の資金を扱う権限を一手に引き受けた．1975年6月と1978会計年度末の間に，MACは実に98億ドル以上の公債を発行し，市の負債や赤字の埋め合わせをするなどの介入を行ったのである．MACが公債の売却を計画通りにすすめられなくなると，州は，1975年9月に緊急財政統制委員会（EFCB: Emergency Financial Control Board，のちに，「緊急」という言葉が外されて単なる財政統制委員会として機能することになる）をつくり，MACの計画を強行におしすすめた．この州知事を委員長とし，知事によって任命された委員から構成される緊急財政統制委員会（EFCB）は，とくに1975年から1977会計年度の間に市財政への監視を強め，時には直接的な決定をも行った．さらに，1975年11月には，州は市に対し返済のモラトリアムを課すといった規定を設けるなど，市の財政危機を契機に，州は積極的な介入策に転じたのである[40]．

こうしたなかで，市に対する州補助金もまた増加した．1978年会計年度に州予算削減にともなって州補助金は削減されているものの，この1970年代後半の市に対する州補助金は，1975会計年度から1977会計年度にかけて3億1,600万ドルと実に13%も増加したのである[41]．また，1978会計年度から1982会計年度にかけてのいわゆる市財政回復過程においても，州はかなり積極的な介入を行った．

まず第1に，自治体援助公社の権限がさらに強化されたことである．MACは1978会計年度から1982会計年度の間に33億ドルの公債を発行したが，そ

---

39)　Grossman, David A. (1983), *op. cit.*, p. 47.
40)　*Ibid.*, p. 48.
41)　*Ibid.*, p. 49.

のうち 12 億ドルが社会資本投資に，8 億 7,800 万ドルが返済や留保資金にあてられた．こうした諸決定は州主導のもとでなされたのであった．

第 2 に，その過程で市への州補助金が急増し，1978 会計年度から 1982 会計年度の間に実に 43% も増加しているのである．しかし，この内訳をみると，一般交付金は 1979 年度の水準すなわち 4 億 200 万ドルのまま凍結されているのに対し，特定補助金の方が増額されており，州の裁量権の高い補助金が増えていることが特徴的である．1978 会計年度から州は徐々にニューヨーク市立大学 4 年制部の財政責任の範囲を拡大させ，これにともなって高等教育補助金は 1978 会計年度の 2 億 1,100 万ドルから 4 億 200 万ドルへとほぼ倍増した．ニューヨーク市へのメディケイドと福祉補助金も増加の一途をたどっている．

第 3 に，「地方事務の州への移管」が加速化されたことである．1978 会計年度から 1982 会計年度の間に基本的に地方裁判所の財政責任が州に移管された．これは，補助金をともなわないが，額にして 1 億 4,700 万ドルに相当する．さらに，追加的所得保障（SSI: Supplement Security Income）プログラムに対する州の財政責任の範囲も拡大し，これも補助金に換算すればこの 4 年間の年平均 3 億 5,400 万ドルに匹敵するものであった．この他に，交通局や大都市圏交通公社への州補助金が拡大された[42]．

このように，1970 年代後半から 1980 年代初頭にかけてニューヨーク市財政危機を契機に州による市への介入が積極化し，市は事実上の財政権を奪われることとなった．この過程で，州補助金が急増するとともに，州補助金に換算されない「地方事務の州への移管」もまた拡大されたのであった．この「地方事務の州への移管」は一面においては，市への「財政救済策」であるが，他面においてそれは地方事務の縮小を意味し，いわゆる「州権強化」につながる側面をもっていたのである．

4. ニューヨーク州における財政調整機能の変化——1970 年代後半から 1980 年代前半

しかし，州全体でみる限り，この時期に州補助金が増加したわけではなかっ

---

42) *Ibid.*, pp. 50–52.

第 4 章　新連邦主義の実験場と州と市の財政関係　　　　113

た. 実際，1970 年代前半に州財政は均衡あるいは黒字が続き，その過程で州補助金は年平均 9.7% も増加したが，1975〜1977 会計年度には州財政は赤字に転じ，1975 会計年度には 1,800 万ドル，1976 会計年度には 4 億 4,700 万ドルの赤字が計上されるにいたっている[43]. とくに最悪の 1976 会計年度は，個人所得税と法人関係税[44]の不足により最悪の事態となり，こうした州財政逼迫にともなって，1970 年代後半には州補助金は減少傾向に転じた.

全国的に減税要求が高まりをみせた 1978 会計年度には，州財政は一時的に 500 万ドルの黒字となり，こうした黒字を反映してニューヨーク州でも減税要求が高まった[45]. 1976〜1977 会計年度には，税率の改正などの影響から，それぞれ 7.5% と 9.1% の税収増がもたらされていたが，このことがまた，ニューヨーク州が高負担であるとの批判を生み出し，1978 会計年度には，個人所得税の税率引き下げなどの減税策が講じられた. こうした減税策の影響から，州補助金の増加率は鈍化し，州財政が黒字に転じた 1978 会計年度でさえ，州補助金の増加率はわずか 1% 以下にとどめられたのであった[46].

1980 年代には，再び財政が悪化した. 1982 会計年度には，ケアリー知事のよる州税増税案と立法府による増税なき歳出削減の提案との間で対立がおこったが，結局は，知事の提案に立法府が妥協し，知事は雇用関係の凍結，重要でない建設事業の禁止，州立大学の基金封じ込めからなる緊縮プログラムを発表した[47]. こうした事実は，前章で明らかにしたような，1981 会計年度にレーガン政権下で連邦補助金の大幅な削減が実施されたことと密接な関係をもっているといえるが，重要なのは，連邦補助金の一大削減が実施される以前から州が社会福祉プログラムの受給資格基準を厳しくしていたこと，すなわち連邦の諸政策に先立って，すでに州が福祉カットなどの諸政策を実施していたことである[48].

---

43)　事業税と邦訳されることもあるが，日本の法人事業税とは異なるものであるため法人関係税と訳しておく.

44)　大資本の連合体も州に対して，企業の高負担が資本の立地に悪影響を及ぼしているとし，それが流域からの資本の流出原因になっていることを理由に，企業優遇策を中心とする減税要求を行っていた.

45)　Grossman, David A. (1983), *op. cit.*, p. 55-56 および Green, Cynthia B., *op. cit.*, p. 103 を参照. ニューヨーク州の税負担は，1982 年では，ワイオミングに次いで全国第 2 位であった.

46)　*Ibid.*, p. 94.

47)　Nathan, Richard P., Fred C. Doolittle and associates (1983), *op. cit.*, p. 73.

また，1980年代のニューヨーク州財政にとって重要なのは，州の会計制度が1982年に改革されたことであろう．つまり，従来の現金主義会計に加えて発生主義会計原則（一般に受け入れられている会計原則，Generally Accepted Accounting Principles）が導入され，現金主義会計と発生主義会計の二段階会計方式が採用されることとなった．従来の現金主義会計のもとでは，現実に返済が行われたときのみ記録されるが，発生主義のもとでは債務を負った時点で記録されるため，現実に州がどの程度債務を負っているのかが浮き彫りにされる結果となった[49]．

そうした状況のもとで，州が莫大な赤字を抱えているという事実が発覚されたのであった．1981会計年度で2億5,600万ドル，1982会計年度で5億5,200万ドル，1983会計年度で10億7,600万ドル，1984会計年度で3億4,500万ドル，1985会計年度で1億2,500万ドルの赤字がでていることが明らかとなり，黒字とされていた1980年代以前にも赤字がでていた可能性があることさえ論じられるようになった．さらに，一般会計の累積赤字は1981会計年度で44億ドルにものぼっていた．これまで，ニューヨーク州財政がいかにロールオーバー（短期資金の借りつなぎ），短期債発行，返済の延納という手段に依存してきたのか，つまり，返済の延納を短期債にあてることによって一時的に赤字を賄うという手段が何年にもわたって繰り返されてきたという事実が露呈したのである[50]．

州財政の運営の実態が明らかになるにつれ，会計監査官，財政・経済のプライオリティに関する知事評議会から，ロールオーバーの制限や累積赤字の削減計画が要求されることとなった．この過程は，表面的には1975年ニューヨーク市財政危機が表面化し事実上の破産を余儀なくされたときの状況と酷似している．しかし，当時のニューヨーク市と決定的に異なっているのは，ニューヨ

---

48) 1983年度に，ケアリー知事に代わって州知事に就任したクオモ知事は，1983会計年度には引き続き州税増税案を提出したが，1984会計年度には個人所得税を中心とした減税策に転じた．この所得税改革案の内容は，所得に応じた控除方式から一律控除方式への改革，中所得者層区分の拡大，勤労所得の最高税率の引き下げ，個人減免税の拡大などいわゆる高所得者優遇の減税であったことが大きな特徴となっていた（Green, Cynthia B., *op. cit.*, p. 104.）．

49) *Ibid.*, p. 97.

50) *Ibid.*, p. 98-99.

ーク市が州による積極的な介入を受け，財政決定権そのものが州に奪われたの
に対し，州が上級政府つまり連邦政府の介入を受けなかったことである．その
意味では，1970年代半ばのニューヨーク市財政危機と1980年代前半のニュー
ヨーク州財政難のケースはまったく異なるといってよい．

　ところで，州財政における州の累積債務の表面化は，地方にも大きな影響を
もたらすものとなった．とくに州が赤字を減らすために歳出削減を行い，それ
にともなって地方への補助金を削減していった点は重要である．州補助金が減
少するにともない，ニューヨーク州の直轄事務と州補助金の割合も変化してき
た．その割合は，1983会計年度には，40.4％対59.6％であったのが，1984
会計年度には41.7％対58.3％となり，さらに1985会計年度には州直轄事務
の割合が42％にまで拡大した[51]．つまり，州補助金に比べて州直轄事務の割
合が大きくなってきたのである．こうした州直轄事務の割合の増加は，補助金
の削減に加えてメディケイドなど「地方事務の州への移管」がすすめられたこ
ととも関係しているといえよう．

　これまでみてきたように，1970年代後半から1980年代前半にかけては，ニ
ューヨーク市財政危機に象徴されるような大都市財政危機への州による対応が
中心であった．その過程で市は州による積極的な介入を受けつつ，徹底的な人
員削減や福祉カットなどを余儀なくされ，低所得者の犠牲の上に財政再建が達
成されたのであった[52]．この過程で，ニューヨーク市は黒字財政に転じはじ
めることになる．しかし，1980年代にはいると，レーガン政権下の連邦補助
金政策の影響をうけて，地方財政危機の波は，郊外都市にまで波及し，州は郊
外都市の財政危機救済にものりだしたのである[53]．このため，ニューヨーク
市の財政再建を契機として，州内の財調整機能が中心都市の財政救済策から，
州内の財政調整機能へと変化しはじめた．この意味で，1980年代になって，
州による財政調整機能が質的に変化しはじめたといってよいだろう．

　郊外都市の財政危機の事例としては，エリーカウンティやエリーカウンティ

---

51)　*Ibid.*, p. 96.

52)　Tabb, William K. (1982), *The Long Default: New York City and the Urban Fiscal Crisis*, New York and London: Monthly Review Press（宮本憲一他監訳（1985），『ニューヨーク市の危機と変貌』法律文化社），p. 97.

53)　Green, Cynthia B., *op. cit.*, pp. 108-110.

内のラッカワンナ，ヨンカーズ，ロチェスター，シュラキュースなどがあげられるが，この原因は，工場の閉鎖などにともなう税収不足など，地域内の産業構造の変化と密接なつながりをもっている．したがって，その危機の原因は深刻かつ長期的なものであり，郊外都市への州により財政支援策は当面続けられることとなったのである．ニューヨーク市へのニューヨーク州の介入は，「財政的救済策」つまり州補助金や「地方事務の州への移管」をともないつつ，ニューヨーク市財政危機からの再建過程で積極化したが，1980 年代の州財政政策の動向は，中心都市に居住する多くの貧困者たちにとって不利なものとなっていったのである．

おわりに

　以上から明らかなように，州による地方とくに都市への介入は 1970 年代半ばの大都市財政危機のなかで積極的に行われた．その 1 つのあらわれが，1970 年代後半とくに 1978 年から 1980 年代初頭にかけての州補助金の飛躍的な増加であった．つまり，州による大都市への介入は 1975 年のニューヨーク市財政破綻を契機に積極化したのであった．ニューヨーク市財政再建過程においては，州は自治体援助公社や緊急財政統制委員会をつくり，市の財政権を奪いつつ積極的な介入を展開した．1975 年から 1978 年にかけてはとくに州の介入によって市は極端な緊縮財政を余儀なくされ，著しい社会サービスカットと人員削減を実施するなど一連の福祉切り捨て政策を断行したのである．この時期には州補助金はあまり増えず，州補助金が再び増加していくのは 1978 年から 1982 年にかけてのいわゆる財政再建が達成される過程である．

　この時期には，州補助金の増加にとどまらず，新連邦主義下の「州権強化」の一環として各州で州への権限移譲がにわかにすすめられていたのである．この権限移譲には，「連邦政府による州への権限移譲」と「地方事務の州への移管」という 2 つの側面があるが，両者の性格はまったく異なるといってよい．つまり，前者が連邦政府が，新自由主義＝新保守主義的な諸政策を遂行するなかで，内政面における歳出削減の一般として州・地方に対する連邦補助金の削減や連邦事務の州への移譲を実施したことを意味しているのに対し，後者は，

地方の財政危機に対する州の「財政的救済策」としての意味をもっているからである．しかし，その過程は，地方からすればまさに州の地方への介入であり，地方の財政自主権は著しく脅かされたのである．1970年代末から1980年代初頭にかけてのニューヨーク州とニューヨーク市の関係はまさにその典型であった．

　また，注目すべきことは，州による地方への介入が，連邦による新連邦主義的諸政策の一環として連邦補助金削減が実施される以前からすでにすすめられていたことである．「地方事務の州への移管」は福祉のみならず，司法，教育にまでおよんだ．その過程では，サービス水準が画一化されるという利点がある一方，多くの貧困問題を抱える大都市ではサービス水準が著しく引き下げられたのである．「ホームルール」という比較的強い地方自治の伝統を有するニューヨーク州において，1970年代からその伝統がゆらぎつつあったという事実は，まさに「ニューフェデラリズムの実験場」としての意味をもっていたといえよう．

第5章　自助努力の連邦主義と州と都市の新たな関係
—— 1980年代の分析を中心に ——

はじめに

　1991年2月4日に行われた1992会計年度予算に対する大統領演説のなかで，ブッシュ（父）大統領は前年秋に制定された5カ年にわたる赤字削減法に沿った形で歳出を抑制する方針を打ち出した[1]．新連邦主義に関わるところでは，「実験場としての州」の存在が前年度に引き続き改めて強調され，州を中心に，教育・福祉・保健・雇用訓練などの領域で，効率性と選択性を重視した改革を引き続きすすめていく方向性が全面に押し出された[2]．1992年度予算方針の一つである新連邦主義に関して，ブッシュ大統領演説は有名な司法官スイス・D・ブランゼイスの引用からはじまっていた．つまり，「国民が選択するならばたった一つの果敢な州こそが実験場となるだろう」というものであった．こうした一連の諸政策は，1980年代以降，一貫してとられてきた新連邦主義路線の延長線上にいえるだろう．周知のとおり，1980年代に入ってアメリカ連邦制は1つの転換期を迎えた．新連邦主義あるいは新保守主義的な諸政策が遂行されるなかで，州・地方への補助金を含む内政面に対する連邦政府の歳出が削減され，州の役割がにわかにクローズアップされるようになってきた．州が連邦補助金の削減に対して，いかなる対応をしたのかについては，第3章でも明らかにしたが，さらに詳しくは，ピーターソンらによる『レーガンのブロック補助金』[3]やネイサンらによる『レーガンと州』[4]においても多くの事例が紹介さ

---

1) Executive Office of the President, Office of Management and Budget (1991), *Budget of the U. S. Govetnment, Fiscal Year 1992, Part One*, U. S.Government Printing Office, p. 3.
2) *Ibid., Part Two*, p. 3.

れている．そこでは，連邦補助金削減などの影響から，財政危機的状況に陥った地方政府とくに大都市に対し，州政府が地方事務の財政責任を引き受けたり，連邦補助金が削減された特定のプログラムで州資金を埋め合わせるといったように，その「肩代わり」政策を遂行してきた事例が紹介されている．その結論として，ネイサンらは，連邦政府が保守化すればそれだけ州政府はリベラルになり，活性化すると論じている．

伝統的に，アメリカの州は，ジェファーソン主義の視点から，地方の監視者とみなされ，その過程で生じた州と大都市の対立は，アメリカ連邦主義にとって際限のないテーマとなってきた．州がしばしば農村的志向であったために，州の立法が都市の需要や利益を無視してきたことなどが指摘され，ニューヨーク市などの大都市は，州からの独立を要求したほどであった．大都市と州の対立は，いわば「都市と農村の対立」を象徴する形で展開してきたのである．1929年の世界恐慌以降，都市化がさらにすすむなかで，大都市の抱える社会・経済的需要は莫大なものとなり，1930年代を境に，諸都市は連邦政府に援助を要求しはじめた．その歴史的な転換のなかで州の役割が縮小し，それに代わって連邦の直接的な介入が積極化した．1933年にある行政官は「アメリカの州は終わった．州が核力を回復することはないであろう．州はもはや消え失せたと確信している．」[5]と語っている．その流れは，1960年代まで続いた[6]．

1970年代初頭は，まだ州の存在自体，連邦制にとってそれほど大きなものではなかったが，にわかに変化の兆しがみえはじめていた．政府間関係諮問委員会（ACIR）の1985年の報告書によれば，州政府の構造転換は，1960年代，1970年代からすでにはじまっていたことが示されている．①州憲法については1950年代以降11州で憲章改正が行われ，5分の4の州でそれを近代化する行動かとられていること．②立法に関しては，1962年に連邦最高裁（Baker V. Carr決定）1人1票制原理を保障するために州の立法部を再編成するような判

---

3) Peterson, George E. et al. (1986), *The Reagan Block Grants*, Urban Institute Press.

4) Nathan, Richard P., Fred C. Doolittle and associates (1987), *Reagan and the State*, Princeton University Press.

5) ACIR (1985), *The Question of State Government Caoacity*, p. 1.

6) Benjamin, Gerald and Charles Breacher eds. (1988), *The Two New Yorks: State-City Relations on the Changing Federal System*, Russell Sage Foundation, pp. 2-8.

決が下され，スタッフの拡大・強化，手続きの民主化と公開，メンバーの増員などの一連の改革が行われたこと．③財政に関しては，州税制が多様化し，1955年から1976年の間に11の新しい個人所得税，11の新しい売上税，11の新しい法人所得税が制定されたこと．その他知事の権限が強化され，執行部は1964年から1979年の間に，3分の2の州で再編成されて，人材，計画，予算管理面での改革がすすみ，その結果，プログラム管理能力が高まったことなどがあげられている[7]．州と大都市の財政関係にとって，最も重要な点は，これら一連の改革のなかで，都市と郊外の利害が強化され，農村の利害が弱められたことであろう．しかし，それらの行財政面での改革は，1980年代以降の変化に比べるとそれほど顕著なものではなく，州と大都市の対立の終焉を示すものでもなかった．

1980年代の新連邦主義の台頭とともに，半世紀にわたって活力を失っていた州の蘇生がはじまるが，それはまさにジョン・シャノンが指摘するように，連邦政府が課した「自助努力の連邦主義（fend-for-yourself federalism）」[8]の産物でもあった．そのなかで，新たなる州と大都市の関係も醸成されてきたのである．したがって，本章では，「自助努力の新連邦主義」の下で，州財政構造がいかに変化したのか，その特徴を明らかにした上で，財政フェデラリズムにとってもう1つの重要な側面である1980年代の州と大都市の財政関係の展開過程を，とくにニューヨーク州内の中心都市と郊外の関係にも着目しつつ，検証していくことにしたい．

1. 1980年代の州財政構造の変化

1-1 州財政の全体的な構図

連邦制における州の役割が絶賛される渦中にあって，スティーブン・ゴールドは，過去10年以上にわたる州財政分析をふまえて，1990年代に州は多くの困難に直面し，重要な政策選択に迫られることになるだろうと予測していた[9]．

---

7) 1960年代から1970年代にかけての州財政の構造転換については，ACIR（1985）を参照．

8) Shannon, John (1989), "Competition: Federalism's Invisible Regulator," *Intergovernmental Perspective*, Winter.

その分析になかでゴールドは，州が 10 年前に比してその役割が増大している
ことは事実であり，それは以下の点にみいだされるとしている．①州税に関し
ていえば，連邦・州・地方の全税収に占める州税収の割合が増加していること．
②歳出面では，移転的支出を除と 1980 年代の連邦非国防費に比べて州経費が
3 倍の速度で増大していること．③非国防費の自由裁量支出に関しては，連邦
予算にしめる割合が縮小し，州と地方の責任が増大していること．④州・地方
に対する実質連邦補助金がこの 10 年間で 38% 削減されたこと．⑤州が自主財
源の相当部分を社会サービス支出に充当することで，連邦補助金削減に対応し
たこと．⑥環境，経済開発，社会サービス，初等・中等教育，高等教育，保健，
インフラ融資を含むさまざまな分野でプログラムの刷新を図ったこと．しかし，
1990 年代あるいは 21 世紀には数多くの州が多くの難問を抱えることになり，
それらの問題を解決するにあたり深刻な予算問題が生じることになると指摘し
ていた．

　その理由として，まず経済が 1983 年の不況以来最悪の事態にあること，政
府間競争が激化していること，連邦の委任事務（マンデイト）により支出は増
え続けるが，連邦補助金は実質的に低下傾向にあること，AIDS や麻薬対策の
増大，教育制度の危機，連邦税制改革による影響などの外的要因を指摘してい
た[10]．州財政に関していえば，歳出面，とくに急増を続けているメディケイ
ド支出が，高齢化，医療関係経費の急騰などの要因により，急増を続け，矯正
支出，初等・中等教育支出も増大傾向にある点があげられていた．他方，歳入
面をみると，税収に関しては個人所得よりは増えているものの，社会サービス
の改善を行うほどには増加していないとして，以下のように述べていた．

　「州だけで，国家問題のすべてを解決することは不可能である．貧困問題
　の解決のためには，連邦政府がかなりの資金を供給する必要があろう．州間
　競争が激化するなかで，ある州が貧困問題に取り組めば，その州に貧困者が

---

9)　Gold, Steven D. (1990), *The State Fiscal Agenda for the 1990s*, National Conference of
　　State Legislatures, pp. 1-14.
10)　Gold, Steven D. (1990), "State Finances in the Era of Fiscal Federalism," in Thomas R.
　　Swartz and John E. Peck, eds., *The Changing Face of Fiscal Federalism*, M. E. Shape, pp.
　　88-126.

第 5 章　自助努力の連邦主義と州と都市の新たな関係　　123

集中するため，州は貧困問題の取り組みをなくしてしまうであろう．州が1990 年代にいかなる財政議事録をもつのか，それは 21 世紀のアメリカ生活の質に多大な影響を及ぼすことになるであろう．」[11]

　そこでまず，州財政が 1980 年代にどのような構造へと転換したのか，全体像からみていくことにしよう．**表 5-1** は，州財政の全体を示したものである[12]．全体像を示すために，歳出，歳入およびその収支の差額を全会計と一般会計について示したものである．本章の対象とするのは 1980 年代から 1990 年にかけてであるが，比較の意味で，1950 年代からの数値を掲げてみた．州の全会計および一般会計の単純な収支でみる限り，赤字を出している年は 1950 年代から 1970 年代に集中している．1976 年に一般会計で 16 億ドル近い赤字を出して以来，一貫して黒字に転じているが，その一方で，純負債額が急増するといった状況が生み出されている．1980 年から 1987 年の間についてみると，名目歳出額が 1.8 倍，歳入額が 1.9 倍となっているのに対し，純負債額は 2.2 倍にもなっている．

　歳出面では，全歳出にしめる直接支出と政府間支出の割合についてはそれほど変化はみられないが，1970 年代に政府間支出の割合が増加傾向にあったのに対して，1980 年代には低下傾向に転じている．1980 年代末には概ね，7 対 3といった比率になっている．このことは，連邦補助金が大幅に削減された1980 年代に，州全歳出にしめる州補助金の割合が全体的にそれほど増加しなかったことを示している．

　歳入面では，1980 年代以降，政府間移転による収入に比べて，自主財源比率が高まる傾向にあったが，これは自主財源収入が増大したというよりもむしろ政府間移転による収入の大半をしめる連邦補助金削減の影響によるものと考えられる．しかも，連邦補助金の数値には，対個人向け支出が含まれているために金額的には増大傾向を示しているが，対個人向け支出を除く連邦補助金は1980 会計年度から 1989 会計年度の間に 38％ も減少した．しかも，連邦補助

---

11)　Gold（1990），*op cit.*, p. XVI および p. 153.

12)　Tax Foundation（1990），*Face & Figures on Government Finance, 1990 edition*, Johns Hopkins University Press, pp. 223-224.

表 5-1　州の歳出、歳入、負債の推移　(1950〜1987 会計年度)

(単位：100万ドル，%)

州会計年度	全会計 歳入 合計 金額	構成比	自主財源 金額	構成比	政府間収入 金額	構成比	歳出 合計 金額	構成比	直接支出 金額	構成比	政府間支出 金額	構成比	黒字額・赤字額	純負債額	一般会計 歳入	歳出	黒字額・赤字額
1950	13,903	100	11,480	83	2,423	17	15,082	100	10,864	72	4,217	28	-1,179	5,285	11,262	12,250	-988
1960	32,838	100	26,094	79	6,745	21	31,596	100	22,152	70	9,443	30	1,242	18,543	27,363	27,228	135
1970	88,939	100	68,691	77	20,248	23	85,055	100	56,163	66	28,892	34	3,884	42,008	77,755	77,642	113
1980	276,962	100	212,636	77	64,326	23	257,812	100	173,307	67	84,504	33	19,150	121,958	233,592	228,223	5,369
1981	310,828	100	240,042	77	70,786	23	291,527	100	198,348	68	93,180	32	19,301	134,847	258,159	253,654	4,505
1982	330,899	100	261,733	79	69,166	21	310,358	100	211,615	68	98,743	32	20,541	147,747	275,111	269,490	5,621
1983	357,661	100	284,933	80	72,728	20	334,019	100	233,132	70	100,887	30	23,642	167,290	290,480	285,042	5,438
1984	397,087	100	315,637	79	81,450	21	351,537	100	243,164	69	108,373	31	45,550	186,377	330,740	309,775	20,965
1985	438,954	100	349,032	80	89,922	20	390,828	100	269,257	69	121,571	31	48,126	211,904	365,344	345,133	20,211
1986	481,279	100	382,705	80	98,574	20	424,205	100	292,239	69	131,966	31	57,074	247,715	393,475	376,429	17,046
1987	517,019	100	414,638	80	102,381	20	455,752	100	314,326	69	141,426	31	61,267	265,677	419,487	403,937	15,550

(資料)　Tax Foundation (1990), *Facts & Figures on Government Finance, 1990 edition*, Johns Hopkins University Press, pp. 223-224 より作成。

金にしめる対個人向け支出は年々増加傾向にあり，1992 年度予算書では，1992 年度の連邦補助金 1,710 億ドルのうち 62% を個人向け支出に向けられていることが示されている．その他は，社会資本 16%，教育，職業訓練，社会サービスなどその他の補助金が 22% となっている[13]．

当時の計画では，1996 年度予算までに，1982 会計年度を一定とした実質的な金額でみて，対個人向け支出は 1980 年度の 382 億ドルから 1992 年度予算では 709 億ドルに倍増していたが，さらに 1996 年度には 899 億ドルにまで引き上げられることになっていた．それに対して，社会資本補助金は，1980 年度の 245 億ドルをピークに一貫して引き下げられ，さらに 1992 年度から 1996 年度までに 198 億ドルから 186 億ドルにまで，また社会サービスその他の補助金は，1980 年度の 432 億ドルから 1992 年度まで 232 億ドルにまで半減しており，さらに 1996 年度までには 195 億ドルにまで引き下げるという方針が打ち出されていた[14]．こうした連邦補助金の動向は，当然のことながら州・地方に対して，1980 年代に引き続き，1990 年代にも多大な影響を及ぼすこととなったのである．

1-2　州歳出の構成変化——メディケイドと矯正費の突出

以上が，1980 年代における州の歳出・歳入の全体的な傾向だが，次にそれをさらに詳しくみていくことにしよう．まず，歳出面からの分析からみると，州の直接支出の推移を示したのが，**表 5-2** である[15]．全歳出は，1970 年度に 562 億ドルであったが，1980 年度には 1,733 億ドルとなり，1987 年度には 3,143 億ドルになっていた．直接支出の大半をしめるのが，一般歳出だが，一般歳出のなかの各費目の構成費の推移をみると，従来から州支出の中で最も大きなシェアをしめていた教育やハイウェイの比重が低下し，それに対して福祉の比重が高まってきていることがわかる．

さらに歳出水準を検証するため，1976 会計年度から 1988 会計年度の間の個

---

13)　Executive Office of the President, Office of Management and Budget (1991), *Budget of the U.S. Govetnment, Fiscal Year 1992, Part Two*, p. 163.

14)　*Ibid.*, p. 166.

15)　Tax Foundation (1990), *op. cit.*

表 5-2　州の目的別直接歳出の推移　(1970〜1987 会計年度)

(単位：100万ドル，%)

会計年度	会計歳出								一般会計歳出								保険基金
	一般会計合計		教育		ハイウェイ		福祉		保健・病院		天然資源		財務管理		その他		
	金額	構成比	金額	構成比	金額	構成比	金額	構成比	金額	構成比	金額	構成比	金額	構成比	金額	構成比	金額
1970	48,749	100	13,780	28	11,044	23	8,203	17	4,788	10	2,158	4	1,720	4	7,055	14	6,010
1975	86,326	100	22,902	27	14,258	17	17,457	20	8,968	10	3,368	4	3,205	4	16,168	19	18,860
1980	143,718	100	35,251	25	20,661	14	33,242	23	15,666	11	4,124	3	6,114	4	28,660	20	24,980
1981	160,474	100	39,664	25	20,668	13	38,580	24	1,8028	11	4,725	3	6,563	4	32,246	20	32,221
1982	170,747	100	42,301	25	20,103	12	41,513	24	19,398	11	5,165	3	7,441	4	34,826	20	34,730
1983	184,154	100	44,584	24	21,153	11	44,876	24	208,34	11	5,545	3	8,266	4	38,896	21	42,180
1984	201,310	100	48,573	24	23250	12	49,122	24	21,567	11	5,662	3	8,904	4	44,232	22	34,682
1985	223,562	100	53,667	24	27167	12	42,990	19	23,211	10	6,395	3	9,944	4	60,188	27	37,940
1986	244,553	100	58,260	24	30191	12	56,256	23	25,471	10	6,897	3	11,262	5	56,216	23	39,749
1987	262,512	100	61,647	23	31488	12	91,123	23	27,202	10	7,354	3	12,233	5	61,465	23	43,373

(資料)　*Ibid.*, p. 225 より作成.

第5章 自助努力の連邦主義と州と都市の新たな関係　　127

表5-3　個人所得100ドルあたりの州歳出構成の推移（1976～1989会計年度）
（連邦補助金と使用料・手数料収入からの支出を除く）

（単位：ドル）

会計年度	合計	高等教育	初等・中等教育	メディケイド	その他の福祉	保健・病院	ハイウェイ	矯正	その他
1976	7.68	0.97	2.35	0.33	0.68	0.60	0.83	0.19	1.72
1977	7.49	0.96	2.29	0.38	0.60	0.61	0.69	0.20	1.76
1978	7.27	0.97	2.28	0.38	0.61	0.59	0.70	0.21	1.53
1979	7.28	0.94	2.31	0.41	0.51	0.58	0.72	0.21	1.60
1980	7.41	0.94	2.37	0.45	0.51	0.60	0.74	0.22	1.57
1981	7.43	0.93	2.29	0.49	0.51	0.59	0.65	0.23	1.71
1982	7.28	0.91	2.18	0.51	0.44	0.57	0.61	0.24	1.79
1983	7.17	0.90	2.17	0.56	0.36	0.59	0.60	0.25	1.83
1984	7.37	0.90	2.18	0.56	0.41	0.57	0.59	0.27	1.87
1985	7.55	0.92	2.23	0.55	0.38	0.59	0.60	0.30	1.98
1986	7.67	0.93	2.30	0.55	0.38	0.61	0.63	0.33	1.94
1987	7.86	0.92	2.33	0.56	0.39	0.61	0.66	0.33	2.06
1988	7.91	0.91	2.32	0.60	0.37	0.62	0.66	0.35	2.08
1989	不詳	0.91	2.30	不詳	不詳	不詳	不詳	不詳	不詳

（資料）　Gold, Steven D. (1990), "State Finances in the New Era of Fiscal Federalism," in Swartz, T. R. ed., *The Changing Face of Fiscal Federalism*, M. E. Sharpe, pp. 88-126 および Gold, Steven D. (1990), *The State Fiscal Agenda for the 1990s*, National Conference of State Leislatures, p. 16.

人所得100ドルあたりの州歳出を示したのが，**表5-3**である[16]．この統計では，教育のなかでは高等教育と初等・中等教育が最も大きなシェアをしめ，また福祉ではメディケイドが最も大きなシェアをしめていることが示されている．さらに，矯正についてもその割合が年々拡大傾向にあることが示されている．これらのデータから，1980年代の州目的別歳出で新たな事実が浮かびあがってくる．すなわち，他の歳出項目に比べて，メディケイドと矯正の支出の増加率が突出しているという事実である．この傾向は，その後も継続しており，1989会計年度から1990会計年度にかけての，メディケイドと矯正費の名目増加率は，それぞれ10%，14%となっている[17]．この間の一般会計歳出の名目的増加率が7.2%であったから，1.5%から2倍近い伸びを示していることに

---

16)　Gold (1990), "State Finances in the Era of Fiscal Federalism," *op. cit.*, pp. 8-126 および Gold (1990), *The State Fiscal Agenda for the 1990s*, pp. 13-15 を参照.

17)　*Ibid.*, p. 77.

なる．これに対して，メディケイドを除く社会福祉支出の増加率は，1980年代を通じて最低になっており，対個人所との比率でみる限り，1988年度の水準は，1976年度の水準の半分近くになっている．ブッシュ大統領が，1992年度予算のなかで，連邦資金なしで州が力を入れるべき重点項目に指定し，しかも州予算の最大構成費をしめていた初等・中等教育支出は，1983年以降増大しているものの，個人所得との関係では，それほど増加しておらず，高等教育支出は低下している．保健・病院支出は，個人所得の増加率に沿った形で増加しており，ハイウェイ支出はその修復のために1980年代前半までの低水準を取り戻すまでには至っていない．したがって，州歳出の中で福祉の割合が増えてはいるが，そのほとんどがメディケイドであり，メディケイドと矯正が福祉その他の経費を犠牲にして増加したというのが，1980年代の州歳出を特徴づける傾向であるといえよう．

　問題はなぜ，メディケイドと矯正が突出していたのかにある．ゴールドによれば，矯正費が増加している背景には，1980年代のコスト急騰と「麻薬とのたたかい」（"war on drugs"）があるが，最も重要な原因は犯罪発生率が比較的安定していたにもかかわらず，州の囚人の数が増えたこと，囚人の増加に対処するために改善を行う命令が最高裁から下されたことにあるとしている．数値で示せば，1980年代の犯罪発生率は人口10万人あたり5,950件，1988年には5,664件とほとんど変化がなかったが[18]，囚人の数は，1980年には30万4,759件であったのに対し，1988年には57万7,474人にまで倍増している[19]．しかし，現実には，1987年12月現在の数値では州内の囚人収容能力の120%に達している状況にある．1980〜1988会計年度の間の州支出は3倍にふくれあがり，それと同じ事態が地方各地で起こった．とくに大都市であるニューヨーク市の場合には，犯罪発生率の高さを反映して，その問題は深刻化していた[20]．矯正面で，民間の役割を重視すべきであるとの議論まで出され，刑務

18)　Federal Bureau of Investigation, U. S. Department of Justice, *Uniform Crime Reports*, U. S. Government Printing Office, various years.

19)　Bureau of Justice (1989), *Statistics, Prisoners in 1980 and Prisoners in 1988*, U. S. Government Printing Office.

20)　柴田徳衛氏は，ニューヨーク市では，当時，囚人の増大と警察人員削減から，過酷な労働に耐えかねた警察官による暴動が起こっていた事実を紹介された（拙稿（1991），「日本財政学会第47回大会について」『財政学研究』第16号8月，92-95頁）．

第 5 章　自助努力の連邦主義と州と都市の新たな関係　　　129

所の民営化が検討課題となった[21]．矯正費の急増は，1980 年代に大都市でホ
ームレスが急増し治安が悪化していく状況と相まって 1980 年代を特徴づける
費目となったのである．

　次に，メディケイドについてみてみよう[22]．これは第 1 章でも触れたよう
に，ジョンソン政権期の 1965 年に，メディケアとともにはじまった医療扶助
であるが，それは急増した背景には，医療コストの急騰，連邦による委任事務
（マンデイト），扶助を受ける資格基準の変化などがあった．メディケイドは，
1981 年の一括予算調整法によって，AFDC とともにその資格基準が引き下げ
られ，1981 から 1984 会計年度の 3 年間は，歳出増は最低限に抑制されてい
た[23]．しかし，州によっては状況がかなり異なっており，ニューヨーク州で
は，1984 会計年度に 1 人あたりメディケイド経費（381. 67 ドル）が全国で最高
額に達し，ワイオミングの 7 倍にのぼった．それはニューヨーク州民の 12. 4
％ がメディケイドを受けているのに対し，ワイオミングがわずか 2.9％ しか
受けていないことによっている．1990 年代に連邦はさらに州に対して新しい
サービス供給と資格基準の拡大を命じた．これはあくまでも州による選択とい
う名の下に掲げられた政策であったが，州による選択権はほとんどなかった．
その結果，州の自由裁量ではなく，連邦の命令のもとに再びメディケイド経費
の増加が加速化されることとなったのである[24]．これはまさに財源保障なき
マンデイトであった．アーロンによれば，州のメディケイド経費は，6 つの要
因すなわち，①サービスと返済の範囲，②受給資格の基準，③州内の貧困者の
数，④メディケイドの受給資格者の比率，⑤州内の医療サービスの利用割合と

---

21)　Logan, Charles H. and Bill W. McGriff (1989), *Comparing Costs of Public and Private
　　Prisons: A Case Study, Report No. 216*, National Institute of Justice, September/October.
22)　メディケイドについては，Holahan, John A. and Joel W. Cohen (1986), *Medicaid: The
　　Trade-Off Between Cost Containment and Access to Care*, Urban Institute, Deborah,
　　Chang and John Holahan (1989), *Medicaid Spending in the 1980s: The Access-Cost
　　Containment Trade-Off Revisited*, The Urban Institute, Aron, Henry J. (1991), *Serious
　　and Unstable Cndition: Finacing America's Health Care*, The Brookings Institutin, pp. 63-
　　65.
23)　第 3 章で示したとおり，連邦補助金の削減とブロック補助金化の見返りとして，州に対しては
　　連邦補規制が緩和され，メディケイドに対する州の自由裁量が高められた．
24)　Holahan and Cohen (1986), *Medicaid*, pp. 18-19 および Gold (1990), *The State Fiscal
　　Agenda for the 1990s*, p. 94.

価格によっており，⑥長期療養を要する高齢者，身体障害者の数に左右される
としているが[25]，これらが複合的に左右し，1989年には全国1人あたりの平
均額が219.50ドルであるのに対して，ニューヨーク州では569ドルに達して
いる．

　以上，州歳出で突出している矯正とメディケイドを中心にみてきたが，州経
費の4分の1をしめる教育も重要な問題を抱えていた．アメリカでは，「教育
機会の選択」の拡大という名の下に一大教育改革がはじまろうとしていた．
1983年の『危機に瀕する国家』[26]で教育改革の重要性が強調されたことにはじ
まり，1987年12月にニューヨーク州においてクオモ知事の呼びかけにより，
教育に関する「サミット会議」が開催された．その呼びかけが，ニューヨーク
市長ではなく知事であったことが当時の州民の関心を集めたといわれてい
る[27]．1989年9月には大統領と全国の知事による教育サミットがバージニア
のシャロットビルにて開催され，州と地方の学校区の改革がすすめられている
実態報告とともに，1992年度予算書においても「教育機会の選択」が改めて
強調された．

　教育以外に，1992年度連邦予算書で重点盲目にあげられている項目として
は，エンタープライズゾーン，その他（交通，福祉，環境），保健などがある．
予算書では，「州の実験は，自発的なところもあるが，国内プログラムや他の
手段を通じて促進された側面もある」[28]としているが，連邦予算書に提示され
ている重点項目のほとんどは連邦支出を伴わないものであった．このことが，
州・地方経費の需要をさらにふくらませる要因となったのである．

1-3　州歳入の構成変化

　1980年代初頭の州税収は，1980年と1982年の不況が1929年の世界恐慌以
来最悪の事態であったことを反映して大きく落ち込み，深刻な財政難を経験し

---

25)　Aaron, Henry J. (1991), *Serious and Unstable Condition: Financing America's Health
　　Care*, The Brookings Institution, p. 65.

26)　*Budget of the U. S. Govetnment, Fiscal Year 1992*, p. 147.

27)　Benjamin, Gerald (1990), "The State/City Relationship," in Bellush, Jewel and Dick
　　Netzer, eds., *Urban Politics: New York Style*, M. E. Sharpe, p. 223.

28)　*Budget of the U. S. Govetnment, Fiscal Year 1992*, p. 147.

た. 各州では, 1982 年 11 月, 12 月から 1983 年の立法会議にはかなりの増税が実施され, この増税によって多くの州財政は好転に転じ, 1983 年から 1987 年ブラックマンデーの証券市場大暴落までの好景気によって深刻な事態は回避された. しかし, 地域別にみると, 1984 年から 1987 年の間にエネルギー依存州で財政難に陥り, 1988 年から 1990 年の間に北東部諸州で軒並み財政難を経験することとなった[29].

表 5-4 は, 1970 会計年度から 1987 会計年度までの州歳入の推移を示したものである. すでに, 全体的な州財政の構図のところで示したように, 州歳入は大きく自主財源と政府間移転による収入に分けられ, その比率は概ね 8 対 2 となっていた. まず, 全歳入の 8 割をしめる自主財源についてみると, 一般財源の割合が低下傾向にあるのに対して, 保険基金等による収入の割合が拡大している. 1970 会計年度の自主財源にしめる一般財源の割合は, 88% であったが, 1975 会計年度には 81%, 1980 会計年度には 80%, 1987 会計年度には 775 にまで縮小している. さらにその自主財源の構成については, 税収と料金収入の比率は, 1970 会計年度には 83 対 17 であったのが, 1980 会計年度には 81 対 19 となり, 1987 会計年度には 77 対 22 となっている. つまり, 自主財源にしめる一般財源のみならず, 一般財源にしめる税収の割合もまた低下しているのである. また, 税収については, 全歳入にしめるその割合は, 1970 会計年度には 54% であったが, 1980 会計年度年には 49%, 1987 会計年度には 48% と半分以下にまでそのシェアが低下してきている. その反面, 保険基金収入などのシェアが拡大しているのである.

また, 政府間の移転による収入の中には連邦からの収入と地方からの収入とがあるが, その 9 割以上 (1987 年度で 93%) をしめているのが連邦補助金である. 州の全歳入にしめる連邦補助金の割合は, 1970 会計年度, 1980 会計年度ともに 22% であったが, 1987 会計年度には 185 にまで低下している.

ところで, 州の歳入の 3 大財源をなすのは税収, 料金収入, 連邦補助金である. これまでの分析から, 税収と連邦補助金のシェアが低下する反面, 基金収入のシェアが拡大傾向にあることが示された. つぎにそれら 3 大財源と個人所

---

29) Gold (1990), *State Fiscal Agenda for the 1990s*, p. 9.

表5-4 州歳入の推移（1970～1987 会計年度）

（単位：100万ドル、%）

会計年度	合計	自主財源合計	自主財源 一般財源 小計	%	税収	%	料金収入	%	自主財源 保険基金	公営企業酒店	政府間収入 連邦政府から	地方政府から	1人あたり歳入 全歳入	税収
1970	88,939	68,691	57,507	100	47,962	83	9,545	17	9,437	1,748	19,252	995	440.38	237.48
1975	157,033	119,206	96,784	100	80,155	83	16,629	17	20,293	2,129	36,148	1,680	732.23	373.76
1980	276,962	212,636	169,265	100	137,075	81	32,190	19	39,301	2,765	61,892	2,434	1,225.83	606.69
1981	310,828	240,042	187,374	100	149,738	80	37,636	20	48,041	2,805	67,868	2,918	1,360.39	655.35
1982	330,899	261,732	205,945	100	162,607	79	43,338	21	50,848	2,854	66,026	3,139	1,433.95	704.66
1983	357,661	284,933	217,752	100	171,440	79	46,312	21	61,971	2,819	68,986	3,742	1,534.97	735.77
1984	397,087	315,637	249,290	100	196,795	79	52,495	21	60,950	2,759	76,140	5,310	1,688.63	836.88
1985	438,954	349,030	275,422	100	215,320	78	60,102	22	67,907	2,753	84,459	5,453	1,829.00	897.19
1986	481,279	382,705	294,901	100	228,535	77	66,848	23	82,090	2,807	92,666	5,908	2,005.30	952.21
1987	517,019	414,638	319,106	100	246,933	77	70,173	22	91,756	2,812	95,463	6,918	2,133.57	1,019.01

（資料）Tax Foundation (1990), Facts & Figures on Government Finance, 1990 edition, p. 240 より作成.

第5章　自助努力の連邦主義と州と都市の新たな関係　　133

表5-5　個人所得100ドルあたりの州・地方歳入の推移（1970〜1988会計年度）

(単位：ドル)

	1970	1978	1980	1988
州・地方歳入合計	16.11	18.58	17.30	17.20
連邦援助金	2.85	4.34	4.09	3.12
税収	11.32	12.08	11.02	11.57
料金収入	1.94	2.16	2.19	2.51
税収と料金収入	13.26	14.24	13.21	14.08
州歳入合計	9.61	11.09	10.66	10.63
連邦補助金	2.52	3.14	3.06	2.68
税収	6.29	7.10	6.78	7.03
料金収入	0.80	0.85	0.82	0.92
税収と料金収入	7.09	7.95	7.60	7.95

(資料)　U.S.Census Bureau, *State Government Finances*, U.S. Government Printing Office, various years, U.S.Department of Commerce (1987), *Survey of Current Bussiness 67*, August, p.44, U.S. Department of Commerce (1988), *Survey of Current Bussiness 68*, August, p.30. Gold, Steven D. (1990), *The State Fiscal Agenda for the 1990s*, p.12.

得の伸び率との関係をみてみよう[30]．**表5-5**は，州・地方および州の個人所得100ドルあたりの歳入の推移を示したものである．まず，1970年代と1980年代の州・地方政府の全体的な歳入動向をみると，1970年代が1978年まではすべての項目で個人所得を上回って増大しているが，1978年以降は料金収入の若干の増加を除いては個人所得の伸び率を下回っている．1978年は，カリフォルニアで財産税減税を盛り込んだ「プロポジション13号」が可決された年にあたり，「納税者の反乱」が本格化した年でもあった．しかも，カーター民主党政権下で連邦補助金政策の転換がうたわれた年にあたる．実際に，連邦補助金の削減が加速化されるのは，第3章で明らかにしたレーガン政権期に入ってからであるが，1978年はその方向性が示されたという意味で一つの転機もみることができる．実際，1978から1980会計年度の間の税収と連邦補助金は個人所得の伸び率に比べて低くなっている．

1980年代（1980会計年度から1988会計年度間）には，税収，料金収入ともに

---

30)　以下の統計は，U.S. Census Bureau, State Government Finances, U.S. Government Printing Office, various years, U.S. Department of Commerce, (1988), *Survey of Current Business 67*, 1988.

表 5-6 州税収の税源別構成費の推移 (1970～1988 会計年度)

(単位：%)

| | 合計 | 一般売上税・利用税 | 自動車燃料税 | たばこ生産税 | 種類販売及び免許税 | 自動車税 | 所得税 | | | 財産税 | 贈与税 | 国内消費税 | その他 |
							小計	個人	法人				
1970	100.0	29.6	13.1	4.8	3.2	5.7	26.9	19.1	7.8	2.3	2.1	1.4	10.9
1975	100.0	30.9	10.3	4.1	2.6	4.9	31.8	23.5	8.3	1.8	1.7	2.2	9.6
1980	100.0	31.5	7.1	2.7	1.9	3.9	36.8	27.1	9.7	2.1	1.5	3.0	9.3
1981	100.0	31.0	6.5	2.6	1.9	3.8	36.8	27.3	9.4	2.0	1.5	4.3	9.7
1982	100.0	31.0	6.4	2.4	1.8	3.7	36.7	28.1	8.6	1.9	1.4	4.8	9.8
1983	100.0	31.3	6.3	2.3	1.7	3.7	36.7	29.0	7.7	1.9	1.5	4.3	10.3
1984	100.0	31.8	6.3	2.0	1.6	3.5	37.8	30.0	7.9	2.0	1.1	3.7	10.2
1985	100.0	32.3	6.2	2.1	1.5	3.6	37.8	29.6	8.2	1.8	1.1	3.3	10.3
1986	100.0	32.8	6.2	2.0	1.4	3.7	37.6	29.6	8.1	1.9	1.1	2.7	10.6
1987	100.0	32.3	6.3	1.9	1.4	3.7	39.2	30.8	8.4	1.9	1.2	1.6	9.9
1988	100.0	33.0	6.5	1.8	1.3	3.7	38.6	30.3	8.2	1.9	1.2	1.6	10.4

(資料) Tax Foundation (1990), *Facts & Figures on Government Finance*, p. 241.

個人所得の増加率を上回って増加したが，1978 会計年度に比べると個人所得
100 ドルあたりの税収はまだ低い水準にとどまっているのに対し，料金収入は
個人所得をはるかに上回って増大している．つまり，税収よりも料金収入が高
い伸び率を示し，それが 1980 年代の連邦補助金削減を相殺する形になってい
るのである．

次に，州歳入の個人所得との関係をみると，州・地方全体の歳入に比べると
個人所得との関係では変動幅は少なくなっているが，1980 年代の連邦補助金
の増加率は個人所得を下回っているのに対し，税収や料金収入が個人所得を上
回って増大しているという傾向がみられる．このことは，すでにみた州・地方
の全体的な傾向と一致している．以上のことから，1980 年代の州歳入の傾向
として，料金収入が個人所得をはるかに上回って増大したこと，税収は料金収
入に比べるとそれほど伸びていないが，個人所得を若干上回る程度に増加して
いること，さらに全体的な州歳入の水準は 1980 年代を通じてそれほど変動は
なく，連邦補助金の削減分を料金収入等によって賄ったという事実がよみとれ
るのである．

最後に州税についてふれておこう．**表 5-6** は，州税の税源別構成比の推移を
示したものである．個人所得税を課税していない州が 10 州，一般売上税を課

第 5 章　自助努力の連邦主義と州と都市の新たな関係　　　135

表 5-7　個人所得 100 ドルあたりの州税構成の推移（1970〜1988 会計年度）

（単位：ドル）

会計年度	合計	一般売上税	個人所得税	法人税	国内消費税	その他
1970	6. 29	1. 86	1. 20	0. 49	0. 09	2. 65
1971	6. 27	1. 88	1. 24	0. 42	0. 09	2. 64
1972	6. 77	1. 99	1. 47	0. 50	0. 09	2. 72
1973	7. 01	2. 04	1. 60	0. 56	0. 09	2. 72
1974	6. 81	2. 07	1. 57	0. 55	0. 11	2. 51
1975	6. 68	2. 07	1. 57	0. 55	0. 15	2. 34
1976	6. 85	2. 10	1. 65	0. 56	0. 16	2. 38
1977	7. 02	2. 14	1. 77	0. 64	0. 15	2. 32
1978	7. 10	2. 21	1. 82	0. 67	0. 16	2. 23
1979	6. 94	2. 19	1. 81	0. 67	0. 16	2. 11
1980	6. 78	2. 14	1. 84	0. 66	0. 21	1. 93
1981	6. 67	2. 07	1. 82	0. 63	0. 28	1. 87
1982	6. 49	2. 01	1. 82	0. 56	0. 31	1. 79
1983	6. 46	2. 02	1. 88	0. 50	0. 28	1. 78
1984	6. 96	2. 21	2. 09	0. 55	0. 26	1. 85
1985	6. 97	2. 25	2. 06	0. 57	0. 23	1. 86
1986	6. 89	2. 26	2. 04	0. 55	0. 19	1. 85
1987	7. 02	2. 26	2. 16	0. 59	0. 12	1. 89
1988	7. 03	2. 32	2. 13	0. 58	0. 12	1. 88

（注）　各会計年度の税収を，その期間内の暦の上の年末の個人所得でわったものである．
（資料）　Gold, Steven D. (1990) *The State Fiscal Agenda for the 1990s*, p. 14.
　　　　税収については U. S. Census of Bureau, *State Government Finances*, U. S. Government Printing Office, various years.
　　　　個人所得については U. S. Government of Commerce (1987), *Survey of Current Business* 67, August, p. 44; U. S. Department of Commerce (1988), *Survey of Current Business* 68, August, p. 30.

税していない州が 5 州あり，州によって大きなばらつきがみられるが，そのなかでも特徴的なことは，1980 年代以降，個人所得税と一般売上税・利用税を除くほとんどの税目のシェアが低下していることである．全税収にしめる個人所得税の割合は，1970 会計年度には 19.1％ であったが，1980 会計年度には 27.1％ になり，さらに 1988 会計年度には 30.3％ になっている．自動車関係税は 1970 会計年度から 1988 会計年度の間にそのシェアを半減させており，たばこ生産税酒類販売および免許税は 3 分の 1 のシェアになっている．

次に**表 5-7** により個人所得との関係をみると，1980 会計年度以降，法人所得税，国内消費税，その他の税で個人所得の伸び率を下回っているのに対し，

個人所得税と一般売上税は個人所得よりも大きく増加している．とくに州財政の中心的な地位をしめる個人所得税の増加率は比較的高くなっているが，1980年代の個人所得税の増加率は，1970年代に比べると鈍化傾向にある．

以上，1980年代の州財政の構図を明らかにするため，歳出と歳入それぞれについて個人所得との関係でその動向をみてきた．しかし，これらの動向はあくまでも州全体の統計であり，その内容は州によって大きく異なってくる．そこで，次節では，とくにニューヨーク州を事例に取り上げ，州と都市との関係についてニューヨーク市と郊外カウンティとの比較を交えなから，1980年代にいかなる展開をみせたのかを検証していくことにしよう．

2. ニューヨーク州とニューヨーク市の新たなる財政関係
——郊外カウンティとの比較から

1990年代は，1980年代に引き続き，「自助努力の連邦主義」が支配的な潮流となっていくが，州と地方間に影響を及ぼす側面として，ゴールドは，①州・地方間の事務配分の再編成，②州補助金プログラム，③地方税制改革，④州によって地方に課せられる規制の4つをあげている[31]．これらの問題は，いずれも州と地方の関係を考える上において重要な意味をもつものである．すでに前章で，1975年ニューヨーク市の財政危機から1980年代初頭までの動きについては明らかにしたが[32]，郊外カウンティとの関係については課題が残されていた．そこで，次節では，ニューヨーク州とニューヨーク市の財政関係を，郊外カウンティとの比較という形で検証していくことにしよう．

ニューヨーク州には，1987年当時の数値では，9,800以上のカウンティ，市，町，村，タウンシップ，消防区，学校区，特別区が存在していたが（57カ

---

31) Gold (1990), *op. cit.*, p. 153.

32) 第4章および拙稿 (1989)，「アメリカ新連邦主義下の州と地方の財政関係——ニューヨーク州の事例を中心に」『経営研究』（大阪市立大学）第40巻3号を参照．また，国際比較の観点から補助金の政治経済学的考察を行ったものとしては，宮本憲一編 (1990)，『補助金の政治経済学』朝日新聞社がある．なお，アメリカに関しては，横田茂 (1990)，「アメリカ連邦補助金改革と政府間財政関係の変貌」同上書所収，遠藤宏一 (1990)，「『競争的連邦主義』と州政府」同上書所収を参照されたい．

ウンティ，61 市，932 町，556 村，その他数多くの消防区や学校区などの特別区），
そのなかで，州人口の4割をしめるのがニューヨーク市である[33]．まず，ニ
ューヨーク市の州内における財政的地位について，州内の4つのカウンティ
（エリー，モンロー，オノンガダ，ウェストチェスター）と比較しつつみていくこ
とにしよう[34]．ニューヨーク市の州内人口に占める割合は 40% だが，歳入・
歳出は 55% 以上，債務では 58% をしめ，1人あたり歳出額は州平均の1.9倍，
債務額は2倍以上になっている．歳入・歳出，1人あたりの歳出額について，
4つのカウンティと比較しても，市はすべてにおいて上回っている．とくにニ
ューヨーク市の場合には，極端に大きい歳出項目は，一般行政，公債償還，公
債利子の3つである．ただ，1975年の財政危機以降，その財政権が制約され
たために財政再建期にはそれらの数値は縮小傾向を示したのは事実である．市
の財政を監視している財政統制委員会は 2008 年まで存続することになってい
たが，1986 年6月に財政統制は終止符を打ち，その際に，3つの条件，つまり
①市は GAAP（一般に受け入れられている会計原則）にもとづいて3年連続均衡
予算をとること，②市が民間の信用市場へ復帰すること，③市は連邦保障の長
期債務から撤退することという条件が付与された．1975 年から 1985 年の間の
全体的な動向をみると，ニューヨーク市の歳出は 53% 増加したが，他の4つ
のカウンティは 69% 増加している．公債発行額については，ニューヨーク市
は 25% の増加率であるのに対して，4つのカウンティは 54% 増加している．
1985 年の新規公債発行額は，市が 30 億ドル，4つのカウンティが 31 億ドル以
上となっている[35]．

---

33) 2010 年の統計では，ニューヨーク州内には 62 カウンティ，62 市，932 町，554 村，その他数多
くの特別区が存在している．

34) ここでは，グリーンとモーアの分析をもとに，ニューヨーク州内におけるニューヨーク市と州
内他都市との比較を試みた．ここで比較の対象となっているのは，エリー，モンロー，オノンガ
ダ，ウェストチェスターカウンティの統計であるが，この統計には，比較を厳密にする意味で，
学校区以外のすべての地方政府が含まれている．これらのカウンティの人口規模は，合計で 300
万人程度であるが，それらのカウンティにはバッファロー，ロチェスター，シュラキュース，ヨ
ンカーズ市が含まれている．ニューヨーク市とそれらの市ではなく比較の対象をカウンティとし
ているのは，ニューヨーク市がサービス供給面で大都市圏としての性格を有しているためである．
詳しくは，Green, Cynthia B. and Paul D. Moore（1988），"Public Finance," in Benjamin,
Gerald and Charles Breacher, eds., *The Two New Yorks*, pp. 211-242 を参照．

35) *Ibid.*, p. 218.

表 5-8　ニューヨーク州内の諸都市の資産価値と負債（1975～1985 会計年度）

	1985 年度金額		1975～1985 年度の変化率
	合計（100 万ドル）	1 人あたり金額	
ニューヨーク州資産合計	531, 131. 4	30, 250	77. 0
ニューヨーク市	98, 583. 1	13, 941	38. 9
ニューヨーク市を除く合計	432, 548. 3	41, 248	88. 8
エリー	30, 345. 6	29, 883	76. 5
モンロー	25, 243. 6	35, 947	77. 3
オノンガダ	14, 904. 3	32, 127	94. 9
ウェストチェスター	55, 281. 6	63, 791	197. 5
ニューヨーク州公債発行高合計	6, 098. 5	347	203. 9
ニューヨーク市	2, 997. 7	421	206. 7
ニューヨーク市を除く合計	3, 120. 8	298	201. 4
エリー	459. 1	452	67. 5
モンロー	198. 7	283	132. 5
オノンガダ	140. 7	303	30. 8
ウェストチェスター	342. 1	395	110. 7
ニューヨーク州未払い負債残高合計	20, 265. 9	1, 154	35. 6
ニューヨーク市	11, 716. 7	1, 657	24. 7
ニューヨーク市を除く合計	8, 549. 2	815	54. 0
エリー	856. 2	843	49. 9
モンロー	597. 7	851	30. 4
オノンガダ	455. 0	981	51. 9
ウェストチェスター	664. 9	797	62. 4

（資料）　Green, Cynthia B. and Paul D. Moore（1988）, "Public Finance," in Benjamin, Gerald and Charles Brecher, eds., *The Two New Yorks: State-City Relations in the Changing Federal System*, Russell Sage Foundation, p. 224.

表 5-8 により，不動産価値について比較すると，ニューヨーク市の不動産税源が著しく縮小していることがわかる．1985 年の不動産価値は 986 億ドルであったのに対して，ニューヨーク市を除く州内の他の地方政府のそれは 4, 325 億ドルとほぼ 4 倍であり，それを 1 人あたりの金額で換算すると，ニューヨーク市を除く他の地方は 3 倍になっており，4 つのカウンティそれぞれについてもニューヨーク市の 3 倍から 5 倍近くになっている．また，1975 年から 1985 年までの間の増加率をみると，州の平均が 77%，4 つのカウンティすべてが平均を大幅に上回っているのに対し，ニューヨーク市のそれは 39% と著しく低くなっている．

第5章　自助努力の連邦主義と州と都市の新たな関係　　　139

　そのため，ニューヨーク市は歳入面で非財産税にひどく依存する結果となり，
1975 会計年度から 1985 会計年度の間に売上税を除く個人所得税や法人関係税
などの非財産税の全歳入に占める割合は 15％ から 28％ に上昇している．これ
に対し，4つのカウンティでは，1％ から 6％ 程度にとどまっている．ニュー
ヨーク市が個人所得税などの非財産税の比重が大きくなっている理由の1つは，
1966 年に州により個人所得税の課税権が認められ，それ以降，1984 年までは
個人所得税を課税する権限をもつ唯一の地方政府であったことがあげられ
る36)．こうした課税ベースの拡大と不動産価値の相対的低下は財産税のみな
らず公債発行にも大きな影響を及ぼしている．それは州は憲章で地方政府に対
して財産税と公債発行権を財産価値の一定比率に限定しているためである．公
債発行に対するニューヨーク市の制限税率は，過去5年間の平均財産価値の
10％（学校目的を含む），他の4大都市は 9％（学校目的を含む），他の市町村は
7％（学校目的を除く）となっている．ニューヨーク市の制限税率は，比較的高
く設定されているが，ニューヨーク市以外の地方政府1人あたりの公債発行額
が 815 億ドルであったのに対し，ニューヨーク市のそれは 1,657 億ドル（1985
年度）と2倍になっており，実際には憲章の制限をはるかに超えて公債発行が
なされているのである．それは，州の法律上の規制を受けない短期債権に依存
していたことによる．
　州と市の財政関係を考える上で重要なのは，直接的，間接的な州補助金の動
向である．まず直接補助金についてみると，ニューヨーク州は7項目 127 プロ
グラムにわたる補助金を地方政府に交付している．そのうち，111 プログラム
は特定補助金であり，それ以外の 16 プログラムは一般目的補助金である．
1986 会計年度では，州の直接補助金のうち最大項目が教育であり，ついで社
会サービスになっており，その他の項目については，年度ごとにそのシェアは
異なるが，保健，衛生，ハイウェイ・運輸，精神病対策などの順になっている．
　1975 年以降のニューヨーク市に対する州補助金の増加率は，他の地方政府
に比べて相対的に鈍化傾向にある．1975〜1985 年の間のニューヨーク市に対
する州補助金は2億 100 万ドル以上減少した．グリーンとモーアの分析によれ

---

36)　1984 年にヨンカーズ市が個人所得税と不動産譲渡所得税の課税権が認められている．

ば，1975 年には市の財政危機対策として異例の補助が与えられているため，それを平均値に換算すれば305% 以上の増加率を示すことになるが，この間の他の地方政府の州補助金の増加率が76% であるため，ニューヨーク市のそれはまだ低い水準にあるとしている[37]．州補助金にしめるニューヨーク市の割合は1970 年代後半には低下したが，1980 年代には上昇傾向にある．つまり，1976 年度に76.5% あったのが1980 年度には40.6% とほぼ市人口比にまで引き下げられたが，1985 年度には47.7% にまで増加している．しかしその内訳をみると，大幅に増加したのは教育補助金だけということになる．

　次に間接補助金についてだが，これには州が地方政府の一部あるいはすべてを引き受ける場合（「地方事務の州への移管」）と，地方の住民に直接サービスを行う場合の2 つのパターンがある．これは市の予算や州補助金予算にも計上されないため算定が困難であるが，その増加がこの時期における州と地方の財政関係を特徴づけるものとなっているのである．ニューヨーク州のニューヨーク市に対する間接補助金についてみると[38]，前者では，①市立大学の負担（1978年以降市立大学の高等大学部の9 学部の州への移管），1987 年度で約4 億ドル，②司法の非資本経費の州への移管，1987 年度で3 億2,000 万ドル，③メディケイドの長期療養サービスにかかわる州負担割合の引き上げなど（75% から91%へ），約3 億ドル，④追加的所得保障プログラムの地方負担分の州への移管，1987 年度で8,500 万ドルという試算が出されており，また後者については，矯正と精神病対策面での州による直接サービス（州予算の20% 以上）があげられている．たとえば，1980〜1986 年の間に州が収容した囚人の66% から70%がニューヨーク市民であり，州の精神病施設には46 万人が収容されているが，その6 割がニューヨーク出身者であったといわれている[39]．すでに前節で，全国的な傾向として，経費面で矯正とメディケイドが突出していることが明らかにされたが，その背景には，こうした州と地方間の事務配面での変化があったことがうかがえよう．

　しかし，全国の州と比較すると，ニューヨーク州における補助金プログラム

---

37) *Ibid.*, p. 225.
38) 詳細については，前章を参照.
39) *Ibid.*, p. 237.

第5章　自助努力の連邦主義と州と都市の新たな関係　　　141

の州の負担割合は全体的に低いものであった．しかも周知の通り，連邦補助金
は各地方政府で年々減少傾向にあり，ニューヨーク市（－3％）のみならず，ウ
ェストチェスター（－21％），オノンガダ（－12％）でもその減少率は大きくな
っており[40]，直接的，間接的な州補助金は増加しているとはいえ，全体的に
地方財政は厳しい状況下におかれたといえるだろう．

　最後に，ニューヨーク州税とニューヨーク市経済との関係についてみておこ
う．**表 5-9** は，ニューヨーク市が供与する州税収の割合を示したものである．
同表から明らかなように，州税収はニューヨーク州の一般会計歳入のなかで最
大の財源であり，1987 会計年度で全歳入の 94％ をしめている．その税収の内
訳は，個人所得税が 51％，売上税・利用税，自動車燃料税，たばこ税，酒税
などが 25％，企業・銀行・公益企業の総収入に課せられる企業関係税が 13％，
財産，贈与，賭博，宝くじ，不動産譲渡などその他の税が 4％ といった構成に
なっている．ちなみに，連邦補助金の割合は 0.4％ である．

　さて，ニューヨーク市から徴収された州税の割合は，1976 会計年度で 40％，
1984 会計年度で 37％ と，1984 会計年度の水準は 1976 会計年度に比べると低
い水準にあり，人口比をも下回っていることがうかがえる．1976 会計年度と
1984 会計年度の間で増加を示したのは，1980 会計年度だけであり，それ以外
の年は，年々そのシェアは縮小を続けてきた．また，1984 会計年度だけでニ
ューヨーク市のシェアが増えているのは，新しく創設された不動産利得税のな
かでニューヨーク市の占める割合が高いためである．したがって，1976 会計
年度以降，ニューヨーク州税に占めるニューヨーク市の割合は縮小傾向を示し
たといえよう．

　州税のなかで最大のシェアをもつ個人所得税にしめるニューヨーク市の割合
は，1959 会計年度には 52％ をしめていたが，1967 会計年度には 47％ 以下に
なり，1976～1984 会計年度の間に 36.6％ から 35.0％ にまで低下傾向を示し
た．このことは，ドレナンらが指摘するように[41]，ニューヨーク市経済が周

---

40)　*Ibid.*, pp. 226-227.

41)　ドレナンによるニューヨーク市経済と郊外との比較分析については，Drennan, Mattew P.
　　(1988), "The Economy," in Benjamin, Gerald and Charles Brecher, eds., *The Two New
　　Yorks*, pp. 55-80 および Drennan, Mattew P. (1989), "The Local Economy," in *Setting
　　Municipal Priorities 1990*, New York University Press, pp. 27-49 を参照．

表5-9　ニューヨーク市が供与するニューヨーク州税収の割合

（単位：100万ドル、%）

	1976 会計年度			1980 会計年度			1985 会計年度		
	ニューヨーク市からの支払い	州合計	ニューヨーク市の割合	ニューヨーク市からの支払い	州合計	ニューヨーク市の割合	ニューヨーク市からの支払い	州合計	ニューヨーク市の割合
税収合計	3,780	9,490	39.8%	4,530	12,380	36.6	6,900	18,427	37.4
個人所得税	1,470	4,013	36.6	2,034	5,962	34.1	3,300	9,417	35.0
利用税・料金収入	1,266	3,416	37.1	1,436	4,114	34.6	1,892	5,261	36.0
売上・利用税	816	2,149	37.8	1,030	2,845	36.9	1,414	3,744	37.8
自動車燃料税	143	480	39.9	116	475	24.3	96	422	22.8
たばこ税	139	337	41.1	135	332	40.7	178	440	40.6
自動車料	79	263	30.0	68	278	24.3	96	420	22.8
酒税	73	154	47.5	71	150	47.5	79	172	46.0
酒類取扱免許税	16	33	47.5	16	34	47.5	29	63	46.0
事業税	839	1,696	49.5	886	1,974	44.9	1,245	2,763	45.1
法人税	46	111	41.1	69	171	40.7	202	499	40.6
法人フランチャイズ税	426	877	48.6	456	1,014	45.0	615	1,199	51.3
法人・公益税	108	279	38.8	128	365	35.0	228	680	33.6
保険税	71	173	41.0	82	202	40.6	86	213	40.6
銀行税	156	191	82.0	130	182	71.7	114	172	66.3
非法人事業税	32	65	49.9	21	40	53.2	NA	NA	NA
その他の税	204	363	56.2	173	332	52.1	463	986	47.0
財産・贈与税	67	147	45.6	58	125	46.4	120	259	46.2
不動産譲渡税	2	7	23.8	4	13	31.1	21	58	36.8
賭博税	122	182	67.0	76	117	65.0	69	121	57.1
宝くじ	13	27	46.1	35	77	46.1	119	390	30.6
不動産利得税	NA	NA	NA	NA	NA	NA	134	158	85.0

（注）NAは当時その地域にその税が存在しないことを示す。
（資料）Ibid., pp. 232-233.

辺の郊外地域に比べて相対的に成長率が鈍化し，衰退傾向を示したことが最大の要因といえるだろう．1980年代におけるニューヨーク市経済の構造的変化については次章で明らかにすることとする．

　以上を要するに，1980年代の州と大都市の関係は，ニューヨーク州とニューヨーク市でみる限り，厳しい財政統制がなされる一方で，直接・間接補助金の形態で財政援助が行われており，州による間接的な補助金すなわち，地方事務の一部あるいはすべての州への移管や，州による地方への直接的サービス供給によるの比重が大きくなってきている．州の矯正費が突出していることも，後者によるところが大きい．その過程で州財政は，しだいに悪化の様相を呈しはじめた．

　他方では1980年代に，ニューヨーク市経済の州経済にしめる比重が低下し，州税収に占める市経済の貢献度は縮小傾向を示した．その結果として，大都市における補助金依存型構造への転換という事態が生み出されたのである．そのことが州による憲章上の課税制限とあいまって，公債発行や財産税課税にも影響を及ぼすこととなった．これはまさに地方における財政自主権とも大きなかかわりをもつものであり，新連邦主義における州と地方関係の再編を特徴づけるものとなったのである．

おわりに

　これまで1980年代を中心に州財政がいかなる転換をみせたのかについて，州財政の全体的な構図と州・大都市との関係に焦点をあてて，郊外都市との比較を交えながら分析を行ってきた．1992会計年度の予算書では，ブッシュ大統領の予算メッセージの重点項目として，教育・人的資源，予防，研究開発，交通インフラ，環境保護，選択と機会，麻薬と犯罪対策があげられていた[42]．とくに第1の優先順位がつけられていた教育は，州予算での歳出費目のなかで最大のシェアをしめていることと，連邦政府が赤字削減法にもとづいて連邦支出を抑制しはじめたことから，その後も州の教育負担は高まりをみせていくこ

---

42) *Budget of the U.S. Govetnment, Fiscal Year 1992, Part One*, pp. 3-4.

ととなる.「実験場としての州の発展」と題する項では,教育とエンタープラ
イズゾーン[43]が2大重点項目とされ,その他として交通,福祉,環境があげ
られていた.連邦政府が掲げた連邦予算の重点項目と州に対して掲げられてい
る項目がほとんど一致している点や,麻薬・犯罪対策の経費すなわち強制費が
突出傾向にあったことなどを考え合わせると,税体系や税源配分が根本的に改
革されない限り,州の経費を圧迫し続けることが明らかとなった.

　1990年代前半の不況期に州財政が悪化するなかで,州と大都市との関係も
新たな展開をみせることとなった.当時,ゴールドは,州財政に関し,1990
年代と21世紀を展望した多くの提言を述べていたが,なかでも州と地方の財
政関係に関わるところでは,①市,カウンティ,町に対し,これまで以上に多
くの財源を付与すること,②地方の税や予算に関して制限を緩和すること,③
地方に対する補助金プログラムを再編成し,事務配分の変革を行うこと,④地
方の負担を増加させる州からの委任事務を削減するか廃止することとしてい
る[44].これらはいずれも示唆深い論点であった.州・地方財政は,1985年を
ピークに赤字が拡大する傾向にあり,1990年の赤字は対GDP比にして,1975
年にほぼ匹敵するものであった[45].1975年といえば,ニューヨーク市が事実
上の破綻を余儀なくされた年でもあった.1991年に入って,再びニューヨー
ク市財政は危機に陥った[46].ニューヨーク州の1991〜1992会計年度の予算書
では,州は世界恐慌以来最大の財政危機にみまわれ,人口の85%を含む31州
で予算赤字を計上している事実が示された[47].ニューヨーク州もその一つで
あった.「自助努力の連邦主義」がもたらしたもの,それは州と大都市の財政
危機であったといえるのではないか.

---

43)　当時のエンタープライズゾーンに関しては,Green, Roy E., ed. (1991), *Enterprise Zone:
　　 New Directions in Economic Development*, Sage Publication を参照.
44)　Gold (1990), *State Fiscal Agenda for the 1990s*.
45)　*Budget of the U. S. Govetment, Fiscal Year 1992, Part Two*, p. 169.
46)　ニューヨーク市の予算運営委員会によれば,1991年7月から1年間にかけて赤字計上額が35
　　 億ドルにのぼると予想され,1万人から2万人規模の市職員の解雇が計画されるほど,市の財政
　　 危機は深刻であった.
47)　State of New York, *Executive Budget, 1991-1992, Annual Message*, p. M5.

第6章 ニューヨーク市経済のグローバル化と雇用問題
──その世界経済依存型構造への転換──

はじめに

1980年代は，世界経済史的にみて様々な構造転換が遂げられた時期として注目すべきであろう．ハイテク化，情報化・サービス経済化への産業構造の変化，経済のグローバリゼーションとそれに伴う国境を越えた資本移動の活発化，環境問題をはじめとする諸問題の地球規模の展開，中央集権的福祉国家やソ連型社会主義国家の破綻とそれに相応する体制変革の波など[1]，新しい政治経済システムへの転換を迫る挑戦状ともいうべき事態が展開した．本章は，激動期である1980年代のグローバリゼーションの進展が大都市においていかなる展開をみせたのか，とくにその「世界経済依存構造」の特質とそこからもたらされる大都市財政をめぐる諸問題について，ニューヨーク市を事例に考察することを課題としている．

ニューヨーク市のグローバリゼーションの経済的断面に焦点をあてた研究の中で注目すべきは，『ニューヨーク市の優先課題1984年』に執筆されたドレナンの「地方経済と地方の歳入」と題する論文である[2]．その論文のなかでは，中枢管理機能複合体論が展開され，ニューヨーク市では中枢管理機能の集中・集積とそれに伴う対事業所サービス機能が肥大化しつつあるという事実が明らかにされるとともに，市の1977年以降の経済回復がそれらの移輸出によるも

---

1) 池上惇・林健久・淡路剛久編（1990），『21世紀への政治経済学──政府の失敗と市場の失敗を超えて』有斐閣.

2) Drennan, Mahtew (1987), "Local Economy and Local Revenues," in *Setting Municipal Priorities 1988*, New York University Press.

のであるとの結論が導かれている[3]．中枢管理機能複合体についてはすでに
1978 年にコロンビア大学によるニューヨーク市の調査研究が行われており，
対事業所サービスの雇用 31 万 5,000 人とその補助サービスの雇用 13 万 7,000
人が 13 万 6,000 人の中枢管理機能複合体にサービスを提供しているという結
果が出されていた．したがって，ドレナンの研究はそれをさらに発展させたも
のといえるだろう．

　また，『都市問題研究年報』(Urban Affairs Annual Reviews) の第 35 巻で
は「グローバル社会の都市」をテーマに，グローバリゼーションの進行ととも
に，各国の都市がいかなる変貌を遂げようとしているのかについて多面的な角
度からの学際的な分析がなされており，その第 5 章では，「1980 年代の世界首
都としてのニューヨーク市」が取り上げられた[4]．そこでは，1977 年から 1987
年にかけての市経済の回復期，とくに転換期とされる 1976 年から 1979 年に
FIRE（金融・保険・不動産）や先端ビジネスサービスなどのマンハッタンへの
雇用の集中が進展したが，その一方で，ホームレスの急増，社会資本の老朽化，
教育水準の低下と労働力の質の低下などの問題が深刻化しつつあることが示唆
されていた．また，ロンドン，東京，香港，シンガポール，ロサンゼルスなど
国内外での競争者が出現するなかで，1980 年代にニューヨーク市が中心的な
役割を果たした資本のフローによる支配ではなく，発展途上国の生産力向上の
ための海外直接投資への転換が迫られていくことになるだろうとの指摘もなさ
れている．

　スキャンロン (Scanlon) は，1977 年を起点とし 1987 年 10 月 19 日（ブラッ
クマンデー）の株式市場大暴落に至るニューヨーク市の回復期における世界首

---

3) Drennan, Mahtew (1983), "The Local Economy and Local Revenues," in *Setting Municipal Priorities 1984*, New York University Press.
　　また，1956 年から 1974 年にかけてのニューヨーク市の企業中枢管理機能立地を詳細に分析し
　たものとしては，Quante, Wolfgang (1976), *Exodus of Corporate Headquarters from New York City*, Preager Publishers があげられる．カンテは，企業中枢管理機能立地の社会的・経
　済的要因を明らかにする過程で，フォーチュン誌掲載の上位 500 社の法人本社の動向など詳しい
　分析を行っている．この分析方法は，本書で紹介したドレナンの分析にも継承されている．

4) Scanlon, Rosemary (1989), "New York City as Global Capital in the 1980s," in Knight, Richard V. and Gary Gappert eds., *Cities in a Global Society*, Urban Affairs Annual Reviews, Vol. 35, Sage, pp. 83–95.

都化の進展過程を分析している．そのなかで，転換期として着目しているのは1976年から1979年までの3年間であり，この間のマンハッタン中央業務地区（CBD: Central Business District）への雇用の集中が続いたこと，つまり①国際的な市場での広告，公務，法律，会計，エンジニアリング，建築，コンピュータ・データプロセッシングなどの先端ビジネスサービスが飛躍的な伸びを示したこと（20% 増，48,000人の雇用増），②金融業の拡大，③外国資本による不動産等への一大投資（40% がマンハッタンに集中したこと）を指摘している．

　さらに，1980年代に引き続き生じた現象として，1977年から1987年までに証券取引企業の雇用が7万人から15万人へと倍増し，その給与支払い総額が1976年の16億ドルから1986年には90億ドルへと跳ね上がっていること，さらに市内の民間部門の給与費払い総額に占める割合も4.5% から12% へと急増した点などを上げている．また，オフィス需要の増大とともに，1977年から1987年までに6,000平方フィートの新しいオフィスの建設がウォール街，バッテリーパークシティ，5番街などを中心にすすめられ，その溢出効果によりこれまで卸売活動などに用いられてきた14番街や34番街などの「河岸地域」の古いビルがビジネスサービス用に一新された．さらに郊外でもウェストチェスターカウンティやニュージャージーでも1億2,000フィートのオフィスビルが建設されていったという事実をあげている．

　また，サッセン（Sassen）は，『グローバル都市』と題する書のなかで，ニューヨーク，ロンドン，東京を取り上げ，膨大な資料をもとに世界都市の経済的，社会的構造を明らかにした[5]．ニューヨーク市は1970年代後半から，ロ

---

5)　Sassen, Saskia（1991），*The Global City: New York, London, Tokyo*, Princeton University（伊豫谷登士翁・大井由紀・高橋華生子訳（2008），『グローバルシティ－ニューヨーク・ロンドン・東京から世界を読む』筑摩書房）．このほか，Sassen, Saskia（1988），*The Mobility of Labor and Capital: A Study in Industrial Investment and Labor Flow*, Cambridge University Press（森田桐郎ほか訳（1992），『労働と資本の国際移動－世界都市と移民労働者』岩波書店）も参照されたい．

　　世界都市の比較研究としては，サッセンの労作の他に，Savitch, H. V.（1988），*Post-Industrial Cities: The Politics and Planning in New York, Paris and London*, Princeton University Press などがある．また，先端ビジネスサービスの国際取引については，Noyelle, Thierry J. and Anna B. Dutka（1988），*International Trade in Business Services: Accounting, Advertising, Law and Management Consulting*, Ballinger Publication を参照．ノエルらは，ビジネスサービスはほとんどの経済学者，政策決定者にはあまり理解されておらず，少なくとも1980年

ンドンと東京は 1980 年代前半からそれぞれ「グローバル都市」へと構造転換を遂げたという事実を分析し，それらの都市に共通した特徴として国際金融と先端ビジネスサービスに着目しつつ，その両者が資本主義社会における新しい「基幹」産業として存立するものであると論じた．このように，1980 年代の大都市グローバリゼーションをめぐっては，国際金融資本，中枢管理機能，とそれらを取り巻く先端ビジネスサービスとの関わりが焦眉の的となっていた．

しかし 1990 年代に入って外国資本投資が減少し，「ホワイトカラー失業」[6]という言葉にも象徴されるように，FIRE（金融，保険，不動産）部門や先端ビジネスサービス関連の失業が増えるなど，1980 年代とは違った局面が生じてきた．その起点となったのが，1987 年のブラックマンデーの株式市場大暴落であった．本章の着眼点は，1980 年代のグローバリゼーションに伴う大都市の「グローバル都市」化の過程で，「世界経済依存構造」が定着し，その依存性・脆弱性が 1987 年以降，とくに 1990 年代初頭に 1970 年代とは違った新しい都市危機という形で露呈したのではないかという点にある．つまり，グローバルシティ＝インデペンデントシティという認識こそが，新しい都市危機を捉える指標となるのではないかと思われるのである．

その場合のグローバルシティにおける「依存構造」とは，経済的には国際金融資本突出型の「世界経済依存構造」，財政的にはグローバル化に対応しうる自主財源に乏しいことから生ずる「補助金依存」（連邦補助金と州補助金への依存）いう「二重の依存構造」と規定したい．前者の 1980 年代以降の「世界経済依存構造」のもつ地域経済の脆弱性は，1990 年初頭における外国資本投資の激減によって露呈することとなった．また，後者の 1975 年の財政危機以降

代までは少数の巨大企業の需要によって増大してきた経済活動の「秘密の領域」とみなされ，経済学にとってそれほど重要なものではないとされてきた，いわば不毛の領域であったとしている．
　　また，世界都市論については，フリードマン＝ウルフ（Friedman, J. and G. Wolff（1982），"World City Formation: An Agenda for Research and Action," *International Journal of Urban and Regional Research*, Vol. 6, No. 3, pp. 309-344），フリードマン（Friedman, J.（1986），"The World City Hypothesis," *Development and Change*, Vol. 17, pp. 69-84）やキング（King, Anthony D.（1990），*Global Cities*）らの議論を参照．キングはワールド・シティ，インペリアル・シティ，コロニアル・シティ，グローバルシティという世界都市の 4 つの発展段階説を唱えている．
6)　1990 年代以降，法律家や証券ブローカーなど世界都市化のなかで雇用が急増した部門で失業が目立ちはじめた．

第6章　ニューヨーク市経済のグローバル化と雇用問題　　　149

すすんできた「補助金依存構造」の脆弱性は，連邦補助金削減による影響を地方に対して「肩代わり」してきた州財政が危機に陥るなかで，きわめて顕著にあらわれることとなった．それはまさにグローバル化時代の経済，財政両面による大都市財政危機の将来を意味するものといえよう．

　そこで，本章では，大都市経済のグローバル・リストラクチャリングが著しく進行した1980年代を中心に，いかなる構造転換が引き起こされたのか，とくにその依存的な構造がいかに形成され定着していったのか，さらにそうしたなかで，いかなる雇用問題や貧困問題が生じたのかを検証することにしたい．

1.　アメリカ経済の「世界経済依存」の高まり

　1980年代のグローバル経済化の背景には，貿易自由化，多国籍企業段階における国際金融市場での規制緩和，技術革新と情報化の著しい進展などの諸要因によって，資本の流動性が高まるともに貿易の拡大や海外直接投資が加速化されたことによる[7]．つまり，第2次世界大戦以降にみられたアメリカの軍事的融資・対外援助，ベトナム戦争等によるドルの流出，財務省の金準備の枯渇のなかで生じた1971年のドル・ショックを契機とする固定相場制から変動相場制への移行，ドルを基軸通貨とするIMF体制の事実上の崩壊などの諸要因に加え，1980年代の世界的規模での新自由主義的な諸政策の方向性がグローバル経済化をより一層促進したとみることができよう．さらに，技術革新や情報化・IT化の進展によって，多国籍企業・巨大金融資本とニューヨーク・ロンドン・東京間の世界金融市場との密接な情報通信が容易なものとなり，アメリカ，イギリス，日本の大都市を中心とする3極経済圏の形成へと展開した．世界都市をめぐる議論の焦点は，これらアメリカ，イギリス，日本における世界都市に中枢管理機能などの諸機能が集中し，トランスナショナルな3極構造

　7）　貿易の拡大をもたらした要因としては，貿易自由化，国際金融市場での規制緩和に伴う国際資本の移動の促進に加えて，交通・通信面における技術革新による影響も大きい．例えば，海上輸送におけるコンテナ化によってこの4半世紀の間に20%のコストが削減され，空輸システムの革新によってニューヨークの2つの空港から出される空輸貨物の価値は1985年現在で440億ドルと，海上輸送の490億ドルに匹敵するものとなっている（Drenann, Matthew (1987), "Local Economy and Local Revenues," in *op. cit.*）．

が世界経済においていかなる意味をもつのかといったところにおかれてきた.

つまり,貿易自由化,国際的な金融市場での規制緩和,情報化・IT化の進展といった諸要因が,貿易や海外直接投資さらには金融投資を膨張させるとともに,大都市経済の国際化,グローバル化を進展させ,サッセンのいう「新しい集中化」[8]が加速化されたのであった.サッセンは,A・ウェーバーのいうような単なる集中立地の論理で[9]は割り切れないものであり,ダニエル・ベルのいう脱工業化社会の幻想[10]を超越したまったく新しい世界都市の出現であるとしているが,これこそが国際金融資本突出型の「世界経済依存型」グローバル都市だったのである.

アメリカ大都市経済のグローバリゼーションを論じるにあたって,まずアメリカ国民経済そのものがグローバル化によっていかに世界経済依存型構造へ転換していったのかについて概観しておこう.

依存性をみる第1の指標は,自由化に伴う貿易の急膨張と収支の悪化にあった.アメリカにおける国際収支ベースでは軍事費を除く商品輸出額は,1965年の265億ドルから1975年には1,070億ドル,1985年には2,159億ドル,1989年には3,605億ドルにまで拡大した.一方,商品輸入額についても1965年の215億ドルから,1975年の982億ドル,1985年の2,498億ドル,1989年には4,753億ドルへと輸出を凌ぐ速度で拡大しており,いずれもGNPの増加率を比べると1.5倍以上という,経済成長率をはるかに上回る速度で膨張を続けてきた.その結果,アメリカの貿易収支赤字は1982年から1989年にかけて著しく増加し,輸出f.o.s.(外国の輸出港ベースの船側渡し価格)・輸入通関ベースでみると,1982年のマイナス2,750万ドルから,ブラックマンデーによる証券大暴落が起こった1987年にはマイナス1億5,210万ドルとピークに達し,1989年にはマイナス1億940万ドルとなっている[11].

---

8) Sassen (1991), *op. cit*, pp. 22-34.

9) Weber, A. (1909), *Theory of the London of Industries*, University of Chicago Press (江澤讓雨監修 (1965),『工業立地論』大明堂).

10) Bell, Daniel (1973), *The Coming Post Industrial Society: A Venture in Social Forcasting*, Basic Books (内田忠夫ほか訳 (1975),『脱工業社会の到来』上・下,ダイヤモンド社).

11) *Economic Report of the President. Transmittied to the Congress*, United States Government Printing Office, 1991, pp. 404-405 (『アメリカ経済白書 '91』338-339頁).輸入c.i.f (最初の入港ベースのコスト・保険・運賃) でみると赤字額はさらに大きくなり,1987年の

第6章　ニューヨーク市経済のグローバル化と雇用問題　　　151

つぎに，国際収支全体についてみると，軍事費を除く貿易収支はピーク時の1987年で1,595億ドル，1989年で1,149億ドルとなり，商品輸出入収支とは桁外れに大きいことがわかる．とくに，商品輸出入よりもサービスや賃金・地代・利子・配当などの所得の増加率が著しいことが特徴としてあげられよう．『アメリカ経済白書1991年版』によれば，スタグフレーションの進行の過程で再び貿易収支赤字額は縮小傾向にあるとされていたが，依然として1,000億ドル以上の赤字が続いていたのである．

　第2の指標は，アメリカの対外投資とアメリカ国内の外国投資である[12]．1970年代から1980年代にかけてのGNPの伸び率は年平均9%であったが，アメリカの海外資産の増加率が11%であるのに対して，アメリカ国内の外国資産のそれは17%とGNPの伸び率をはるかに上まわっていた．

　海外資産よりも国内の外国資産の増加率が高いことに加えて特徴的なことは，現物資産よりも金融資産の方が著しく増加していることにある．アメリカの海外資産についてみると，1970年ではアメリカの海外直接投資は海外金融資産（有価証券と銀行の債権）の2倍であったが，1990年には1.5倍となり，両者の差はますます縮小しつつあった．この間のアメリカ海外直接投資の年平均伸び率が6%であったのに対し，海外有価証券保有は11%，銀行部門の対外債権は23%の増加を示した．1982年から1989年までのアメリカ民間海外資産は海外直接投資が2,078億ドルから3,737億ドルへと1.8倍となっているのに対し，外国証券は753億ドルから実に1,896億ドルへと2.5倍もの伸びを示していたのであった．

　アメリカ国内への外国投資についてみると，米国財務省と民間の有価証券の外国所有は，1970年の360億ドルから1989年には6,246億ドルにまで増加しており，外国銀行のアメリカ支店の資産も，1970年には140億ドルであったが，1985年には3,620億ドルになっており，1970年以来，年平均24%の増

　ピーク時で1億7,030ドルの赤字となっている．

12)　アメリカの国際取引に関しては，U.S. Bureau of Economic Analysis, *Syrvey of Current Business*, March 1970-March 1991，および *Statistical Abstract of the United States*, 1970-1991の各年度版を参照．当時の海外直接投資に関するものとしては，Graham, Edward M. and Paul R. Krugman（1991），*Foreign Direct Investment in the United States*, Institute for International Economics がある．

表 6-1 アメリカ国内の外国銀行の支店の推移（1975～1989 年）

（単位：10 億ドル，%）

年	資産	融資	預金	国 (1989年現在)	アメリカに 支店をもつ 銀行数	アメリカ内 の支店数	預　　金
1975	52.4	29.9	29.9	合計	281（266）	697（666）	370.4（331.2）
1980	200.6	121.4	80.4	日本	39（33）	120（116）	195.6（162.1）
1985	440.8	247.4	236.4	イタリア	13（12）	27（25）	13.0（13.5）
1988	650.6	338.8	335.1	カナダ	6（6）	50（46）	19.3（21.9）
1989	735.7	369.8	376.1	イギリス	12（11）	45（46）	26.7（30.0）
アメリカ国内の銀行に しめる割合				フランス	15（14）	39（41）	16.5（15.1）
				香港	10（10）	30（32）	19.3（19.8）
1975	5.3	5.7	2.9	スイス	7（6）	18（17）	10.6（11.8）
1980	11.9	13.4	6.6	イスラエル	4（4）	27（26）	10.7（9.2）
1985	16.1	15.4	12.1	オランダ	4（4）	22（17）	6.0（4.4）
1988	19.6	16.9	14.1	スペイン	9（—）	28（—）	7.9（—）
1989	20.6	17.2	14.9	旧西ドイツ	—（4）	—（22）	—（6.9）

（注）（ ）内は 1988 年現在.

（資料）U.S. Department of Commerce, Bureau of the Census, *Statistical Abstract of the United States, 1990*, U.S. Government Printing Office, 1990, p. 498, および 1991, p. 503 より作成.

加率を示している．しかも，3,620 億ドルというその数値は，同年におけるアメリカ銀行の海外支店の資産 3,200 億ドルよりも大きくなっていたのである[13]．

表 6-1 は，1975 年から 1989 年にかけてのアメリカ国内における外国銀行の支店数を示したものである．その国内銀行にしめるシェアが資産，融資，預金ともに著しく増大しており，1975 年から 1988 年の間に資産が 5.3% から 19.6% へ，融資が 5.7% から 16.9% へ，預金が 2.9% から 14.1% まで拡大している．また，国別にみると日本が最も高いシェアをしめ，イギリス，カナダと続いていたのである．

アメリカの海外資産から国内の外国資産を差し引いた海外純資産は，1970 年のプラス 580 億ドルから 1989 年にはマイナス 1,271 億ドルにまでになっていた．海外純投資がマイナスに転じた最大の要因は連邦政府の対外債務の急増にあり，さらに財務省の有価証券の外国所有が急増していることにあった．連邦政府に次いで，州・地方政府の債務もまた急増しており，これに加えて海外

---

13) *Statistical Abstract of the United States*, 1986, pp. 496-545 および 1991, pp. 790-811.

直接投資が激減していったことも大きな要因であったといえよう．

　ではなぜ，1980年代にこれほどまでに外国資本のアメリカ国内への進出が加速化されたのか．ドレナンの説明によれば，アメリカの政治安定性，ドルの健全性，高金利，資金融資に対する民間部門，公共部門双方からの強力な需要があったことなどのいくつかの要因が複合的に働いたためであるとしている[14]．1980年代の経済のグローバリゼーションの拠点は，大都市にあった．しかも単なる経済の中心地にとどまらず，国際的な3極構造の一拠点をなすニューヨーク市では，その「世界経済依存構造」がまさに集約的にあらわれていたのである．以下では，その過程を資本の国際化と労働の国際化との両面からみていくことにしよう．

2. ニューヨーク市経済のグローバル化と産業構造の転換

　まず，1960年代から1980年代にかけてのニューヨーク市経済と国民経済，世界経済にしめる地位の比較検討からはじめよう．結論を先取りしていえば，1980年代における市経済の特徴は，国民経済全体にしめる市経済のシェアが縮小しているにもかかわらず，国際的な役割が拡大しているという，奇妙な2面性が浮き彫りにされているところにある．この点については，日本における政治経済的諸活動が東京一極集中している現象とは異なった様相をみせているといってよいだろう[15]．

---

14)　財，サービス，資本の国際的な流動性の高まりのなかで，人と通信の国際的な流れも加速化され，国際線の乗客の飛行距離は1970年から1985年にかけて年平均6％とGDPを上回る勢いで増加し，国際電話の通話回数は1970年の2,300万回から1983年には3億6,900万回にまで増加している．こうした利用の増大はさらなるコストダウンを招き，国際的な人と情報の流れをいっそう拡大させることとなった（Drenann（1987））．

15)　1980年代の東京の世界都市化に関しては，すでに掲げたサッセンの論文にも邦文献でも多くの論文が出されている．代表的なものとしては，柴田徳衛編（1989），『東京の経済学』東京都区職労，大阪自治体問題研究所・自治体問題研究所編（1989），『世界都市時代と地域革新（地域と自治体第18集）』自治体問題研究所，井上純一他（1990），『東京──世界都市化の構図』青木書店，大阪市立大学経済研究所編（1990），『東京・大阪（世界の大都市7）』東京大学出版会，日本地方自治学会編（1991），『世界都市と地方自治』敬文堂などがある．また，当時の東京の経済的動向については東京都（1991），『東京都市白書 '91』を参照．

　W・タブはレーガンの「新」連邦主義を痛烈に批判し，国際化時代のアーバン・ルネッサンスの光と影について論究している．詳細はW・タブ「アメリカにおける都市再編と都市政策」大阪

全国的にみて，ニューヨーク市における財の生産や流通活動に関しては，その雇用，役割の両面で相対的に減少していたことがしばしば指摘されてきた．その点を検証してみよう．フォーチュン誌に掲載されている 500 大企業（鉱工業）のうち，ニューヨーク市内に立地している本社の数は，1965 年の 128 社から 1976 年には 84 社にまで減少した[16]．1976 年以降については，大産業別の本社数の推移がフォーチュン誌の調査によって明らかにされている[17]．ちなみに 2008 年現在における 500 大企業のうちニューヨーク市に本社をおく企業は 70 社である[18]．表 6-2 は，全国とニューヨーク市における大法人本社立地の動向を示したものである．それによると，ニューヨーク市に立地する 500 大製造業の本社数は，1976 年の 84 社から，1986 年には 53 社，1990 年には 38 社となり，経常収入の全国シェアも 1976 年の 24.1% から 1986 年には 16.4%，さらには 7.3% へと急減した．小売業では，全国の 50 大企業のなかで，1976 年には 9 社が本社をおいていたが，1986 年には 4 社，1988 年には 2 社となり，1976 年から 1988 年にかけての売上高の全国シェアも 17.5% から 8.6% にまで半減している．運輸業では，50 大企業のなかで，その市内の本社数は 1976 年の 7 社から 1986 年には 5 社，1988 年には 2 社となり，経常収入の全国シェアも 22.5% から 13.5% にまで減少している．

これに対し，金融やビジネスサービスでは，本社活動の相対的な全国シェアは，横ばいないしは増加傾向を示している．50 大商業銀行のうち，1976 年には 9 社がニューヨーク市に本社をおいていたが，1986 年には 10 社，1988 年に

自治体問題研究所他編（1989），前掲書，13-48 頁．さらに当時のニューヨーク経済に関する包括的な邦文献としては，大阪市立大学経済研究所編（1987），『ニューヨーク（世界の大都市 4）』東京大学出版会がある．

16) Qutante, W. (1976), *op. cit.*

17) フォーチュン誌掲載の上位企業 500 社，上位商業銀行 50 社等のリストについては，*Fortune, International*, July 11, 1977; April 27, 1987 and June 8, 1987 を参照．

18) 2008 年現在では，フォーチュン誌掲載の上位 500 大企業のうち，ニューヨーク州に本社をおくのは 93 社となっている（フォーチュン誌掲載上位 500 社については，フォーチュン誌ホームページ参照．http://money.cnn.com/magazines/fortune/fortune500/2008/）．世界ランキング 1 位のウォルマート（小売）はアーカンソー州，2 位のエクソンモービル（石油）はテキサス州，6 位のシェブロン（石油）はカリフォルニア州サン・ラモン市，9 位の GM（自動車）はミシガン州デトロイトにおかれている．ニューヨーク市は多国籍企業の本社機能だけでみると東京，パリ，ロンドン，北京に次いで 5 位である．

第6章　ニューヨーク市経済のグローバル化と雇用問題　　155

表6-2　ニューヨーク市に立地する大法人本社（1976～1990年）

産業別大法人	企業数	全国 売上あるいは資産				ニューヨーク市 企業数				ニューヨーク市 対全国シェア			
		1976	1986	1988	1990	1976	1986	1988	1990	1976	1986	1988	1990
製造業	500	971	1,723	2,023	2,304	84	53	39	38	24.1%	16.4%	11.4%	7.3%
商業銀行	50	582	1,596	1,804	—	9	10	9	—	40.8	39.6	33.5	—
生命保険	50	257	670	815	—	7	9	9	—	34.3	32.0	31.3	—
種々の金融業	50	172	903	1,134	—	15	19	17	—	28.8	50.9	48.5	—
種々のサービス業	50	不詳	148	208	—	不詳	8	7	—	不詳	15.5	26.4	—
小売業	50	133	326	355	—	9	4	2	—	17.5	8.6	3.9	—
運輸業	50	42	104	123	—	7	5	2	—	22.5	13.5	3.5	—

（注）　1. 対全国シェアとは，ニューヨーク市に本社のある大法人本社の売上もしくは資産の全国に占める
　　　　　割合（％）．
　　　　2. 製造業，種々のサービス業，小売業は売上で，商業銀行，生命保険，種々の金融業は資産で，運
　　　　　輸業は経常収入でそれぞれ示されている．
　　　　　なお，1990年のニューヨーク市を除くニューヨーク州の上位500社の製造業企業数は18社である．
（資料）　*Fortune, International*, July 11, 1977, April 27, 1987, June 8, 1987, June 5, 1989, April 22,
　　　　1991, より作成．

は9社となっており，その資産の全国シェアは40.8％から39.6％へと多少
減少しているものの，基本的には4割の全国シェアを保持している．生命保険
の場合，本社数は，76年から88年までに7社から9社へと2社増加している
が，資産の対全国シェアは34.3％から32.0％へと若干減少している．この
ような状況にあって，とくに1976年から1986年にかけて増加が著しかったの
は，種々の金融業である．もちろん全国的にその資産そのものがこの10年間
に5倍になっているが，ニューヨーク市に立地する本社の数もまた15社から
19社に増え，その資産の対全国シェアも28.8％から50.9％に倍増した．し
かし，それ以降は減少傾向に転じ，1988年には17社になっている．また種々
のサービス業については1986年の8社から1988年の7社に減少している．
　さて，以上から，1970年代後半から1980年代半ばにかけて，ニューヨーク
市の財の生産，移出，販売に関する本社機能が相対的に縮小し，それに代わっ
て金融とビジネスサービスに関する本社機能が飛躍的に伸びたこと，そして
1987年のブラックマンデー以降から1990年にかけては全体的に縮小傾向にあ
ったことが示された．さらにそれを国際的役割という面から掘り下げてみるこ
とにしよう．

156

表 6-3 ニューヨーク市に本社のある 100 大銀行（1986 年と 1990 年）

(12 月 31 日現在)

銀　行　名	資産ランキング	資産 （100万ドル）	預金高 （100万ドル）	外国からの 預金の割合 （%）
1986 年				
シティコープ	1	196, 124	114, 689	53
チェースマンハッタン	3	94, 766	66, 003	45
モルガン	4	76, 039	42, 960	62
マニュファクチャラーズ・ハノーバー	5	74, 397	45, 544	45
ケミカル・ニューヨーク	7	60, 564	39, 055	31
バンカーズ・トラスト・ニューヨーク	8	56, 420	56, 420	58
アービング・バンク	20	24, 233	15, 328	29
バンコブ・ニューヨーク	27	20, 709	15, 113	22
リパブリック・ニューヨーク	33	17, 465	10, 797	61
ナショナル・ウェストミンスターバンク USA	46	11, 080	8, 784	19
ユーロピアン・アメリカン・バンコープ	74	6, 744	4, 540	12
バンク・オブ・トウキョウ・トラスト	84	5, 874	5, 169	53
IBJ シュロダー・バンク＆トラスト	90	5, 180	5, 180	59
1990 年				
シティコープ	1	216, 986	142, 452	55
チェースマンハッタン	3	98, 064	70, 713	42
モルガン	4	93, 103	37, 557	76
ケミカル・バンキング	6	73, 019	48, 951	6
バンカーズ・トラスト・ニューヨーク	8	63, 596	28, 588	54
マニュファクチャラーズ・ハノーバー	9	61, 530	40, 196	39
バンコブ・ニューヨーク	15	45, 390	34, 021	39
リパブリック・ニューヨーク	23	29, 597	19, 987	37
ナショナル・ウェストミンスターバンコープ	34	23, 323	18, 152	7
バンク・オブ・トウキョウ・トラスト	65	8, 771	4, 735	58
イスラエル・ディスカウント・バンク	99	4, 852	4, 463	39

(注)　1986 年の統計では 200 大銀行が掲載されていたが，1990 年では 100 大銀行となっているため，1990
　　　年に合わせた．なお，1986 年では，インダストリアル・バンクオブ・ジャパントラスト（114 位，外国
　　　からの預金の割合，35％），イスラエル・ディスカウント・バンク（115 位，76%），フジ・バンク＆ト
　　　ラスト（121 位，21%），U. S. トラスト（138 位，4%），バンク・ラーミ・ラ・イスラエル（140 位，
　　　2%）となっている．

(資料)　*Business Week*, April 6, 1987, pp. 46-53, および April 22, 1991, pp. 46-49 より作成．

　全国 100 大商業銀行のなかで，ニューヨーク市に本社のある銀行の資産・預
金高・外国からの預金高の割合を示したものが，**表 6-3** である[19]．ニューヨ
ーク市に本社機能をおく 100 大商業銀行の数は 1986 年で 13 社，1990 年で 11

第6章　ニューヨーク市経済のグローバル化と雇用問題　　　　157

表 6-4　10 大銀行における外国からの預金高（1976 年と 1990 年）

（12 月 31 日現在）（単位：10 億ドル）

年	全　　国		ニューヨーク市		ニューヨーク市の対全国シェア
	銀行数	外国からの預金高	銀行数	外国からの預金高	
1976	10	126	6	86	68. 6%
1980	10	216	6	148	68. 5
1982	10	217	6	156	71. 9
1985	10	211	6	159	75. 4
1986	10	195	6	167	85. 6
1987	10	228	6	186	81. 6
1988	10	200	7	175	87. 5
1989	10	194	6	167	86. 1
1990	10	196	6	171	87. 7

（資料）　*Idid.*, April 18, 1977, April 13, 1981, April 7, 1986, April 6, 1987, April 4, 1988, April 3, 1989, April 2, 1990, April 22, 1991 より作成.

社と減少傾向にあるが，全国 10 大商業銀行のうち，6 ないしは 7 銀行が市に集中していることは注目すべきであろう．10 大銀行全体の預金高は，1986 年で全体の 63% をしめているが，その数値は 1976 年とほぼ同じである．しかし，その 10 大商業銀行における外国からの預金高をみると，いかに国際的に重要になってきているかが明らかとなる．同表のなかの外国からの預金の割合をみると，1986 年では低いもので 1 割，高いもので 6 割以上をしめており，全国 100 大銀行の平均が 18% であったことを考えると，いかに高い数値であるかが窺える．しかも，1990 年にはモルガンやチェースマンハッタンなどの一部の巨大銀行資本への外国預金の著しい集中と，下位の銀行資本のシェアの低下という二極分解傾向がみられる．しかし，全体的に資産ランキングの比較的低い銀行でも，ニューヨーク市に本社をおく銀行は，他都市に本社のある銀行に比べると，外国からの預金の割合が比較的高いというのが特徴となっていたのである．

　そこで，ニューヨーク市への外国預金の集中率をみるため，上位 10 銀行の外国からの預金高について，全国とニューヨーク市を比較したものが，**表 6-4** である．それによると，上位 10 銀行の外国からの預金高におけるニューヨー

19）　ニューヨーク市街に本社をおく商業銀行については，*Business Week*, April 6, 1987, pp. 46-53 の一覧表を参照.

ク市の対全国シェアは，1976 年 68.6%，1980 年 68.5% と 1970 年代後半はそれほど変化がなかったが，1980 年代に入り，その集中度は著しいものとなっていく．最も急速に集中化がすすんだのが，1980 年代半ばである．1985 年から 1986 年の 1 年間だけで 1 割ものシェアを拡大したのである．1987 年にはやや低下するが，ブラックマンデー以降も拡大し続け，1990 年には 87.7% と 9 割近いシェアとなっている．また，外国銀行のニューヨーク市への進出もめざましく，1970 年には 47 の外資系銀行があったが，1976 年には 84，1985 年には 191 にまで増加し，その資産もそれぞれ 100 億ドル，400 億ドル，2,380 億ドルと跳ね上がっている．

さらに，多国籍企業とその外国からの収入についてみよう．外国からの収入別ランキングでみた 100 大多国籍企業のなかでは，1985 年当時，市内に 24 社，その郊外に 16 社がそれぞれ本社をおいていた．市内に本社をおく 24 社の際だった特徴は，その国際的関係にあり，24 社の収入の約半分が外国取引によるものであった．それに対して，郊外に立地する 16 社の場合には，外国からの収入は 3 分の 1 となっていた．さらにニューヨーク市内およびその近郊以外に本社をおく 60 社については，その外国からの収入のシェアは 4 分の 1 以下であった．また，海外取引収入についてみると，ニューヨーク市内の 24 社で海外収入の 36% をしめ，郊外のそれと合わせると 55% となる[20]．ニューヨーク市が国際ビジネスの管理・統制センターとしての役割を担いつつあったことは明らかであろう．

さて，次に，先端サービス産業の国際的役割について検討しよう．いわゆるニューヨーク市経済の国際化・サービス経済化に伴い，金融のみ成らず法律，経営コンサルタント，広告，エンジニアリング，コンピュータサービスといった企業サービス産業が拡大した．それらの純収益は，1977 年から 1984 年の間に倍増していたのである[21]．

まず，法律についてみると，法律事務所の数では，全国シェアは 4% にすぎ

---

20) Drennan, Mahtew (1987), "Local Economy and Local Revenues," *op. cit.* p. 28.
21) 以下のニューヨーク市における先端サービス産業の実態については，主として Noyelle, Thierry J. and Anna B. Dutka (1988), *op. cit.*, および Drennan, Mahtew (1987), *op. cit* を参照した．

ないが，雇用者 100 人以上の規模の全国 251 の大法律法人については 51，すなわち 20％ がニューヨーク市を拠点としている（ニューヨーク市に次いで多いのがシカゴであり，23 法人の本社機能がおかれていた）．しかも，251 大法律法人のうち 56 法人が海外支社をもっており，そのうち 28 社がニューヨーク市に集中している．したがって，ニューヨーク市に本社機能をおく大法律法人の半分以上が海外支社を有していたことになる．

　会計については，アメリカ 3,000 大企業の 90％ 以上が「ビッグ 8」の会計法人に監査を依頼している．この「ビッグ 8」の会計法人のうち 6 社がニューヨーク市に本社をおき，4 割以上の海外収入を得ている．海外事務所数はアメリカとカナダを合わせた事務所数の 2 倍にもなり，過去 10 数年の間に急増傾向を示している．経営コンサルタントについては，10 大経営コンサルタント法人のうち 7 社がニューヨーク市に本社をおき，5 社が「ビッグ 8」会計法人系列にあたる．同市に立地する経営コンサルタント法人の海外進出もこの時期に著しくなっており，市内の 25 大経営コンサルタント法人のうち，1961 年には 3 社のみが海外支店をもっているにすぎなかったが，1980 年には 12 社が海外支店をもつに至っている．広告については，1983 年の数値でみると，世界 30 大広告代理法人のうち 23 社がアメリカの企業であり，そのうち 19 社がニューヨーク市を本拠地としていたのである．

　こうしたニューヨーク市の多国籍企業の中枢管理機能，国際金融機能，世界規模の対企業サービスのためのセンターとしての地位の高まりによって，人と情報通信の国際的な流動も劇的な変化をみせた．1986 年のアメリカ国際旅客社 2,660 万人のうち 1,660 万人（62％）がニューヨークの 3 大空港に出入りしており，また 1982 年の市の国際電話通信回数は 2,270 万回で全国の 20％ にあたるものであった．ニューヨーク市人口の対全国シェアが約 3％ であることから，以上の数値が以下に際だったものであったかが窺える．

　以上から明らかなように，ニューヨーク市は 1970 年代後半以降，財の生産・流通面での国内的機能は低下したが，金融や対企業サービス面での機能が高まり，しかもその国際的役割が突出しつつあったという状況を呈していた．これはまさに 1 つのパラドクスであり，こうした大都市経済の一大構造転換は世界的に類をみないほど急激に行われたのであった．1970 年代のニューヨーク市

を中心都市や都市経済衰退論から一転して，1980年代には都市経済の再生や
アーバンルネッサンス論へと転換していく背景には，歪曲された都市の経済構
造，すなわち国際金融資本突出型の経済構造への転換という事態があったとみ
てよいだろう．以下では，このような市経済のグローバル・リストラクチャリ
ングのなかで，市の雇用がいかに変化し，いかなる影響が及ぼされたのかに焦
点をあてつつ分析することにしよう．

3. 雇用構成のグレードアップ化と雇用問題

　国際化の経済的断面の今ひとつの問題は，労働市場における国際化である．
1989年のニューヨーク市人口は730万人であったが，第2次世界大戦末期を
若干下回る水準にあった．1970年の市人口が787万人であったから，20年弱
の間に50万人以上の人口が減少したことになる[22]．ウォルディンガー（Wal-
dinger）によれば，大戦後の市の人口動態には3つの諸力が働いていたとされ
る[23]．第1の力は主として1950年代から1980年代にかけてみられたもので，
郊外化に伴う白人の郊外への流出であり，第2は，大戦後から1975年頃まで
みられた南部・プエルトリコからの黒人の流入であった．しかし，1970年代
後半にはニューヨーク市の黒人やプエルトリコ人は減少し，1975年から1980
年にかけて黒人は純減9万7,000人（13万1,000人流出，4万2,000人流入），
プエルトリコ人についても純減9万1,000人（16万1,000人流出，7万人流入）
にものぼった．
　第3の力は，1965年から1980年代までの人口増の主要な要因となったもの
で，外国人の流入である．このいわゆる新移民は1965年のハートセラー
(Heart-Cellar) 法の制定以来増加しはじめ，アジア，カリブ海沿岸，ラテンア
メリカからの移民が急増し，これに対して，伝統的なヨーロッパからの移民は

---

22)　ニューヨーク市の人口については，*Statistical Abstract of the United States* の各年度版を
　　参照.

23)　Waldinger, Roger (1989), "Race and Ethnicity," in Breacher, Charles and Raymond D.
　　Horton, eds., *Setting Municipal Priorities 1990*, New York University Press, pp. 5-78.
　　Waldinger, Roger (1987), "Beyond Nostalgia: The Old Neighborhood Revisited," *New
　　York Affaires*, Vol. 10, No. 1, Winter, pp. 1-12.

減少した．全国統計では，公式の移民の数は，1966 年から 1970 年の間に年平均 37 万 4,000 人の流入であったが，1982 年から 1986 年になるとその数は急増し，年平均 57 万 5,000 人の流入を記録した．これはあくまでも公式の数値であるため，これに非公式の移民を合わせるとさらに多くなる．ウォーレンの推計によれば非公式の移民は 1980 年までに少なくとも 200 万人を数え，1980年代後半には 350 万人から 400 万人にまで増加したともいわれる．1986 年には移民改革・統制法（Immigration Reform and Control Act）が制定され，非合法の移民統制がはじまった．

この新移民についてニューヨーク市における状況をみると，1966 年から1979 年の間の公式移民の数は 100 万人以上となっている．1980 年の統計によれば外国出身のニューヨーク市民は 167 万人（1965 年には 93 万人）で，1987 年には 9 万人以上が市に流入したとされる．この間の非公式移民の数は，75 万人とも 100 万人ともいわれるが，実際の 1980 年の統計では，ニューヨーク圏域の非公式移民は 21 万人であり，公式移民の比率から推定すれば 19 万人程度ということになる．ニューヨーク市の新移民の内訳をみると，ヨーロッパからの移民の割合が 1980 年から 1988 年にかけて 42% から 21% に半減しているのに対し，カリブ海沿岸諸国からの移民が 24% から 40% 近くにまで拡大している[24]．1988 年のデータではカリブ海沿岸諸国，ヨーロッパ，南米，アジア，アフリカの順になっている．非スペイン系の白人は 1987 年の数値では市人口の 46%（1980 年は 52%）となり，ニューヨーク市はまさに「少数民族が多数民族」である都市であった[25]．

さて，次にニューヨーク市の職種別雇用構成の変化についてみよう．**表 6-5**からもうかがえるように 1970 年から 1990 年にかけてホワイトカラーの雇用の割合が 62% から 70% に増加し，反対にブルーカラーの雇用の割合が減少した．さらにホワイトカラーのなかでも経営者，専門家・技術者のシェアが増加する一方，セールスや一般事務職の雇用の割合は減少している．またブルーカラーの職種についても，サービス業のシェアは若干増えているものの技師・職人，

---

24) ニューヨーク市にはドミニカ共和国，コロンビア，エクアドルなどからの移民が多く，このなかではドミニカ共和国からの移民が最大であった．

25) Waldinger, Roger（1989）, pp. 66-69.

162

表 6-5　ニューヨーク市の主要職種別雇用の変化 （1970, 1980, 1990 年）

（単位：1,000 人，%）

職種	1970 年		1980 年		1990 年	
	雇用者数	割合	雇用者数	割合	雇用者数	割合
ホワイトカラー	2,333	62.3%	2,207	66.9%	2,511	70.2%
経営者	458	12.2	479	14.5	608	17.0
専門家・技術者	527	14.1	546	16.5	687	19.2
セールス	412	11.0	295	8.9	333	9.3
一般事務員	936	25.0	887	26.9	883	24.7
ブルーカラー	1,412	37.7	1,094	33.1	1,066	29.8
サービス	442	11.8	426	12.9	472	13.2
技師	309	8.3	270	8.2	272	7.6
オペレーター	538	14.4	302	9.1	236	6.6
労働者	123	3.3	96	2.9	86	2.4
合　計	3,745	100.0	3,301	100.0	3,577	100.0

（注）　1970, 1980 年の数値は U.S. Census of Population をもとに，居住地ではなく雇用地で算定されて
　　　いる.
　　　　1970 年のデータは 1980 年に合わせて調整したもの. 1990 年の数値はドレナンの経済データをベース
　　　にした GOTHAM による推計値である.
（資料）　Drennan, M. (1987), "Local Economy and Local Revenues," in Brecher, Charles and
　　　Raymond D. Horton, eds., *Setting Municipal Priorities 1988*, New York University Press, p. 41.

　オペレーター，現場労働者のシェアは縮小している．市の雇用全体としては，
微増もしくは減少傾向にあるため，シェアの縮小している部門の雇用は絶対的
にも相対的にも縮小したのであった．市の雇用の全般的傾向としては，グレー
ドアップかが進行していたという事実が指摘できよう．そこで問題となるのが，
市人口構成の国際化と市の雇用構成のグレードアップ化との相関関係について
である．
　ニューヨーク市における人種・民族別雇用状況についてその指数を示したの
が，**表 6-6** である．市の全雇用にしめる各人種・民族の割合と，市の各種産業・
職種内の雇用にしめる各人種・民族の割合が同率であれば 1 で示されている．
つまり，1 を超えればその職種にしめるその人種・民族の割合が高いというわ
けである．黒人（外国出身）は個人サービス（4.49%），私立療養所（4.24%），
民間病院（2.64%），公立病院（2.42%）に，アジア系民族（外国出身）は飲食店
（4.22%），アパレル製造（3.82%）といった職場に集中している．プエルトリ
コ人の多くが含まれるスペイン系民族（外国出身）もアパレル製造（2.79%）や

表6-6 ニューヨーク市における産業別人種・民族別雇用指数

	ヨーロッパ系					黒人		アジア系		スペイン系	
	イギリス	アイルランド	イタリア	スコットランド	ロシア	外国人	自国民	外国人	自国民	外国人	自国民
民間病院	0.75	1.15	0.66	0.93	0.69	2.64	1.22	1.79	0.64	0.75	1.04
銀行	1.11	1.40	1.38	1.07	0.46	1.47	0.92	0.98	0.69	0.76	0.78
アパレル製造	0.30	0.15	0.77	0.12	0.78	0.65	0.43	3.82	0.89	2.79	1.47
飲食店	0.83	0.90	0.67	0.84	0.37	0.49	0.54	4.22	1.69	1.72	0.95
公立小学校	0.83	0.79	1.03	0.66	2.32	0.44	1.29	0.16	0.96	0.29	0.92
印刷・出版	2.01	1.19	0.98	2.33	1.57	0.64	0.70	0.40	0.96	0.71	0.84
証券	1.51	1.41	1.31	1.60	0.91	0.64	0.45	0.45	0.97	0.43	0.41
保険	1.04	1.59	1.45	1.46	0.87	0.89	0.82	0.82	1.94	0.53	0.71
建設	0.62	1.04	1.47	0.78	0.54	0.99	0.71	0.40	0.15	0.76	0.89
公立病院	0.52	0.62	0.43	0.37	0.62	2.42	2.40	1.16	1.02	0.66	1.34
不動産	0.89	1.05	0.77	1.17	0.95	0.70	0.57	0.36	0.57	1.66	1.62
アパート	0.88	1.06	1.15	0.54	0.87	1.18	1.27	0.46	1.53	0.55	0.80
警察	0.75	2.37	1.45	0.95	0.59	0.33	1.61	0.13	1.10	0.22	0.88
法律事務所	1.97	1.43	0.93	2.05	2.88	0.30	0.41	0.22	1.15	0.21	0.44
食料雑貨店	0.51	0.81	1.40	0.56	0.41	0.61	0.83	1.20	0.39	1.32	1.74
企業サービス	1.83	0.99	0.92	1.82	1.64	0.52	0.88	0.55	1.48	0.63	0.76
電話サービス	0.83	2.05	1.21	1.37	0.28	1.16	1.70	0.36	0.83	0.30	0.76
公共郵便サービス	0.48	0.78	0.75	0.90	0.89	0.50	2.31	0.16	1.31	0.30	1.23
劇場	2.95	1.29	1.21	4.26	1.89	0.31	0.46	0.25	1.13	0.48	0.42
公共交通	0.34	0.93	1.21	0.40	0.18	0.86	2.73	0.21	0.33	0.19	0.74
私立大学	2.47	1.35	0.53	2.14	1.55	0.55	0.68	0.93	1.49	0.50	0.64
製造業	0.40	0.29	0.64	0.43	0.86	1.01	0.71	0.57	0.35	2.72	1.79
個人サービス	0.45	0.26	0.09	0.34	0.01	4.49	2.15	0.84	0.18	1.76	0.43
アパレル販売	0.69	0.48	0.98	0.68	1.33	0.77	0.72	0.84	0.55	0.95	0.90
政府一般事務	0.74	0.97	0.98	0.69	1.23	0.91	1.82	0.47	1.31	0.36	1.18
私立学校	1.48	2.38	1.18	0.83	1.12	0.52	0.48	0.19	0.19	0.33	0.44
広告宣伝	2.40	1.56	1.01	2.60	2.36	0.36	0.47	0.59	0.81	0.33	0.37
公共福祉サービス	1.13	0.74	0.41	0.52	1.30	1.52	3.06	0.10	0.84	0.63	1.14
私立療養院	0.63	0.90	0.46	0.52	0.58	4.24	1.45	1.06	0.00	0.86	0.70

(注) 1は市の雇用に占める割合と同率であることを意味する。

(資料) Waldinger, Roger (1989), "Race and Ethnicity," in Brecher, Charles and Raymond D. Horton, eds., *Setting Municipal Priorities 1990*, New York University Press, p. 65.

製造業（2.72%）の雇用が多く，種々の製造業に関しては米国人でも黒人やアジア系民族よりも高い数値が示されており，歴史的にみてもニューヨーク市の製造業はプエルトリコ人にとっては重要な職場であったという事実がうかがえる．また，外国人と米国人とでも職種によってその数値に著しい乖離がみられる．たとえば，黒人の警察官は外国人出身者が 0.33 であるのに対し，米国人は 1.61，公共郵便サービスは前者が 0.50，後者が 2.31 などとなっており，その乖離は公共部門に著しい．

　これに対して，ヨーロッパ系民族は先端ビジネスサービスや FIRE（金融・保険・不動産）部門など国際化の進展とともに雇用が拡大傾向にある職種に従事しているが，そのなかでも旧移民と新移民とでは職種に若干の違いがあった．ロシア人は公立小学校（2.32%），法律サービス（2.88%），広告・宣伝（2.36%），アイルランド人は警察（2.37%），私立学校（2.38%），イギリスとスコットランド人は印刷・出版（2.01% と 2.33%），劇場（2.95% と 4.26%），広告・宣伝（2.40% と 2.60%）に多く従事しているが，イタリア人はそれほど職種に偏重はみられない．このように「人種のるつぼ」であるニューヨーク市は，程度の差はあれ労働市場における人種・民族間のセグリゲーション（人種隔離）が存在していたのであり，現在においてもその傾向は存在している．

　最後に，表 6-7 により人種・民族別の所得水準についてみておこう．男性についてみるとヨーロッパ系民族の所得が相対的に高く，そのなかでもロシア人やイギリス人の所得が際だって高くなっている．ヨーロッパ系移民以外の民族では，新移民に属するアジア系民族の所得がスペイン系民族や黒人に比べて高く，アメリカ出身のスペイン系民族の所得は男女を問わず最も低くなっている．女性に関しては男性に比べると相対的に低所得であるが，男性同様ヨーロッパ系民族が相対的に高くアジア系，黒人，スペイン系と続いている．また所得の源泉についてみると，全体的に賃金・給与所得が 7 割から 8 割をしめているが，それに加えて，ヨーロッパ系民族は資本所得の割合が際だって高く，それにアジア系民族が続いている．これに対して黒人，スペイン系の資本所得はきわめて少ない．また自営業による所得はヨーロッパ系のロシア人，イギリス人に次いでアジア系民族の順で多くなっている．女性についてみると 5 割から 7 割が賃金・給与所得で，公的扶助による収入の割合は外国出身のスペイン系（43.3

第6章　ニューヨーク市経済のグローバル化と雇用問題　　　　165

表 6-7　ニューヨーク市の人種・民族別所得水準（1980 年）

（単位：ドル）

	男性		女性	
	総所得	賃金・給与所得	総所得	賃金・給与所得
ヨーロッパ系自国民				
イギリス	19,105	18,743	11,953	12,562
アイルランド	15,738	16,137	9,705	10,814
イタリア	15,212	15,903	7,927	9,157
スコットランド	18,267	17,330	11,770	12,029
ロシア	21,832	20,712	12,183	12,342
非スペイン系黒人				
外国出身	10,799	10,988	8,038	8,772
本国出身	10,061	11,321	7,345	9,242
スペイン人				
外国出身	10,305	10,609	6,369	7,132
本国出身	9,380	10,388	5,663	7,542
アジア				
外国出身	12,112	12,095	8,793	9,112
本国出身	12,893	13,394	10,255	10,956

（資料）　Waldinger, Roger (1989), "Race and Ethnicity," in Brecher, Charles and Raymond D. Horton, eds., Setting Municipal Priorities 1988 New York University Press, p. 66.

%），アメリカ出身の黒人（27.7%），アメリカ出身のスペイン系（20.3%）に多くみられる．

　これらのデータから明らかなことは，第1に，労働市場において強力なセグリゲーション（人種隔離）が存在しており，黒人，スペイン系，アジア系民族が特定の職種に集中していたことである．労働市場の国際化が進展すればするほどこれらの問題が顕在化していくことになる[26]．

　第2は，雇用構成のグレードアップ化から生じる雇用のミスマッチ問題である．ニューヨーク市においては 1980 年代に雇用が絶対的にも相対的にも増大しているような成長産業への就職率は，全体的にヨーロッパ系民族の法が他の人種・民族よりも高くなっている．これに対して，伝統的な都市型産業である

26）　失業率についてみると，全国統計では黒人等のそれは白人に比べるとはるかに高くなっており，1980 年ではそれぞれ 7.0% と 13.1%，ピーク時の 1983 年では 9.5% と 17.8% となっており，1990 年の 6.0% と 11.1% に比べると 2 倍近い状況にあった．黒人だけの統計をとるとさらに高くなる（*Economic Report to the President, 1991*, pp. 330-331（『アメリカ経済白書 '91』412-413 頁）.

が衰退しつつあった製造業やアパレル製造などでは，プエルトリコ人（スペイン系）や黒人の比重が高くなっている．職種別雇用構成のグレードアップ化と労働市場の国際化が同時進行する過程で生じるのが，雇用のミスマッチ問題である．1980年代以降には「ホワイトカラー失業」も増大し，その問題はさらに克服すべき重要課題となったのである．

第3に，以上のような労働市場におけるセグリゲーション，雇用構成のグレードアップ化を反映して，ヨーロッパ系民族の所得が相対的に高く，反対に非ヨーロッパ系民族の所得が低くなっており，人種・民族別の貧富の格差が著しくなったことが指摘されよう．とくにスペイン系や黒人の場合にはアメリカ出身，外国出身を問わず所得が低くなっており，1980年代に急増したカリブ海沿岸諸国からの移民を中心とした新たな貧困問題が顕在化したのである．

以上のような労働市場の国際化に伴う問題は今やグローバル化しつつある諸都市に共通した問題となっており，地方自治体のみならず国家の政策課題としても重要になりつつある．外国人労働者の人権問題もこの時期からさらに議論されるようになってきた[27]．1991年にニューヨーク市が再び財政危機に陥り，1975年に続く破産に近い状況を呈した[28]．それはすでに規定した経済，財政両面にわたる「二重の依存構造」の脆弱性から生じたものであり，グローバル都市の諸矛盾が市の財政危機・破綻という形で顕在化したことを示すものといえよう．

---

27) 外国人労働者の人権に関して日本で出版されているものとしては社会保障研究所編（1991），『外国人労働者と社会保障』東京大学出版会，石朋次編（1991），『多民族社会アメリカ』明石出版などがある．

28) 1991年春にニューヨーク市の事実上の2度目の財政破綻が記録され，同年4月29日には，31日に発行予定だった12億5,000万ドルの市債格付けが，当時の「SP1」から当時最低のランクだった「SP2」にまで引き下げられた．6月19日には財政難のために1992会計年度予算では，保健・衛生局や警察など約1万人から2万人規模（当初は2万人と発表したが，のちに1万人に修正された）の市職員の解雇が盛り込まれた．予算管理委員会によれば1991年7月から翌6月までの赤字額は35億ドルにのぼるとされた．

また，カリフォルニア州の地方政府のなかにはデフォルトに近い状況がではじめた．1980年代初頭の財政難の時代とは違って，当時はこれまで黒字財政だった州財政の悪化が顕著となる．その動きについては本書第7章を参照．

おわりに

　以上，1980年代を中心にアメリカ経済の国際経済への依存の進展とその大都市（とくにニューヨーク市）における状況を分析するなかで，資本の国際化が雇用面にいかなる影響を及ぼしてきたのかについて分析してきた．大都市経済構造が国際金融資本突出型に特化し，地域経済はもちろん国内経済にしめるシェアが低下するというパラドクスのなかで，大都市経済のグローバリゼーションが急激に進行した．資本の国際化と並行して労働市場の国際化も新たな様相を呈しはじめた．古くから「人種のるつぼ」といわれ多くの人種民族問題を抱えてきたニューヨーク市では，人口構成はさらに多様化し少数民族が多数民族となった現在でもなお，根強いセグリゲーションが存在しており，それが資本と労働市場の国際化をもたらす矛盾を一層激化させていったのである．

　他方では，都市における貧困問題や都市問題もまた新たな展開をみせはじめた．その象徴ともいえる事態が1980年代に急増したホームレスであった．ホームレスの数は1981年には単身者で2,703人，世帯で500から1,000であったのが，1985年には7,184人，世帯で3,554となっており，さらに1989年には単身者で1万319人，世帯で3,985となっており，1980年代に4倍にも膨れあがった[29]．

　これまでみたような世界の3極構造の一端をなす「世界都市」あるいは「世界首都」としてのニューヨーク市の世界経済依存型構造は，その後も顕在化することとなった．国際市場での資本間競争の激化とともにさらに「国際的」になり国際金融資本共同体の1つの基軸を担うこととなっていったためである．産業構造の面でバランスを欠いた都市の盛衰は，この国際金融資本共同体の動向にますます左右されることとなった．すでに規定した経済，財政両面にわたる「二重の依存構造」から脱却する道は，経済的には経済のグローバル化に対応しつつ，世界経済に依存しない自立経済圏を改めて構築することにあり，財政的にはグローバル経済に対応しうる自主財源拡充の方向性が求められるので

---

29)　Tobier, Emanuel (1989), "The Homeless," in *Setting Municipal Priorities 1990*, p. 313.

はないだろうか．ニューヨーク市におけるこうしたグローバル時代に生じた新しい都市危機をいかに克服するのか，それは日本の諸都市の将来を占う試金石となろう．

第7章 州・地方財政危機と財政構造の変化
—— ニューヨーク州と北東部諸州の比較分析 ——

はじめに

　1990年，世界都市ニューヨーク市をかかえるニューヨーク州は，1929年の世界大恐慌以来最大の財政危機にみまわれた．過去20年に遡れば，州経済を含む地域経済構造はきわめてドラスティックな転換を遂げており，州あるいは地方財政の変化も地域経済との関わりが深い．1970年代のアメリカでは，ブルーストン＝ハリソン（Bruestone and Harrison）やタブ（Tabb）らのサンベルト・スノーベルト論に象徴されるように，北東部大都市圏や中西部などの旧工業都市の衰退と先端技術産業の集積した西部や南部の勃興に関する議論が積極的に展開していた[1]．ドレナン（Drenann）は，当時を振り返って，「1970年代前半に，北東部の旧工業地帯であるニューヨーク州とニューヨーク市が長期的衰退あるいは少なくとも経済不況に陥ったことは有名である．経済成長は半永久的にサンベルトに移行したというのが通説となっていた」[2]と論じているが，当時の状況はまさに衰退と呼ぶにふさわしく，経済的衰退が著しくあらわれた1970年代のニューヨーク州では，州全域で30万人，ニューヨーク市にいたっては実に45万人の製造業雇用が喪失したのである．1975年におこったニューヨーク市の財政破綻も，都市型工業の衰退をはじめとする産業構造の転換，都市における失業率の増大，都市問題・貧困問題の激化といったいわゆる都市

---

1) Bluestone, Barry and Bennett Harrison (1982), *The Deindustrialization of America*, New York: Basic Books, Sawyers, Larry and William Tabb, eds. (1984), *Sunbelt/Snowbelt: Urban Development and Regional Restructuring*, New York: Oxford University Press.

2) Benjamin, Gerald and Charles Breacher, eds. (1988), *The Two New Yorks: State-City Relations in the Changing Federal System*, Russell Sage Foundation 8.

危機のなかで生じたものである．都市財政危機は，ニューヨーク市のみならず
ヨンカーズやバッファーローでも顕在化した．

　ところが，国際化，サービス経済化の進展とともに 1980 年代には事態が一
転する．ニューヨーク州では 100 万人以上の雇用が創出されたが，その 3 割が
ニューヨーク市での雇用創出であったことからもわかるように大都市の都心部
を中心に再生していくのである．景気が最高潮であった 1986 年のニューヨー
ク州の総所得は，実に，3,627 億ドルに達しており，これはカナダ一国の国民
総所得に相当するものといわれている[3]．前章で明らかにしたように，1980 年
代には，世界最先端の国際金融資本がこれまで以上にニューヨーク市中央業務
地区に集中・集積し，国際金融資本の本社機能を中心とする中枢管理機能が拡
大した[4]．その一方で，貧富の格差はさらに拡大し，1980 年代の 10 年間にニ
ューヨーク市をはじめとする大都市においてホームレスの数が急増した．米国
下院の銀行・住宅・都市問題に関する委員会の報告書でも，1980 年代の「繁
栄」によって貧富の格差が拡大し，多くの貧困者がつくりだされた事実が指摘
されている[5]．

　こうした状況の下で，1990 年代初頭，ニューヨーク州では州財政危機に続
いて，ニューヨーク市においても，1975 年以来 2 度目の都市財政危機が訪れ
ることとなった．1993 年 1 月にニューヨーク市が発表した失業率は 13.4% で
あり，全米の失業率 7.1% と比べるとほぼ 2 倍にあたる異常なものであった．
全米 276 都市の中でニューヨーク市よりも失業率が高かったのは，テキサス州
マックアレン，カリフォルニア州モデスト，フレスノ，スットックトン，ニュ
ージャージー州ヴィンランドなどの 6 地域にすぎない．フィッチ（Fitch）によ
れば，これら 6 地域は農業経済中心の地域であり，工業都市あるいは脱工業都
市の中ではニューヨーク市の失業率が最も高いとしている[6]．また，全米人口

---

3) Bahl, Roy and William Duncombe (1991), *Economic Growth & Fiscal Planning: New York in the 1990s*, Center for Urban Policy Research.

4) 拙稿 (1992), 「大都市経済のグローバリゼーションと雇用問題――ニューヨークの世界経済依存構造」上原信博編著『構造転換期の地域経済と国際化』御茶の水書房，229-252 頁．

5) Congress, House, Cimmittee on Banking, Housing and Urban Affairs (1992), *The Economic Condition of Our Nation's Cities*, 102nd Cong., 2nd Sess., 30 January 10.

6) Fitch, Robert (1993), *The Assassination of New York*, Verso.
　　1993 年現在，ニューヨーク市よりも失業率の高かった地域は，テキサス州マックアレン (18.2%)，

第 7 章　州・地方財政危機と財政構造の変化　　　171

　の約 3% を擁するニューヨーク市には，全都市の短期債のうち約半分が集中し
ており，その額は実に 30 億ドルに達する[7]．

　ワトソン（Watson）らによれば，アメリカの大都市は依然として深刻な都市
社会問題を抱えており，その原因の 1 つは，20 年以上にもわたって連邦政府
の政策が都市における貧困問題を放置し続けたことにあるとしている．アメリ
カの都市地域は経済的に衰退しているのみならず，インフラの荒廃を招いてお
り，最も事態が深刻化している都市を対象とした連邦政府による政策はほとん
ど成功していないという．1977 年にカーター民主党政権下で制度化された都
市開発活動補助金（Urban Development Action Grant）などの連邦補助金の多
くが，レーガン共和党政権の下で削減され続けたことが，問題を一層深刻なも
のとしている[8]．ワトソンらは，大都市と連邦補助金の関係から都市危機を論
じているが，1990 年代初頭の都市財政危機の構造的原因を解明するためには
むしろ，州との関係に着目する必要があろう．

　したがって，新連邦主義の新しい潮流が形成されはじめた 1980 年代に立ち
返って，とくに 1987 年のニューヨーク株式市場暴落以前の好況期に，一体ど
のような財政構造変化がおこったのかを改めて検証する必要があるのではない
かと思われる．1980 年代にはレーガン政権下で州の役割が改めて重視されは
じめるが，州・地方財政構造がどのように変化したのかを分析することは，
1990 年代初頭の州・地方危機の原因を究明する上でも重要な課題であろう．
すでに，州財政の全般的な動向とニューヨーク州とニューヨーク市の財政関係
については論じているが，貧困問題との関わりの深い経費や税制改革による税
収の動向と関連づけて分析することができなかった[9]．

　　カリフォルニア州モデスト（17.4%），フレスノ（16.4%），スットックトン（16.0%），バーカ
　　ーズフィールド（15.8%），ニュージャージー州ヴィンランドなど（13.5%）の 6 地域である
　　（*Ibid.*）．

7)　ニューヨーク市における短期債の中で，1968 年に設立された都市開発公社（UDC: Urban
　　Development Corporation）が抱える債務も多額であり，その最大のプロジェクトは，何千戸も
　　の高・中所得者向けの住宅を建設した「ルーズベルト島」であったといわれている（*Ibid.*）．

8)　Watson, J. Douglas, John G. Heiman and Robert S. Montjoy (1994), *The Politics of
　　Redistrib uting Urban Aid*, Praeger.

9)　拙稿（1992），「転換期のアメリカ州財政―ニューヨーク州の事例を中心に」『法経研究』（静岡
　　大学）第 40 巻　第 3・4 号，25-49 頁．

そこで本章では，1980年代の北東部における州経済の構造転換の過程で引き起こされた「貧困化」と1990年州財政危機に着目し，なぜ飛躍的な経済成長を遂げながらも，州・地方財政危機の構造的原因が醸成されていったのかを，ニューヨーク大都市圏の一部を擁するニューヨーク州を事例に，北東部諸州との比較を交えながら検討することにしたい.

1. 1980年代ニューヨーク州における人口構成の変化と「貧困化」

1992年，米国下院の銀行・金融・都市問題委員会は，1980年代の「繁栄」が及ぼした影響について次のように報告している.
- 「繁栄」は雇用の増大を意味しているが，それは低賃金雇用を含んでいる. 1988年以来，製造業の雇用者数が6％減少する一方，低賃金のサービス部門で雇用される労働者数が13％増加した.
- 「繁栄」は貧困な労働者数の増大を意味している. 不安定就労者数は650万人にのぼり，ミルウォーキーだけでも貧困な労働者世帯の数は44％増加した.
- 「繁栄」は，入手可能な適正価格での住宅（アフォーダブル住宅）を見つけることのできない人々の増大を意味している. 公営住宅を入居待ちのリストに掲載されているが，少なくとも100万人は存在している.
- 「繁栄」は，不安定な労働力，不良債権の増大，不動産市場の低迷による持ち家率の低下を意味している.
- 「繁栄」は，都市の荒廃を意味している. インフラの荒廃や喪失，犯罪発生率の増加，教育水準の低下，その他の社会問題の深刻化を招いた.

米国下院の委員会報告が指摘するように，1980年代のアメリカ経済の「繁栄」は，脱工業化・サービス経済化に伴う雇用のミスマッチを生みだし，650万人もの低賃金労働者・不安定雇用が増大した. 都市部においては，地価，賃貸住宅価格の高騰によるアフォーダブル住宅の絶対的不足が生じ，100万人以上の住宅貧困者やホームレスが存在する状況を生んだ. 貧困者の多くは都市部に集中しており，同報告書によれば，中心都市に居住する貧困者の数は1979年には60％であったのが，1989年には73％になり，インナーシティ問題が

第7章　州・地方財政危機と財政構造の変化　　　173

さらに深刻化しているのだという．中心都市と郊外の1人あたり所得を比較すると，1960年は中心都市は郊外の105であったが，1970年には95，1987年には57，1992年には55%以下となっている．同報告書はまた，上位20%の高所得層の所得は，1980年代の10年間に27%増加したが，最下位の20%にあたる低所得層の所得は0.6%増加したにとどまっていることを指摘している．つまり，1980年代の経済成長の過程で，貧富の格差の拡大，貧困者数の増大を招いたのである．1990年の貧困水準以下の人口は，3,350万人に達しているという[10]．

　このように，1980年代の「繁栄」は貧富の格差を拡大させるとともに，都市問題をさらに悪化させ，市民の生活難をより一層深刻化させるとともに，都市の荒廃を推し進めた．これはアメリカのみならず，わが国においてもまた他の先進資本主義諸国においても共通した現象としてあらわれているのである．

　世界的な大都市ニューヨーク市を抱えるニューヨーク州においても，「繁栄」と貧困の二極分解が進行した．「人種のるつぼ」といわれるアメリカでは，依然として人種差別問題と貧困問題との関連は深く，ニューヨーク州が全米で最も人種が多様な州の1つであることが，事態の深刻さを最も際だったものにしているといってよい．ニューヨーク州における人種別人口構成の変化についてみると，非白人の割合は，1970年には13.2%であったが，1985年には18.3%と15年間に5ポイント増加している．他の北東部諸州と比べてみると，それぞれ1970年には7.6%であったのが1985年には9.8%と2ポイントの増加，全米では1970年には12.5%であったのが，1985年には15.2%と3ポイントの増加である[11]．また，ニューヨーク州では，白人の絶対数が減少している．つまり，1970年代には年平均0.8%の増加であったのが，1980年代には年平均0.2%減少しているのである．1980年代の全米の人口動態をみると，白人人口は年平均0.8%ずつ増加しており，ニューヨーク州を除く北東部諸州でも年間0.1%ずつ増加しているのに対し，黒人・その他の非白人人口は

---

10)　Congress, House, Cimmittee on Banking, Housing, and Urban Affairs (1992), *The Economic Distress in Our Cities*, 102nd Cong., 2nd Sess., April 8.

11)　人種別人口構成の変化については，さしあたり Bahl and Duncombe (1991) での人口動態に関する分析を参照した．

ともに年間およそ 2% の増加を示している.

非白人人口は，全国の大都市やニューヨークの都市部にますます集中する傾向にある．1980 年代半ばには，非白人のおよそ 90% 以上がニューヨークの大都市地域に，83% が中心都市カウンティに，そして 74% がニューヨーク市に集中している．中心都市カウンティの人口の 27% が非白人であり，ニューヨーク市は 32%，非大都市圏では 3%，郊外カウンティではわずかに 9% となっている．

非白人で最も人口が増えている世代は，20 歳から 64 歳までのいわゆる生産年齢人口であり，若年層は白人に比べるとそれほど増えてはいない．少数民族は 1990 年にはニューヨークの子供の 40% に達しており，今世紀末には 46% になると予測されている．これらの子供の大半がいわゆる母子世帯である．母子世帯は，全人口の増加率に比べて，1980～1989 年の間に年間 0.9% ずつ速い速度で増加している．1980 年にはニューヨークの黒人の 50% 以上，ヒスパニック世帯の 40% が単親であり，白人では 15% であるのと比べると，いかに黒人の単身世帯がとくに母子世帯が多いかがわかる．もちろん全国平均でも母子世帯が増える傾向にあり，黒人世帯では，1980 年には 44% であったのが，1988 年には 50% に達しており，ヒスパニックは 25% から 30% に増加している．また，ニューヨーク市大都市圏では，黒人の単親世帯は，50% から 55% に，ヒスパニックは 41% から 52% にそれぞれ増加した．

ウォーキーウィッツ（Wojtkiewicz）らの調査によれば，黒人の母子世帯が増加しているのは，結婚しない女性の数の増加にあるとしている[12]．そうした世帯は，経済的に不利な状況にあるため，少数民族の子供の数の増加がそのまま貧困の拡大につながっていく．1988 年，全国では，黒人とヒスパニックの 50% 以上と白人の母子世帯の 30% 近くが，貧困水準以下であった．過去数 10 年間にわたって，そうした世帯の貧困率はほとんど変化していないが，少なくともニューヨーク州においては，黒人やヒスパニックの子供の貧困化率が拡

---

12) Wojtkiewicz, Roger, Sara McLanahan and Irwin Garfinkel (1990), "The Growth of Families Headed by Women: 1950-1980," *Demography*, 27, February 1990. Wetzel, James (1990), "American Families: 75 Years of Change," *Monthly Labor Review*, 113, March, pp. 4-13.

大しているのである.

また，アダムズ（Adams）らの調査によれば，ニューヨーク州には全国の黒人の5分の1（21%）が居住しているにすぎないが，貧困者の過半数（51%），極貧層（persistently poor）ということになるとその66% が集中していることを明らかにしている．ニューヨーク市では，人口のおよそ20% は貧困水準以下であり，10% は極貧層（persistently poor）である[13]．19大都市では中くらいの水準だが，絶対数では，1980年現在で200万人という数字に示されるように，ニューヨーク市が全国で最も高い．エフレンハルト（Ehrenhalt）によれば，1980年代半ばには市の人口の24% が貧困であり，1976年に比べて15%増加しており，これは全国平均より15% も上回っているとしている．

ところで，こうした1980年代の経済成長の過程で引き起こされた新たな「貧困化」は，州・地方の財政構造とどのような関わりをもつのか．まず経費面から検討することにしよう．

2. 1980年代ニューヨーク州における州・地方の経費動向と貧困対策 ——教育費と保健・福祉関係費

2-1 ニューヨーク州における州・地方の経費動向

表7-1 は，1975会計年度から1988会計年度にかけての，ニューヨーク州における州・地方の性質別・目的別歳出構成比の変化を示したものである．性質別歳出では，地方への補助金など政府間支出を除く直接支出のうち経常的経費の割合が9割と高いのが特徴的で，投資的経費の割合は10% 程度であることがわかる．1975年に比べると投資的経費の割合は6% ほど低下しているが，1980年代にその割合はほとんど変化していない．目的別歳出をみても，教育費の割合が30%，福祉関係費が16%，保健衛生費が9〜10%，警察費8〜9%という構成になっており，1980年代を通じて構成比そのものはほとんど変化

---

13) Adams, Terry, K. Gregg, J. Duncan, and Willard R. Rogers (1988), "Persistent Urban Poverty: Prevalence,Correlates and Trends," Paper Presented at "The Kerner Report: 20 Years Later," a Conference held in Racine, Wisconsin on February 27 to 29, 1988. 「persistently poor」とは，1974〜1983年の間に少なくとも80% 貧困水準以下である世帯と定義される.

表7-1 ニューヨーク州における州・地方の性質別・目的別歳出割合の推移（1975〜1988 会計年度）

(単位：%)

	ニューヨーク州 1975	ニューヨーク州 1980	ニューヨーク州 1988	全米平均 1975	全米平均 1980	全米平均 1988
性質別歳出						
経常的経費	84.4	90.5	90.2	82.6	85.6	87.3
人件費	不詳	41.0	42.7	不詳	42.7	42.1
投資的経費	15.6	9.5	9.8	17.4	14.4	12.7
目的別歳出						
教育費	30.7	30.4	28.9	38.3	36.3	34.6
環境・住宅費	不詳	8.7	7.9	不詳	8.5	8.4
総務費	不詳	5.3	4.9	不詳	5.0	5.3
保健衛生費	11.9	8.9	10.3	8.2	8.8	8.8
道路関係費	5.3	5.6	5.3	9.8	9.1	7.9
警察費	不詳	8.0	9.5	不詳	7.6	8.8
福祉関係費	14.4	16.2	16.8	11.8	12.4	12.3
その他	不詳	16.8	16.4	不詳	12.4	13.8
合　計	100.0	100.0	100.0	100.0	100.0	100.0

(資料) U.S. Department of Commerce, Bureau of Census, *Governmental Finances*, 各年版.

していないことがわかる．これらは州・地方を含めた全体的な経費動向であり，地方への補助金など政府間支出による重複を除いた純計である．

ニューヨーク州の一般会計の中で地方への補助金についてみると，その半分近くが地方に対する補助金であることがわかる（1992 会計年度ではおよそ40％）．**図7-1** は，1984 年度から 1992 年度にかけての，ニューヨーク州における地方への補助金と州経常的経費の増加率を示したものである．これによると，1986会計年度から 1990 会計年度にかけて地方への補助金が州の経常的経費を大幅に上回って拡大していることがわかる．つまり，州・地方全体としてみれば，性質別経費の割合にしても，目的別経費の割合にしても，ほとんど変化がみられないのに対し，地方への補助金の割合が拡大してきているのである．このことは，レーガン政権下で連邦補助金が削減された時期に，州による連邦の「肩代わり」政策がすすめられたことを示すものといえるのではないか．

地方への補助金の中で，その50％を占めているのが教育補助金（8割が初等・中等教育補助金，2割が高等教育補助金，つまりニューヨーク市立大学関係補助金）

図7-1 ニューヨーク州補助金と州経常的経費の増加率の推移
（1984〜1992州会計年度）

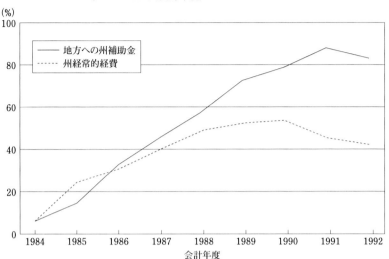

（資料） State of New York (1991), *Executive Budget: 1990-1991*, p. M12.

である．その次に高いシェアをしめるのがメディケイドなどの医療扶助で22％，その他の社会サービスが9％などといった構成になっている[14]．

では，ニューヨーク州における州・地方経費の中で，30％と最も高いシェアをしめる教育費と25％以上のシェアをしめる保健・福祉関係費について，1980年代の人種別人口構成の変化や貧困化と関連づけながら，さらに詳しく検討していくことにしよう．

2-2 教育費（初等・中等教育費）

教育費には，大きく分けて初等・中等教育費と高等教育費がある．ニューヨーク州における公共部門全体では初等・中等教育費8割に対して高等教育費2割といった配分になっている．高等教育費は主としてニューヨーク州立大学費（1997年度予算では州の経常的経費の12％を占めている）などに支出される経費

---

14) State of New York (1997), *Five-Year Pocket Summary of New York City and New York State Finances*, Fiscal Year 1996-97.

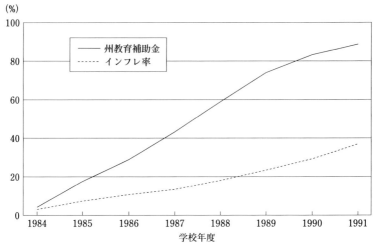

図 7-2 ニューヨーク州教育補助金の増加率の推移（1984〜1991 会計年度）

(注) インフレ率とは, 消費者物価指数をさす.
(資料) *Ibid.*, p. M13.

で, 州政府の直接支出によって賄われている. これに対して, 初等・中等教育費は主として学校区という特別区で賄われる費目だが, その大半は州補助金である. 図 7-2 は, ニューヨーク州教育補助金の増加率とインフレ率との関係を示したものである. ここでいうインフレ率とはアメリカの消費者物価指数の伸び率をさすが, 1984 会計年度から 1990 会計年度にかけて, 教育補助金はインフレ率の 2 倍以上の増加率で増えていることがわかる.

ところで, 1980 年代前半のアメリカでは, 教育改革めぐる研究が盛んに行われている. 1983 年から 1986 年の間だけで, アメリカ全国の公立学校の現状に関する全国レベルでの大きな研究が少なくとも 9 つ行われており, とくに学校立地に関する問題など, 効率性重視の教育政策をめぐる議論が展開した. ハニュシェク (Hanushek) による公立学校の生産性と効率性に関する論文や全国教育委員会による教育改革論はその代表的な見解を示すものである. それらの研究の多くが生徒の「質」に着目しており, 学校立地が企業や個人の立地をめぐる意思決定にも影響を及ぼすことを示唆するものであったといえよう[15].

こうした効率性を重視する全国的な流れのなかで, 教育問題は州・地方にとっ

ての主要な財政問題の1つに位置づけられるようになり，教育改革が州の経済開発政策の延長線上に位置づけられるようになったのである．

1980年代に教育問題が高い関心を集めるようになったとはいえ，全米の教育費の増加率は他の費目に比べると依然として低い水準にあったが，ニューヨーク州では，全国や近隣諸州と比べるとやや高い増加率を示していた．**表7-2**は，1980会計年度から1988会計年度にかけてのニューヨーク州及び近隣諸州における初等・中等教育費の年平均実質増加率を示したものである．これによると，ニューヨーク州の年平均増加率は，2.6％となっており，全国平均の2.1％を0.6％ほど上回っているにすぎないが，近隣諸州と比べると，コネティカット州1.9％，マサチューセッツ州 −0.7％，ニュージャージー州2.3％，ペンシルバニア州1.3％となっており，北東部諸州の中ではニューヨーク州の増加率の方がかなり高くなっていることがわかる．また，1人あたり歳出をみると，1980年に全国平均よりも22％高い状況から，さらに1987年には34％も高くなっている．ニューヨーク州ほどではないが1人あたり歳出では年平均増加率の低かった近隣諸州でも全国平均を上回っているのである．このことは，北東部諸州では比較的1人あたりの教育費が高いことを示すものであり，とりわけニューヨーク州の水準は高いことを示している．

その原因の1つは，初等・中等教育費の95％をしめる経常的経費よりもむしろ，学校の建設，修復・設備・備品，土地取得等に充てられる投資的経費の増加率の高さに求められる．ニューヨーク州の初等・中等教育費の内訳をみると，最も増加率が高いのは，投資的経費であり，年平均の増加率は5.2％と経常的経費に比べて高いことがうかがえる．全国平均の1.3％と比較してもまた，近隣諸州と比較しても（コネティカット州マイナス0.3％，マサチューセッツ州マイナス5.2％，ニュージャージー州3.6％，ペンシルバニア州4.2％）高い増加率を示している．

初等・中等教育費のなかの投資的経費の増加率が高くなっていることについ

---

15) Hanushek, Eric (1986), "The Economics of Schooling: Production and Efficiency in Public Schools," *Journal of Economic Literature*, 3, September, pp. 1141-1177. National Commission on Excellence in Education (1983), *A Nation at Risk: The Imperative for Educational Reform*, U. S. Government Printing Office, April.

180

表7-2 ニューヨーク州及び近隣諸州における初等・中等教育費の年平均変化率
（1980〜1988 年）

	ニューヨーク	コネティカット	マサチューセッツ	ニュージャージー	ペンシルバニア	全米平均
初等・中等教育費	2.6	1.9	−0.7	2.3	1.3	2.1
投資的経費	5.2	−0.3	−5.2	3.6	4.2	1.3
経常的経費	2.5	2.0	−0.6	2.3	1.1	2.1
人件費	1.7	−1.1	−2.9	0.1	−0.8	0.7
雇用	2.8	0.2	−0.8	0.4	0.0	1.8
1人あたり人件費	−1.1	−1.2	−2.2	−0.4	−0.8	−1.1
教員の平均給与	0.4	1.8	0.6	0.9	0.8	0.8
需要要因						
就学人口 (5〜17歳)	−1.9	−2.3	−2.8	−2.1	−2.0	−0.7
白人	−2.6	−2.7	−3.1	−2.8	−2.2	−1.1
非白人	0.8	0.7	1.9	0.8	−0.5	1.3
コスト要因						
生徒1人あたり経費	4.2	3.9	2.9	3.9	3.5	2.6
生徒1人あたり人件費	3.3	0.8	0.6	1.6	1.3	1.2
貧困者						
年間変化率	1.0	−0.9	−1.5	−0.6	0.8	1.8
貧困率 (1990年)	20.3	11.2	13.1	14.5	17.0	19.0
白人	15.9	6.8	10.2	7.9	13.3	14.1
非白人	45.6	40.1	42.5	37.1	41.2	38.7
教員1人あたり生徒数	−2.8	−2.1	−1.7	−2.1	−1.0	−0.9
高等学校進学率	(62.0-62.5)	(65.4-67.8)	(70.8-72.8)	(67.5-68.5)	(67.9-70.1)	(65.6-67.1)

（注） 経費は州・地方の購買力に基づく GNP デフレータにて，給与は州・地方のデフレータにてそ
れぞれデフレートされている．全米平均の教員給与は，全米教育協会により算定されたもの．

（資料） U.S. Department of Commerce, Bureau of Census, *1980 Census of Population and
Current Population Reports*, Series P-26, Nos. 1017 and 1044, and Series P-60, Nos. 163
and 166; *Governmental Finances, Finances of Public School Systems, and Public
Employment*, various years; Bureau of Economic Analysis, unpublished earnings and
emplyment data; and U.S. Department of Education, *Digest of Education Statistics*,
various years.

（出所） Bahl, Roy and William Duncombe (1991), *Economic Growth & Fiscal Planning*, pp.
154-155 による.

て，ボールらは，このことでニューヨーク州における教育サービスの質が改善
されたと考えるのは早計であり，むしろ，あまりにも長期にわたって放置され
続けたメンテナンスをやりはじめたと考えた方がよいとしており，実際の初等・
中等教育費の投資的経費の水準それ自体は，全国平均の 92％ にとどまってい

ると指摘している[16]. たしかにその点もいえることだが, 学校立地を経済開発政策と関連づける「効率性」を重視の考え方が主流になってきたために, 経常的経費に比べて投資的経費の増加率が高くなっているという見方もできよう. 一方, 経常的経費のなかでも人件費の増加率は, 1.7% と全国の 0.7% に比べると高いが, 全体的に給与水準が抑制されており, 教員俸給の増加率は年平均 0.4% 増と, 全国平均の 0.8% 増よりも低い伸びにとどまっているのである. ニューヨーク州における人件費の増加率 1.7% という数値は, 賃金水準の上昇によってではなく, 教職員数の増加によるものと考えられる[17].

　では, なぜ教職員の数が増加したのか. 需要要因となる就学人口の動向をみると, −1.9% となっており, 絶対的に就学人口が減少していることがわかる. 就学人口をさらに白人と非白人に分けてみると, 白人は −2.6% と減少しているのに対して, 非白人が 0.8% とわずかに増えていることがわかる. つまり, 就学人口の人種別構成に変化がおこっているのである. 5 歳から 17 歳までの就学者のいる世帯の貧困率は, 1990 年現在で, ニューヨーク州で 20.3%, 全国で 19.0%, 他州では, コネティカット州で 11.2%, マサチューセッツ州で 13.1%, ニュージャージー州で 14.5%, ペンシルヴァニア州で 17.0% となっており, ニューヨーク州は近隣諸州に比べて高いことがわかる. それをさらに人種別にみると, ニューヨーク州の白人貧困世帯は 15.9% であるのに対し, 非白人は実に 45.6 にもなっている. つまり, ニューヨーク州では, 就学者のいる非白人貧困世帯の比率が白人のそれの 3 倍にものぼっており, 非白人就学者のほぼ 2 人に 1 人が貧困家庭という, 悲惨な数値が浮かび上がってくる. 全国平均でも, 非白人貧困世帯は 38.7% と白人貧困世帯の 14.1% を大きく上回っているが, ニューヨーク州の非白人世帯の貧困率がきわだって高いことが特徴的である.

　また, 生徒 1 人あたりの経費は 4.2% 増, 全国の 2.6% 増と比べるとかな

---

16)　Bahl and Duncombe (1991), *op. cit.*, p. 152.

17)　全米教育協会の調査によれば, ニューヨーク州では教職員の給与は低いがその質は着実によくなっているのだとしている (National Commission on Excellence in Education, *A Nation at Risk: The Imperative for Educational Reform*). また, クオモ (Cuomo) 知事も着実に教育水準は向上していると力説している (State of New York (1992), *Executive Budget: 1991-1992*, Annual Message).

り高くなっている．教職員の俸給の増加率が全国の半分の水準に抑えられているのに，なぜこのように生徒1人あたりの経費でみると全国よりかなり高い増加率になっているのか．ボール（Bahl）らは，次のように説明する．17歳以下の就学者数はかなり減少しているが，白人の就学者が減っているのに非白人の就学者が増えたことがその原因ではないか．1人あたりの経費が増えたことで教育の「質」が改善されたとは考えにくい．全国テスト（Scholastic Aptitude Test）の結果では1980年にはほぼ全国並みの水準であったが，1987年には2ポイント下がっており，進学率でも州は62%と全国の67%を下回っている．近隣諸州と比較すると，近隣諸州では進学率が高まっているのに，ニューヨーク州では一定である．これらの資料だけで結論づけるの早計だが，教育の「質」が改善されたのかどうかについてはもっと慎重に検討する必要があるとしている．

　ところで，これまで教育費全体の8割をしめている初等・中等教育費を中心にみてきたが，残りの2割は高等教育費であり，経済開発論との関係でいえば，高等教育にかかわるカリフォルニアのシリコンバレー，ボストンのルート128，ラーレーのトライアングルリサーチパークのようなハイテクセンターが複数の大学の近くにつくられているように，ニューヨーク州においてもこの頃から経済開発と大学を結びつけて検討されるようになっていた[18]．

　いずれにしても，ニューヨーク州の教育費の増加率が，他州に比べて比較的高くなっているのは，投資的経費の増加率が高いことと，就学者のいる貧困世帯の比率が高まったことによるものといえよう．つまり，1970年代の衰退の克服策としてとられた1980年代の学校立地と経済開発の連動性に関する議論を反映した投資的経費の拡大と，「貧困化」対策としての1人あたり教育費の拡大によって，全国に比べて教育費の増加率が高くなっているのである．

---

18)　1987年に渡米しこれらの地域を調査したことがある．たとえばラーレーのトライアングルリサーチパークは，三角形の頂点にあたる3つの大学のほぼ中央に立地しており，大学との関連が重視されているが，三角形の頂点がハイウェイで結ばれているといった広域にわたるものであった．日本のテクノポリス政策との類似性はあるが規模の大きさという点では格段の差異がある．

第7章　州・地方財政危機と財政構造の変化　　　　183

2-3　保健・福祉関係費
（1）　社会福祉費

　AFDC（Aid to Families with Dependent Children：扶養児童世帯扶助）やメディケイド（Medicaid：医療扶助）を含む保健・福祉費も，1980年代に増加した経費の1つである．ニューヨーク州においては，全国と比べても，高い増加率を示している（全国2.7%，ニューヨーク3.4%）．とくに1人あたり社会福祉関係費が高く，それは実に全国の2倍，保健関係費は72%も高い水準になっているのである．

　まず，社会福祉（Public Welfare）費についてみよう．**表7-3**は，1980年から1988年にかけてのニューヨーク州及び近隣諸州における社会福祉関係費の年平均実質増加率を示したものである．1人あたり社会福祉支出は年平均3.2%増加しており，最も経費が急増した1983〜1988年の統計をとってみると，年平均5.3%ずつ増加している．とくに，レーガン政権下で社会福祉関係連邦補助金の削減が実施されている時期に，州の社会福祉関係費の増加率が高くなっていることが，その特徴としてあげることができよう．年平均増加率でみると，ニューヨーク州では実に14%ずつ増加しているのに対して，州内の地方ではわずか3%ずつの伸びにとどまっているのである．このことは，福祉関係費において州と地方間の負担割合にかなりの変化があったことを示すものであるといってよい．つまり，福祉関係経費は地方では実質的に減少に転じたのに対し，州ではその減少分をはるかに上回って増加したことになったことで，州負担の拡大という現象がみられたのである．

　しかし，1980年代に州の増加率に比べて地方の増加率が低くなっているとはいえ，ニューヨーク州では，全国に比べると，依然として地方事務の割合が高い．つまり，社会福祉の事務配分の割合は，ニューヨーク州では州56：地方44となっているのに対して，全国平均では州77：地方23となっているのである．このことは，ニューヨーク州においては社会福祉分野において州の負担割合が高まったとはいえ，依然として福祉分野での分権化がすすんでいるとみることもできる．ただし，地方負担には州補助金も含まれており，ニューヨーク州では，1988年現在の地方による社会福祉支出56億ドルのうち，およそ92%にあたる52億ドルが州からの補助金によって賄われている．アメリカに

184

表 7-3 ニューヨーク州及び近隣諸州における福祉関係費の年平均変化率 (1980〜1988 年)

	ニューヨーク	コネティカット	マサチューセッツ	ニュージャージー	ペンシルバニア	全米平均
福祉関係費	3.4	3.2	2.2	2.8	0.8	2.7
地方	-3.1	5.3	-4.2	-2.3	2.8	0.6
州	14.1	3.0	2.3	5.8	0.4	3.4
サービス提供者への拠出金	16.1	5.3	2.5	6.2	4.1	5.0
その他の所得保障	-3.4	0.2	2.1	4.5	2.1	0.8
需要要因						
貧困人口	1.3	1.0	0.6	1.4	0.9	1.8
18 歳以下	1.5	0.0	-0.6	0.2	1.3	2.3
貧困率（1990 年）	24.4	12.5	14.0	15.4	17.7	19.9
65 歳以上	-1.5	2.5	1.5	2.5	-0.3	0.2
貧困率（1990 年）	9.2	9.0	9.8	10.1	9.7	12.2
福祉受給者						
AFDC	-1.1	-3.4	-4.6	-5.6	-2.4	-0.2
SSI	0.5	2.9	-1.0	1.7	1.0	0.9
食券	-2.3	-5.8	-3.7	-6.4	-1.6	-1.2
メディケイド受給者	-0.4	-0.2	-4.1	-2.9	-1.7	0.9
AFDC メディケイドの基準	0.3	-1.7	-3.9	-2.6	4.7	
コスト要因						
貧困者 1 人あたりの経費	1.7	2.1	1.5	1.3	-0.5	0.6
全米に対する割合（1988）	181.0	184.9	216.8	143.3	127.4	100.0
1 世帯あたり AFDC 給付額	-1.1	-1.0	0.1	-3.1	-3.1	-1.5
全米に対する割合（1988）	136.9	132.3	138.5	96.9	92.7	100.0
1 人あたりメディケイド支出	4.7	6.7	8.7	8.9	6.7	3.9
全米に対する割合（1988）	195.8	184.8	173.1	151.6	97.4	100.0

（注）　経費は州・地方の購買力に基づく GNP デフレータにより，AFDC，メディケイド支出は個人消費支出にもとづく GNP デフレータによりそれぞれデフレートされている．AFDC の基準とは 4 人世帯をさしている．その変化率は，1979〜1986 年の間の年平均変化率のことをいう．

（資料）　U. S. Department of Commerce, Bureau of Census, *1980 Census of Population and Current Population Reports*, Series P-26, Nos. 1017 and 1044, and Series P-60, Nos. 163 and 166; *Governmental Finances* various years, and *Statistical Abstract of the United States 1990*; U. S. Department of Health and Humann Services, Health Care Financing Administration, *Medicare and medicaid Data Book*, various years; and Social Security Administration, *Social Security Bulletin*, various years.

（出所）　*Ibid.*, pp. 162-163 による．

おける社会福祉関係の州補助金のうち 30% が，ニューヨーク州の州補助金なのである[19]．

　AFDC とメディケイドを比べると，AFDC などの所得保障が年平均 -3.4

％と減少傾向にあるのに対して，メディケイドなどのサービス提供者への拠出金が 16.1％ も増え続けている．これはニューヨーク州のみならず全米でみられた傾向であり，総じて，現金給付の急激な減少と現物給付の急速な拡大といった現象がみられるのである．

AFDC や食券（Food Stamps：低所得者に対して連邦政府が発行する食券，食糧切符）などの所得保障プログラムは，レーガン政権の下で大幅な行政守備範囲の縮小が断行された領域でもある．1981 年の総合予算調整法（1981 Omnibus Budget Reconciliation Act）では，受給資格が大幅に制約され，給付金も切り下げられた[20]．それは社会福祉の受給資格を「真の困窮者」にのみ制限しようとするもので，それ以外の貧困者を福祉登録名簿から排除するか，あるいは州の勤労福祉プログラム，つまり社会保障の見返りに社会奉仕や職業訓練を要求するプログラムに組み入れようとするものであった．ダンジガー（Danziger）によれば，この連邦政府の措置によって，全体の 11％ から 14％ にあたる 30 万から 40 万世帯が福祉登録者名簿から排除されることとなり，100 万世帯が食券を受けることさえできなくなったとされている．ダンジガーはまた，政府による移転的支出の対象から外された貧困者のうち，高齢者の占める割合をみると，1970 年に 60％ であったのが，1985 年には 80％ 近くになるという分析結果を示しており，とくにそれがレーガン政権期に拡大したことを明らかにしている．それとは反対に，母子世帯の数をみると，1971 年の 20％ をピークに 1985 年には 10％ 以下になったという[21]．

こうした福祉受給資格の見直しによって，ニューヨーク州では AFDC や食券の受給者が減少した．1980 年から 1988 年の間に AFDC は 1.1％，食券は 2.3％ それぞれ減少している．ニューヨークの近隣諸州においても，概ね年間 2％ から 3％ の割合で減少し続けている．これに対して，主として高齢者を対

---

19) Bahl and Duncombe（1991），*op. cit.*, pp. 163-164.

20) Bawden, D. Lee and John Palmer（1984），"Social Policy: Challenging the Welfare State," in Palmer, John and Isabel Sawhill, eds., *The Regan Record*, Cambridge: Ballinger Publishing Co., および拙稿（1988），「レーガン政権期におけるブロック補助金政策の展開」『経営研究』（大阪市立大学）第 39 巻第 3 号，81-96 頁を参照．

21) Danziger, Sheldon（1989），"Fighting Poverty and Reducing Welfare Dependency," in Cottingham, Phoebe and David Ellwood, eds., *Welfare Policy for 1990s*, Cambridge: Harvard University Press.

象とした SSI（Supplemental Security Income）プログラム受給者は，わずかに
増えている．このことから，AFDC や食券プログラムとは違って SSI プログ
ラムは，同じように連邦政府による受給資格の制限が行われながらも，州によ
る独自の政策を反映して，直接的な影響をあまり受けなかったのではないかと
考えられる．

　モフィット（Moffit）によれば，AFDC の受給資格水準の切り下げは，少な
くとも州レベルでは保守的なものと考えるべきではないとしており，むしろ，
連邦政府がこれまで行ってきた福祉政策を州が肩代わりしはじめたことで，そ
の福祉施策の重点が移行したのではないかとしている[22]．モフィットは，高
齢者世帯に対する給付水準を改善しようとする州政府の政策を反映したものと
して積極的な評価をしているが，やはりその一方で，母子世帯を中心とした貧
困世帯に対する福祉を縮小させることにつながっている点も重視しなければな
らない．つまり，連邦政府による社会福祉に対する経費節減を，州政府が肩代
わりしたことことで，社会福祉の重点が高齢者福祉に移行し，その影響を受け
て，AFDC や食券といった貧困者に対する所得再配分機能そのものの低下に
つながったといえよう．

　この点は，日本の社会福祉政策の展開とも酷似している．1989 年に策定さ
れた高齢者保健福祉推進 10 ヵ年計画（ゴールドプラン，およびそれに続く新ゴー
ルドプラン）によって，ホームヘルパーの増員など高齢者介護に向けての自治
体による取り組みがすすめられてきた．しかし，その一方で児童福祉において
は，エンゼルプランのなかで従来の措置の見直しをはじめとする公的保育機能
そのものの縮小が検討されており，また，生活保護や身体障がい者福祉におい
ても自治体の経費が著しく削減されている[23]．

　日本の生活保護と同様，低所得者に対する所得再配分制度の 1 つであるアメ
リカの AFDC についても，その受給者の実質的給付は減少し続けた．高福祉

22）　Moffitt, Robert（1988）, *Has State Redistribution Policy Grown More Conservative?
　　AFDC, Food Stamps and Medicaid, 1960-1984, Institute for Research on Poverty Discussion
　　Paper, DP No. 851-88, Madison: Unoversity of Wisconsin, January

23）　拙稿（1996），「高齢者保健福祉計画と財政」坂本重雄ほか編著『高齢者介護の政策課題』勁草
　　書房．2003 年度から 2006 年度までの三位一体の改革では，保育所運営費交付金が全廃となり，
　　一般財源化された（拙著（2011），『「分権改革」と地方財政』自治体研究社等を参照）．

第7章　州・地方財政危機と財政構造の変化　　　　187

州として，また福祉面での分権化が最もすすんでいるニューヨーク州において
さえ，1980年代にその水準は年間1.1%の割合で減少しているのである．し
かし，1988年現在の統計をみると，全国平均と比べると，近隣のコネティカ
ット州やマサチューセッツ州と同様に，依然として37%も高い水準にある．
その意味では，いわゆる福祉分野での公共部門の守備範囲が縮小しつつあった
とはいえ，依然として高福祉州として位置づけることができる．

　ところで，アメリカにおける福祉受給者と給付水準の引き下げは，貧困問題
とどのような関わりをもつのか．ボールらの研究によって，AFDCが1980〜
1988年の間に毎年1.1%ずつ削減される一方，貧困者の数は毎年1.0%の割
合で増え続けていることが明らかにされている[24]．ニューヨーク州において
AFDCを受給している貧困者の割合は，1980年に47%であったのが，1988
年には38%にまで低下しているが，貧困者の中でも母子世帯の貧困化がとく
に顕著であり，母子世帯の貧困者の割合は毎年2.8%ずつ急速に拡大してい
るのである[25]．

　社会福祉をめぐるもう1つの問題は，1986年にはじまるレーガン政権下の
福祉改革から2年後に連邦の第100議会で可決された1988年の家族支援法
（Family Support Act）をめぐる問題である[26]．ライシャワー（Reischauer）に
よれば，この改革はきわめて穏和なもので，同法によって福祉の給付の水準や
州の役割についてはこれまでとほとんど変わらないとしているが，これまで法
律の適用から除外されてきた配偶者が失業した世帯に対しても給付を行うとし
たことが，大きな改正点となっている．同法の下で雇用機会および基礎技術プ

---

24)　Bahl and Duncombe (1991), *op. cit.*, p. 165.

25)　児童の貧困化と政府の政策との関係については，Danziger, Sheldong (1989), "Figting
　　Poverty and Reducing Welfare Dependency," in Cottingham, Phoebe and David Ellwood,
　　eds., *Welfare Policy for 1990s*, Cambridge: Harvard University Press, Congressional
　　Budget Office (1985), *Reducing Poverty Among Children*," Washington, D. C.: U. S.
　　Goverrnment Printing Office, May および U. S. Congress, Joint Economic Committee
　　(1986), *Poverty Income Distribution, the Family and Public Policy*, Washington, D. C.: U.
　　S. Government Printing Office, December.

26)　福祉改革の法制化については，Reischauer, Robert (1988), "The Welfare Reform Legis-
　　lation: Directions for Future," in *Welfare Policy for 1990s*, pp. 10-40. Britto, Karen (1989),
　　"The Family Support Act of 1988: Welfare Reform," State Federal Issue Brief, National
　　Congress of State Legislatures, Vol. 2, February.

ログラム（Job Opportunity and Basic Skills program: JOBS プログラム）が
つくられ，小さな子どもがいなくても AFDC を受けることができるようにな
り，職業訓練に参加しなければならないとする義務からも免除される道が開か
れたといわれている．

　こうした制度改革によって，サービスの対象が拡大される一方で，真の意味
での貧困対策が切り下げられていくのではないかといった懸念が残された．し
かし，全体的にみて，1980 年から 1990 年にかけてニューヨーク州の福祉経費
が高齢者福祉を中心に膨張したことは確かである．少数民族の母子世帯を中心
とした貧困化が一層進展したニューヨーク州において，連邦政府による福祉政
策を肩代わりする形で福祉政策がすすめられ，連邦による受給資格基準から外
された貧困な母子世帯が放置され続けたことは，貧困問題の解決をますます困
難なものにしたといえるのではないか．

（2）　保健費

　クリントン民主党政権下でも，国民医療費の削減と国民皆保険制度をはじめ
とする医療改革をめぐる議論が盛んに行われた．松山幸広氏は『アメリカの医
療改革』のなかで，医療費の膨張がアメリカ経済を蝕んでおり，アメリカ一国
で世界の医療費の 40％（1990 年現在の数値）を消費している事実を明らかにし
ている[27]．医療改革の主なねらいは，増え続ける連邦政府の医療費をいかに
削減するかにあり，それと相矛盾する国民皆保険制度については遅々としてす
すまなかったのである．

　ところで，アメリカの医療保険制度は，65 歳未満の人は民間医療保険，65
歳以上の人は公的医療保険であるメディケアにそれぞれ加入する方式になって
いる．民間医療保険には 6 割近くが加入しているが，失業者や低所得者には公
的医療保険制度としてメディケイドがある．メディケアが連邦政府が運営して
いるのに対して，メディケイドは連邦と州の共同運営によるものである．とく
に，1980 年代のレーガン政権下でメディケイド加入に対する所得制限が厳し
くなったことで，医療保険の未加入者が続出し，その数は 1992 年現在で，65

---

27)　松山幸弘（1995），『アメリカの医療改革』東洋経済新報社.

歳未満人口の 17% にあたる 3,850 万人にものぼった．しかし，1989 年から 1992 年までの 3 年間，医療保険料の値上がりや失業率の上昇を背景として，メディケイド受給者数は 2,110 万人から 2,850 万人に増加している[28]．

すでに第 5 章にて 1980 年代の州財政の一般的な傾向として，メディケイドと矯正費の急増がみられることを明らかにしたが[29]，1990 年代に入っても州政府の一般会計にしめるメディケイドの割合は，さらに拡大し続けた．1986 年度には州一般会計にしめるメディケイドの割合は，8.1% であったが，1993 年度には 10.5% と上昇している．連邦政府から州政府に対する補助金にしめるメディケイドの割合も増加し，1985 年度に 21.4% であったのが，1993 年度には 42.4% とうなぎのぼりに増えていったのである．レーガン政権下ではメディケイドの権限が州政府に委譲され，メディケイド受給資格基準設定の裁量権限などが州政府に賦与されるととととなっている．つまり，メディケイドの分野では州への権限委譲がすすみ，州独自の保健・医療政策を推進できるようになった．

松山氏は，「連邦政府は，州政府が貧困者をメディケイド受給者として認定すれば，その負担金を拠出しなければならない立場にあり，このルールを悪用してメディケイド財源を引き出し，自らは一銭も負担しない州がたくさん現れた」として，その具体的な仕組みを紹介している[30]．つまり，州によっては，州の負担分を医療機関に寄付をさせたり，医療機関に新たに課税することによって，実質的な州政府の負担なくしてメディケイド受給者に医療を提供する仕組みを活用しているというのである．連邦政府は 1988 年にこうした仕組みを非合法とする法案を提出したが，州政府が反発し，1991 年の数値では 50 州中 34 州がこうした仕組みを採用していた．具体的には次のようになる．ハワイ州では，50 州の中で唯一雇用主に対して医療保険提供を義務づけているが，医療保険料にしめる雇用主の拠出割合が他州に比べてかなり低く，保険料の 40% が従業員の負担となっている．カリフォルニア州では，公務員医療給付プログラムが実施されている．オレゴン州では，1989 年にすべての州民が民

---

28) 同上書，22 頁．
29) 拙稿（1992），「転換期のアメリカ州財政」を参照．
30) 松山（1995），前掲書，32-33 頁．

間医療保険かメディケイドを獲得できるように医療改革を行うこと，メディケイドの給付内容を優先度の低いものから削除することで，雇用主や州の負担軽減を図ることなどの決定をおこない，1993年には州民皆保険のための財源確保に関する法律が可決されて，医療改革の第一歩が踏み出されている．コネティカット州では，従業員25名以下の零細雇用主に対する救済に乗り出し，マサチューセッツ州では，「マサチューセッツの奇跡」といわれたほど州経済が好調な1988年に，州民皆保険実現をめざす医療保障法が採択されたが，1990年にはじまる不況（1991年の失業率9.7%）とともに新知事のもとで同法が白紙撤回されたことなどが紹介されている．松山氏はこうした方法を悪用と批判されているが，むしろ新連邦主義のもとでの医療改革面における州権強化，分権化の過渡期でみられた州独自の政策として評価すべきであろう．

　さて，1980年代のニューヨーク州の一般会計のなかで，保健費は，福祉経費と同様に，増加がみられた費目の1つになっている．この保健費には，上述のメディケイドのほかに，公立・私立病院への助成金，保健が含まれる．**表7-4**は，1980年から1988年にかけてのニューヨーク州及び近隣諸州における保健関係費の年平均実質増加率を示したものである．これによると，ニューヨーク州における保健費は，年間4.9%ずつ増え続けており，全米平均の2.9%を大幅に上回っている．保健費の中でもメディケイドの増加率が高く，実質増加率にすると年間16%ずつ増加しているのに対して，保健，病院費は年間5%ずつの増加であり，メディケイドを中心に保健費が急増したことがわかる．また，1人あたり保健費をみても，全米平均や近隣諸州と比べて高い増加率を示している[31]．

　社会福祉費に関する分析のなかで，サービス提供者への州による拠出金が増加しており，現金給付に比べて現物給付の方が増加率が高くなっていることが示されたが，保健費についても同じような傾向がみられる．ニューヨーク州における保健費で，サービス提供者への拠出金のしめる割合は，1980年には3分の1であったのが，1988年には3分の2にまで増えている．では，このようにメディケイドが急増した原因は一体何であるのか．ボールらの分析をもと

---

31)　Bahl and Duncombe (1991), *op. cit.*, p. 166.

第7章　州・地方財政危機と財政構造の変化　　191

表 7-4　ニューヨーク州及び近隣諸州における保健関係費の年平均変化率（1980～1988 年）

	ニューヨーク	コネティカット	マサチューセッツ	ニュージャージー	ペンシルヴァニア	全国平均
保健関係費	4.9	6.6	4.5	2.6	−0.6	2.9
地方	4.5	0.4	3.4	0.8	−0.5	3.2
州	5.7	7.4	4.9	3.5	−0.6	2.5
保健	7.3	8.8	3.4	12.6	2.2	5.4
病院	3.5	6.6	5.7	−0.3	−1.2	1.5
投資的経費	10.8	−2.5	3.5	−6.9	−20.3	−1.1
経常的経費	4.6	7.0	4.5	3.6	1.1	3.1
人件費	2.7	7.3	2.8	1.3	−3.1	1.1
雇用者	0.9	2.8	0.6	0.2	−2.3	0.3
雇用者1人あたり人件費	1.8	4.4	2.3	1.0	−0.9	0.8
需要要因						
人口	0.2	0.5	0.3	0.6	0.1	1.1
18 歳以下	−0.9	−1.0	−1.4	−1.0	−1.1	0.0
65 歳以上	0.9	2.2	1.3	2.0	2.0	2.2
メディケア受給者	0.5	1.9	1.1	1.5	1.6	1.8
コスト要因						
1人あたりの経費	5.0	6.4	4.5	2.4	−0.3	1.8
1人あたり投資的経費	10.5	−3.0	3.1	−7.4	−20.4	−2.1
1人あたり人件費	2.4	6.8	2.5	0.7	−3.2	0.1
雇用者1人あたり所得（保健サービス）	1.2	3.5	3.0	2.2	1.9	1.6
病院コスト						
1日あたり平均コスト	9.5	12.3	10.9	11.6	12.1	11.5
全米に対する割合（1988）	90.3	116.9	114.4	86.9	99.5	100.0
入院平均コスト	9.4	12.0	9.2	9.3	10.6	10.8
全米に対する割合（1988）	120.5	120.4	114.2	89.7	103.9	100.0

（注）　経費は、州・地方の購買原価に基づく GNP デフレータにより、AFDC, メディケイド支出は個人消費支出にもとづく GNP デフレータによりそれぞれデフレートされている．病院コストについてはアメリカ病院協会の年次報告書をもとに、実際の価格で算定されている．

（資料）　U.S. Department of Commerce, Bureau of Census, *1980 Census of Population and Current Population Report*, Series P-26, Nos. 1017 and 1044, and Series P-60, Nos. 163 and 166; *Governmental Finances various* years, and *Statistical Abstract of the United States 1990*; U.S. Department of Health and Human Services, Health Care Financing Administration, *Medicare and medicaid Data Book*, various years; and Social Security Administration, *Social Security Bulletin*, various years, U.S. Department of Labor, Bureau of Labor Statistics, *CPI Deatiled Report*, January 1981 and 1989; and American Hospital Association, *Hospital Statistic*, various years.

（出所）　*Ibid.*, pp. 162-163 による．

にその原因を検討することにしよう.

　まず, 1980〜1985 年の間のメディケイド受給者の数についてだが, 全国的には年間 0.9% の増加であるのに対して, ニューヨーク州では −0.4% と減少している. メディケイド受給者の構成にも変化がみられ, AFDC の受給資格を持つメディケイド受給者の数が減少する一方, 高齢者 (年間 1.7% 増) や身体障害者 (年間 3.9% 増) の数が増加している. こうしたメディケイド受給者の構成の変化がもたらされた原因として, AFDC とメディケイドの重複受給者に対する所得制限などの資格基準が厳しくされたことがあげられる[32].

しかし, ニューヨーク州は依然としてメディケイド給付率が高く, 人口に対する割合は 12% となっており, 1984 年では全米で 4 番目にランクされている[33]. それはもちろん, ニューヨーク州の貧困率の高さとの関係が深い.

　メディケイド受給者そのものが減少しているのだとすれば, メディケイド経費が増加した原因として次に考えられるのは, メディケイドの受給者 1 人あたりの経費である. ところが, メディケイド受給者 1 人あたりの経費は, 実質的な年間増加率は 5% 程度で, 全国平均よりはやや上回っているが, 近隣諸州と比べるとかなり増加率は低くなっているのである. そこで問題となるのが医療コストなのだが, それを消費者物価指数 (CPI) と比較すると, たしかにあらゆる項目で消費者物価指数を上回っている. しかし, 医療コストの増加分を差し引いてみても, メディケイド受給者 1 人あたりの拠出金はかなり高くなっており, サービスの拡張か, あるいは病院, 医師, ナーシングホームに対する給付額の上昇が経費増の原因であるように思われる. ニューヨーク州は, マサチューセッツ, コネティカット, ニュージャージーと同様に, 「選択的なサービス」を提供しているという意味で福祉先進地域として位置づけることができる. しかも, ニューヨーク州は, ナーシングホームやケア施設への給付率の高さでは全米で第 3 位であり, いずれも全米平均に比べると 40% から 70% 高い水準

---

32)　Holahan and Cohen (1986), *Medicaid: The Trade-Off Between Cost Containment and Access to Care*, Washington, D. C.: Urban Institute Press, U. S. Department of Health and Human Services, Health Care Financing Administration, (1983 and 1988), *Medicare and Medicaid Data Book*, Washington, D. C.: U. S. Goverrnment Printing Office.

33)　Public Citizen Health Research Group (1987), *Poor Health Care for Poor Americans: A Ranking of State Medicaid Programs*, Washington, D. C.: Public Citizen Research Group.

にある[34].

65歳以上の高齢者が加入するメディケアについても，ニューヨーク州は全米で第3位にランクされている．マサチューセッツ州4位，コネティカット州5位，ニュージャージー州7位，ペンシルバニア州19位となっている．その受給資格基準，サービスの適用範囲，コストを抑える斬新的なプログラムなどが高く評価されているためで，このほかエイズ（AIDS）対策基金の拡大もこの時期に検討されている．

いずれにしても，1980年代のニューヨーク州における保健費急増の主たる原因は，医療コストの増加，医療サービスの拡大によるところが大きい．しかし，メディケイド受給資格基準が制限されたことで，メディケイド受給者の数が減少し，とくにその影響がAFDC受給者に集中していることは，貧困問題をさらに拡大するものとなったのではないかと，考えられる．

3. 1980年代ニューヨーク州における州・地方税制改革と税収の動向

3-1 ニューヨーク州における州・地方の歳入の動向

1980年から1990年の10年間に，ニューヨーク州及び州内各地方自治体の歳入の構成比にどのような変化があったのか．まず，1980会計年度から1981会計年度におけるニューヨーク州の一般会計歳入についてだが，その歳入規模は235億3900万ドルであり，1人あたりの歳出額は1,340ドルであった[35]．その内訳をみると，連邦補助金28.3%，一般売上税12.6%，所得税34.6%，その他の税12.0%，使用料・手数料12.5%となっており，所得課税の割合が最も高く，それに次いで連邦補助金の割合が高いことが大きな特徴としてあげられる．自主財源と依存財源の比率を比べると，72%対28%となる．

ニューヨーク州内の地方自治体は，全体としてみれば州よりも財政規模が大きく，一般会計の歳入総額は324億5,000万ドルであり，その内訳をみると，連邦補助金5.6%，州補助金34.5%，財産税28.6%，一般売上税7.5%，所

---

34) Swan, James, Charlene Harrington and Leslie Grant (1988), "State Medicaid Reimbursement for Nursing Homes, 1978-86," *Health Care Financing Review*, 9, Spring, pp. 33-50.

35) ACIR, *Significant Features of Fiscal Federalism, 1981-1982 edition*, ACIR, pp. 118-119.

得税 6.2%，その他の税 3.0%，使用料・手数料 14.5% となる．これを，カ
ウンティ，市町村，学校区別にみると，カウンティでは，連邦補助金 5.6%，
州補助金 40.8%，財産税 20.3%，一般売上税 17.9%，その他の税 0.7%，使
用料・手数料 14.7% と，市町村に比べると州補助金の割合が高い．また，市
町村では連邦補助金 7.4%，州補助金 31.0%，財産税 22.5%，一般売上税
7.5，所得税 11.1%，その他の税 4.5%，使用料・手数料 16.0% となってい
る．さらに学校区では，財産税の割合が高いことが特徴的で，連邦補助金はわ
ずかに 0.3%，州補助金 44.5%，財産税 49.3%，使用料・手数料 5.0% など
となっている．このことから，地方の主たる財源が州補助金と財産税であり，
自主財源と依存財源の比率が 60 対 40 であったことがわかる．

　では，1989〜1990 会計年度にはどのような構成になったのか[36]．ニューヨ
ーク州の一般会計歳入は 484 億 6,000 万ドルになり，1 人あたり歳出額も
2,700 ドルに倍増している．州の構成比は，連邦補助金 24.3%，州への負担
金 8.3%，売上税 11.9%，所得税 32.7%，その他の税 10.3%，使用料・手数
料 12.6% となっており，レーガン政権期の連邦補助金の削減や州所得税改革
等により，連邦補助金の割合が 4%，所得税の割合が 2% それぞれ低下し，地
方から州への負担金の割合が上昇し，自主財源と依存財源の比率は 67 対 33 に
変化したことがわかる．

　また，州内の地方自治体では，一般会計歳入が 584 億 5,100 万ドル，1 人あ
たり歳入 3,256 ドルとなり，その内訳は連邦補助金が 5.6% から 2.8% へと
シェアが半減し，州補助金 32.8%，財産税 28.5%，売上税 8.2%，所得税 7.5
%，その他の税 4.0%，使用料・手数料 16.1% となっている．つまり，連邦
補助金や州補助金など依存財源の割合が低下し，所得税，売上税，使用料・手
数料など自主財源の割合が高くなっていることが特徴的であるといえよう．こ
の結果，州内地方自治体の自主財源と依存財源の比率は，64 対 36 となり，州
の自主財源比率が低下したのに対して，地方では上昇したのである．この間の
ニューヨーク州における 1 人あたり個人所得は，1 万 1,440 ドルから 1 万
9,384 ドルにまで 59% の増加率であり，これに対して，州歳入の増加率は 49

---

36)　ACIR, *Significant Features of Fiscal Fedralism 1994*, Vol. 2, p. 294.

表7-5 1980年代のニューヨーク及び近隣諸州における州税改革

個人所得税

1982年　ペンシルベニア州にて、1984会計年度までに税率を2.2%から2.0%に引き下げ。

1983年　コネティカット州にて、5万ドル以上の所得に対して利子所得課税を実施、所得に応じて税率引き上げ。
マサチューセッツ州にて、資産課税に対する課税最低限の拡大を実施。
ペンシルベニア州にて、2.2%から2.45%にまで一時的に税率引き上げ。
(1984年7月より再び2.35%にまで引き下げる方針)

1984年　ペンシルベニア州にて、計画通り2.35%にまで税率を引き下げ。

1985年　ニューヨーク州にて、個人所得税率の引き下げ。不労所得に対しては14%から13%に、勤労所得に対しては10%から9%に、それぞれ3年間にわたって段階的に引き下げを実施。
ペンシルベニア州にて、税率を2.35%から2.2%にまで引き下げ。

1986年　ペンシルベニア州にて、税率を2.2%から2.1%にまで引き下げ。

1987年　ニューヨーク州にて、連邦の税制改革にしたがった①課税ベースの拡大、②1991年までに税率を7%にまで引き下げること、といった内容の大規模な税制改革。
ペンシルベニア州にて、貧困者に対する所得税免税の拡大。

1988年　マサチューセッツ州にて、連邦の税制改革にしたがった課税ベースの拡大。

1989年　マサチューセッツ州にて、連邦税制改革にしたがったキャピタルゲイン税の容認。
マサチューセッツ州にて、勤労所得に対する税率を5.0%から5.75%にまで引き上げ。

法人所得税

1982年　各州で、連邦政府が法制化した急速減価償却を実施するかどうかが争点となる。
北東部諸州では、バーモント、ロードアイランド、マサチューセッツ、ニューハンプシャー以外は、実施を見送る。

1983年　コネティカット州にて、1984会計年度まで段階的に、税率を10.5%から9.5%にまで引き下げる。

1984年　コネティカット州にて、法人税(法人収益税)率を10.0%から11.5%にまで引き上げる。
ペンシルベニア州にて、税率引き下げを1985会計年度まで延期する。

1986年　ペンシルベニア州にて、税率を9.5%から8.5%にまで引き下げ。

1987年　ニューヨーク州にて、「1987年法人関係税制改革及び減税に関する法律」が可決され、税率を10%から9%(小規模事業所の場合には8%)にまで税率を引き下げ、課税ベースを拡大する。

1989年　コネティカット州にて、法人所得税20%の超過課税を実施。

表7-5 つづき

一般売上税

1982年 ニュージャージー州にて、税率を5%から6%に引き上げ.

1983年 コネティカット州にて、売上税を1ドル以下の食料品やその他にまで適用範囲を拡大.
ペンシルベニア州にて、たばこに対する売上税非課税を廃止.

1985年 コネティカット州にて、75ドル以下の衣料品や処方箋なして買える医薬品を非課税にする.

1986年 コネティカット州にて、売上税から2ドル以下の食料品を非課税に.

1988年 マサチューセッツ州にて、たばこを一般売上税の課税対象にする.

1989年 コネティカット州にて、売上税率を7.5%から8.0%にまで引き上げ、多くのサービス、州外の通信販売、2ドル以下の食料品、その他にまで課税ベースを拡大する.
ニューヨーク州にて、州外の通信販売や床の売上税のカバーを売上税の課税対象とする.

個別売上税

1982年 ニュージャージー州にて、たばこ税増税.

1983年 コネティカット州にて、たばこ、酒、ガソリン税増税.
マサチューセッツ州にて、たばこ、ガソリン税増税.
ニューヨーク州にて、たばこ、酒、増税.
ペンシルベニア州にて、たばこ、酒税増税.

1984年 コネティカット州にて、1993年までにガソリン税を毎年1セントずつ引き上げる法律が可決.

1985年 コネティカット州にて、たばこ税増税、ガス税を1セント増税することを認める.

1987年 コネティカット州にて、ガス税1セント増税.

1988年 コネティカット州にて、ガス税1セント増税.
ニュージャージー州にて、ガソリン、ディーゼル税を増税.

1989年 コネティカット州にて、ガス税1セント増税.たばこ、酒税増税.
ニューヨーク州にて、たばこ、酒税の増税案可決.

（資料） Ibid., pp. 300-303. および Advisory Commission on Intergovernmental Relations, *Significant Features of Fiscal Federalism*, various years.

第7章 州・地方財政危機と財政構造の変化　　　197

表7-6　地方所得税を課税している地方政府の数の推移（1984～1992年）

	1984	1986	1988	1990	1992
アラバマ 市	8	10	10	11	11
デラウェア 市	1	1	1	1	1
インディアナ カウンティ	43	45	68	79	80
アイオワ 学校区	57	61	60	59	178
ケンタッキー 市	61	78	81	83	86
カウンティ	9	14	27	27	29
メリーランド カウンティ	24	24	24	24	24
ミシガン 市	16	17	18	19	20
ミズーリ 市	2	2	2	2	2
ニューヨーク 市	2	2	2	2	2
オハイオ 市	460	480	481	506	512
学校区	6	6	5	22	76
ペンシルバニア 市・町・区 タウンシップ・ 学校区	2,644	2,777	2,788	2,809	2,832
計	3,332	3,517	3,567	3,646	3,853

（注）　デラウェアではウィルミントン市・メリーランドではバルチモア市，ミズーリではカン
　　　ザス市とセントルイス，ニューヨークではニューヨーク市とヨンカーズ市.
（資料）　Advisory Commission on Intergovernmental Relations (1994), *Significant
　　　Features of Fiscal Federalism*, p. 77 より作成.

％，地方歳入の増加率は 56％ といずれも個人所得に比べると低くなっている
が[37]，全体として州に比べると地方の歳入の増加率の方が高い.

　その原因の１つが州・地方税改革である. **表7-5** は，ニューヨーク州及び近
隣諸州における州税改革の動向を示したものであるが，1980 年代初頭は，不
況の影響を受けてコネティカット州，マサチューセッツ州，ペンシルヴァニア
州で，個人所得税や法人関係税の税率引き上げが実施されているが，全体的に
個人所得税や法人所得税に関しては減税が行われており，一般売上税，個別売

---

37)　ACIR, *Significant Features of Fiscal Federalism, 1981-1982*, and *1991*.

上税で増税される傾向にある.

また,**表 7-6** に示されるように,アメリカでは,全国的に地方所得税の課税を実施している地方政府の数が増加傾向にある.ニューヨーク州では,ニューヨーク市とヨンカーズ市だけ,1984 年から 1992 年にかけて,アラバマ州では 8 から 11 に,インディアナ州では 43 から 80 に,アイオワ州では 57 から 178,ケンタッキー州では 70 から 115 に,ミシガン州では 16 から 20 に,オハイオ州では 466 から 588 に,ペンシルヴァニア州では 2,644 から 2,832 にそれぞれ増加している.日本では,全国画一的に市町村民税が課税されており,1988 年から 1989 年の所得税・住民税減税実施に伴って最高税率が引き下げられ,税率の段階が簡素化され,さらに 2007 年度からは三位一体の改革によって一律 10% にフラット化される傾向にあった.アメリカでは連邦レベルや州レベルでの所得税減税が実施される一方で,このように地方所得税課税化の動きがみられたのである.こうした一連の州・地方税改革が州と地方の財政関係にどのような影響をもたらしたのか,市民の減税要求との関わりでみれば州税と地方税を合わせた実質的な負担はどう変化したのだろうか.

ところで,ボールらの分析によれば,ニューヨーク州の州・地方を含む公共部門は依然として,全国平均に比べると 25〜50% も高い水準にあり,税収の実質的な増加率をみても年平均 3.4% と,全国平均と比べても,近隣諸州と比べても高い増加率を示している[38].そこで,州税の中で最もシェアの高い所得税,州・地方税双方に関わる売上税,地方税の中で最もシェアの高い財産税の 3 税について,さらに詳しくみていくことにしよう.

3-2　所得税

所得税は,ニューヨーク州では自主財源の 30%,ニューヨーク市ではその 21% をしめる最も重要な税源の 1 つである.ニューヨーク州における所得税は 1980 年代に年平均 4.8% ずつ増加しているが,この増加率は近隣諸州と比べると中位にあり,コネティカット州やニュージャージー州よりも低く,マサチューセッツ州やペンシルバニア州よりも高い.ニューヨーク州では,個人所

---

38) Bahl (1991), *op. cit.*, 1991, p. 136.

得税が所得税の約80％を占めている．ニューヨーク州，コネティカット州，ニュージャージー州では，マサチューセッツ州やペンシルバニア州に比べると累進性の高い税率になっている．1980年，ニューヨーク州では州所得税の最高税率は14％，コネティカット州やマサチューセッツ州では9％以下，ニュージャージー州やペンシルバニア州では2.5％以下である．ニューヨーク市では，州と市の所得税を合わせると18％以上になる[39]．

　ボールらによれば，1980年代に所得税は以下の3つの要因によって変化したという．まず第1の要因として，1980年代初頭の不況があげられる．1982年後半期から1983年前半期にかけて，多くの州で歳入不足が発生したため，売上税と所得税の税率が引き上げられた[40]．ニューヨーク州では，個人所得税制改革が実施された．1985会計年度の税率引き下げと勤労所得と資本所得ともに1％引き下げられてそれぞれ9％と13％となり，1987会計年度から実施された（**表7-7**）．

　第2は，連邦税制改革，とくに1986年税制改革による影響である[41]．連邦税に直接依拠しているような州では，連邦税の減税が直接州税の減税につながるため，その減収分を補うために税率を引き上げている．たとえば，ロードアイランド州とバーモント州では，連邦所得税改革による影響を受けて歳入が11％減少した[42]．これとは反対に，連邦税と独立して所得税を課税している州では，連邦税制改革による影響を受けてはいない．たとえば，ペンシルバニア州では，1980年代初頭に個人所得税率を2.2％から2.45％に引き上げたが，

---

39)　*Ibid.*, pp. 138-139.

40)　ゴールド（Gold）の調査によれば，1983年に16州で個人所得税率が引き上げられた．(Gold, Steven (1987), "Developments in State Finances, 1983 to 1986," *Public Budgeting & Finance*, 7, Spring, pp. 5-23).

41)　1986年の連邦税制改革（TRA86）の中心は，最高税率の引き下げと15，28，33％の3段階税率の適用である．州・地方に対する連邦補助金は，1982年のドルで換算すれば，1978年の1,97億ドルから1989年には934億ドルにまで削減された．とくに1982年と1983年の削減が大きく，1985年から1989年にかけて連邦補助金そのものはほとんど増加していない（Office of Management and Budget, U.S. Office of Management and Budget, United States (1990), *Budget of the United States Government, Fiscal Year 1991*, Washington, D.C.: U.S. Government Printing Office).

42)　Advisory Commission on Intergovernmental Relations (1986), "Preliminary Estimates of the Effect of the 1986 Federal Tax Reform Act on State Personal Income Tax Liabilities," *Staff Information Report*, ACIR, December 8.

表7-7 アメリカ北東部諸州における州・地方税の税率 (1980, 1988年)

(単位:%, ドル)

	ニューヨーク	コネティカット	マサチューセッツ	ニュージャージー	ペンシルバニア
個人所得					
(最高税率)					
州個人所得					
州					
1980年(勤労所得)	14.0 (26.8)	非課税	5.0 (5.8)	2.5	2.2
(資本所得)	14.0 (26.8)	7.0-9.0 (23.3)	9.0 (5.8)	2.5	2.2
1988年(勤労所得)	8.0 (10.2)	非課税	5.0	2.0-3.5 (16-41)	2.1
(資本所得)	8.0 (10.2)	1-12 (45-82)	10.0	2.0-3.5 (16-41)	2.1
地方					
1980年	4.3	不詳	不詳	不詳	0.25-1.0
1988年	3.5	不詳	不詳	不詳	1.0-5.0
州法人所得税					
州					
1980年	10.0	10.0	8.3	9.0	10.5
1988年	9.0	11.5	不詳	9.0	8.5
地方					
1980年	9.0	不詳	不詳	不詳	不詳
1988年	8.85	不詳	不詳	不詳	不詳
一般売上税					
州					
1980年	4.0	7.5	5.0	5.0	6.0
1988年	4.0	7.5	5.0	6.0	6.0

地方					
1980年	1-3	不詳	不詳	不詳	不詳
1988年	1.0-4.25	不詳	不詳	不詳	不詳
州個人別売上税					
たばこ					
1980年	$0.17	$0.24	$0.24	$0.22	$0.21
1988年	0.16	0.20	0.20	0.21	0.14
1989年	0.24	0.30	0.19	0.20	0.13
ガソリン					
1980年	0.09	0.13	0.10	0.09	0.13
1988年	0.06	0.16	0.09	0.08	0.09
ビール	0.05-0.08	0.09-0.15	0.10-0.08	0.03-0.02	不詳
ワイン	0.09-0.13	0.29-0.44	0.53-0.41	0.29-0.22	不詳
リキュール	3.91-3.92	2.87-3.33	3.87-3.00	2.67-2.07	不詳
地方財産税					
(居住用資産課税, 実効税率)					
1980年	2.8	1.6	2.5	2.6	1.6
1987年	2.1	1.5	0.8	2.4	1.4

(注) 1. 最高税率は1982年のドルで換算したもの（カッコ内は％）。
2. 売上税は1982年の州・地方の購入原価でデフレートしたもの。たばこ税は1パックあたりの税額。ガソリン税、酒税は1ガロンあたりの税額で示されている。

(資料) Advisory Commission on Intergovernmental Relations, *Significant Features of Fiscal Federalism*, various years による。

1985年度にはもとの2.2%に引き下げており，1986年度以降は改正を行っていない．またコネティカット州では，5万ドルを超える階層に対して利子所得課税を導入するとともに，分離所得に対する税率を引き上げている．

第3に，住民の減税要求と減税をめぐる州間の競争である．アメリカでは1978年のカリフォルニア州における住民投票による減税法案（プロポジション13号）の可決以来，1980年代には減税要求が強くあらわれた．1986年の連邦税制改革が実施された当時，ニューヨーク州，メイン州，マサチューセッツ州では，課税ベースに総所得を用いているが，連邦税制改革によって課税ベースが拡大したことによって，ニューヨーク州では9%，メイン州では12%の所得税の増加が見込まれていた．ところが，全国的な減税要求と州間の減税競争を反映して，ニューヨーク州では，1987年1月に，「1987年税制改革および減税に関する法律」を可決し，税率の段階を簡素化して最高税率を1991年までに7%にまで引き下げることとし[43]，また，メイン州では，1988年に税率を8段階から4段階に，最高税率を10%から8%に引き下げている．つまり，連邦所得税改革に伴う税収増を減税という形で還付したのである．

したがって，1980年代のニューヨーク州における個人所得税の急速な増加は，個人所得の増加によるところが大きいが，政策的には，個人所得税率を引き下げて，課税ベースを拡大させる方針がとられた．しかし，北東部諸州のなかでは，勤労所得に対する最高税率は依然として最高であり，ペンシルバニア州が1983年に一時的に所得税率を引き上げたこと，コネティカット州が資産所得課税を導入したこと，マサチューセッツ州が1989年に勤労所得に対する税率を5%から5.75%に引き上げたことを除いては，概ね，減税政策がとられてきたのである．

では，州の法人所得課税については1980年代にどのような展開をみせたのか．州の所得税の8割が個人所得税であるため，法人所得税の割合そのものはそれほど大きくはない．しかし，企業の立地に潜在的な影響を及ぼすため，多くの議論を呼んでいる税のひとつでもある．法人関係税負担の帰着論争や企業

---

43) ニューヨーク州の改革については，New York State Department of Taxation and Finance, "New York State's Tax Reform and Reduction Act of 1987," No. 900, New York State Department of Taxation and Finance, May 1987.

第7章　州・地方財政危機と財政構造の変化　　　　203

の意思決定に及ぼす影響などさまざまであり，法人関係税から法人所得税だけ
を取り上げて論することには限界があるが，ここでは主として法人所得税を中
心にみていくことにしよう[44]．

　1980年代の1人あたりの法人所得税収は，全国的には減少しているが
(1980〜1988年間に平均 −3%)，ニューヨーク州では年平均3% ずつ増加した．
一人当たりでみると，1980年の法人所得税は全国平均よりも98% 上回ってい
たのが，1988年には158% 上回っている．北東部諸州では，ペンシルバニア
州で法人所得税が減少しているが，コネティカット州，マサチューセッツ州，
ニュージャージー州では大幅に増加している．数字で示すと，全国平均に比べて，
コネティカット州では111%，マサチューセッツ州では105%，ニュージャージ
ー州では73% それぞれ上回っており，ペンシルバニア州では1% 下回っている．

　ニューヨーク州では，1987年8月に，「1987年法人関係税改革および減税法」
を可決し，それに伴う一連の法人税改革にともなって，1988年に税率を10%
から9%（中小企業に対しては8%）に引き下げている．また，1988年7月，州
は州税改革に伴って「ニューヨーク市一般法人関係税に関する法案」を提出し，
税率を9.0% から8.85% にまで，0.15% の引き下げを行うこととした[45]．ニ
ューヨーク州や市では，個人所得税と同様に，税率を引き下げる一方で課税ベ
ースを拡大させたが，コネティカット州では税率は引き上げられ，マサチュー
セッツ州でもニュージャージー州でも基本的に改革は行われていない．1993
年におけるニューヨーク州・市の所得税税率は**表7-8**に示されるとおりである．

　以上のように，ニューヨーク州では，所得税に関して個人所得税，法人所得
税ともに最高税率を引き下げるなどの税制改革が行われたが，同時に課税ベー
スが拡大された．わが国における1987年，1988年における所得税・住民税減

---

44)　州の法人所得税の構造と課税標準に関しては，Commerce Clearing House, *Multistate
　　Corporate Income Tax Guide* を参照．複数の州にまたがる法人の州法人所得課税に関しては，
　　Carrol, Robert (1988), "An Analysis of Corporate Income Taxation in Nebraska and
　　Comparison with the 50 States," Metropolitan Studies Program Occasional Paper No. 123,
　　Syracuse University 参照．法人所得税は，多くの州法人関係税の1つにすぎない．一般的には，
　　法人の「純所得」に対して課税される．複数の州にまたがる法人に対しては，州内での「給与」，
　　「資産」，「売上」を含む課税標準に対して課税されている．
45)　日本では都道府県，市町村すべてにおいて画一的に法人住民税が課税されているが，アメリカ
　　では法人所得税を課税している市は，ニューヨーク市を含めてごくわずかである．

表 7-8 ニューヨーク州及びニューヨーク市, ヨンカーズ市の所得税税率 (1993 年)

	段　階	税　率	特例及び特徴
州個人所得税 ニューヨーク州	5,500 ドル以下 5,500〜8,000 8,001〜11,000 11,001〜13,000	4.0 5.0 6.0 7.0	低所得層に対しては 1996 年度まで据え置き, 1996 年度には, 2 段階税率, つまり課税所得 12,500 ドル以下は 5.5%, それを越える所得階層には 7% の課税が適用されるようになる. ニューヨーク市とヨンカーズ市にはさらに地方所得税が課税される.
ニューヨーク市 　居住者 　非居住者		2.25-3.4 0.45	ニューヨーク市では, 独身の居住者に対しては, 市の課税所得が 8,000 ドル以下であれば 2.2%, 60,000 万ドルを超えれば 3.4% の税率が適用される.
ヨンカーズ市 （ウエストチェスター） 　居住者		15.0	ヨンカーズ市では, 居住者に対しては財産税の税額控除後の州所得税の 15% の地方所得税が課税される. 非居住者は, 市で得た所得の 0.5% の地方所得税が課税される.
州法人所得税 ニューヨーク州		9.0	法人に純所得あるいは 3 つのそれにかわる課税標準に 9% の税率を乗じた州法人所得税が課税される. 小規模事業者に対しては 8% と 9% の間の税率が適用される.

（資料）　Advisory Commission on Intergovernmental Relations (1994), *Significant Features of Fiscal Federalism*, pp. 74, 78.

税と 1989 年における消費税導入といった一連の税制改革と同様に, アメリカでは連邦のみならず, 州レベルでの改革もまた実施されていたのである. もちろん, 北東部諸州を比較する限り, 税率の簡素化・フラット化, 課税ベースの拡大とその結果としての負担の不公平の拡大, 大衆課税化の方向は, ニューヨーク州においてもっとも先進的にすすめられていたとみることができるのではないか. 州と並行して税制改革をすすめたニューヨーク市においては, 所得階層の低い市民や小規模企業を中心に負担増といった影響があらわれているのではないかと思われる.

3-3　売上税

　ニューヨーク州・地方の売上税には, 一般売上税と個別売上税がある. まず

第7章　州・地方財政危機と財政構造の変化　　　205

　一般売上税についてみることにしよう．一般売上税は，歳入にしめる比重の高
さからみても重要な州税の1つであり，1988年におけるニューヨーク州の歳
入の約21%，地方の歳入の18%をしめている．一般的には売上税は州税にな
っているところが多いが，ニューヨーク州の場合には，1988年におけるアメ
リカ全体の地方の売上税収の約4分の1以上を州内の地方政府でしめている．
北東部諸州のなかで，地方が売上税を課税している州はニューヨークのみであ
り，地方自治体での売上税税率引き上げに伴って，州税以上に地方税の伸び率
が高くなっている．つまり，ニューヨーク市を除く州内57の地方自治体（カ
ウンティ）のうち，22の自治体が，1980年から1988年の間に売上税の導入を
図ったり，税率を引き上げたりしているのである[46]．

　州売上税の税率は，1980年代を通じてニューヨーク州では一定である．近
隣諸州の動きをみると，1982年にニュージャージー州が売上税率を5.0%か
ら6.0%に引き上げており，州の歳入に占める小売売上税の比率が高いコネ
ティカット州では，1983年に1ドル未満の食料品，1985年に75ドル未満の衣
類，1986年に2ドル未満の食料品がそれぞれ非課税となったが，1989年には
種々のサービス，州外での通信販売，2ドル未満の食料品が課税の対象とする
などの増税策に転じている[47]．全国的にも1983年の財政難を契機に，他の27
州で売上税率の引き上げがなされている．

　1988年におけるニューヨーク州の一般売上税率は4.0%であるが，コネティ
カット州7.5%，マサチューセッツ州5.0%，ニュージャージー州6.0%，
ペンシルヴァニア州では6.0%と，州売上税率だけを比較すると最も低い税
率になっている[48]．しかし，ニューヨーク州内の地方自治体で課税されてい
る売上税の税率を合わせると，3分の2以上の自治体（カウンティ）で，7%か
あるいはそれ以上になる．この結果，ニューヨーク州の1人あたり売上税負担
は1988年で全国平均よりも33%高く，近隣諸州の中ではコネティカット州に
次いで高くなっているのである[49]．

---

46)　New York State Department of Taxation and Finance, Office of Tax Policy Analysis,
　　Statistical Report, New York State Department of Taxation and Finance, various years.
47)　National Conference of State Legislatures, *State Budget Actions*.
48)　Bahl and Duncombe (1991), *op. cit.*, pp. 142-143.
49)　*Ibid.*, p. 147.

ニューヨーク州でも近隣諸州でも，小売売上の増加率と一般売上税収を比べると，税収の増加率の方が高くなっている．このことは，所得弾力性の高い商品が非課税になっていること関係がある．ニューヨーク州の場合，食料品，医薬品，ガス，電気，その他多くの生活必需品に関わる財やサービスが非課税となっているほか，マサチューセッツ州やニュージャージー州でも衣類が非課税になっている．ニューヨーク州では，1989年に通信販売を課税の対象とする決定がなされた以外に大きな改革はなされていない．

では，個別売上税についてはどうか．1987年のニューヨーク州の全売上税のうちの22%をしめている．全国平均では，個別売上税は全売上税の29%であるから，ニューヨーク州の税収に占める比重はそれほど高くはない．個別売上税には，たばこ，アルコール，ガソリンなどの特定の財に課税されるものと，公益事業，保険，交通，金融などの特定の事業部門に課税されるものがある．ニューヨーク州の場合には，他の地域に比べて税負担は軽くなっている．とくに，たばこ税とガソリン税の実効税率は，インフレを考慮すれば実質的に低下している[50]．

以上より，1980年代に減税傾向にあった所得課税とは対照的に，売上税は課税ベースの拡大，税率の引き上げが実施されていることが明らかとなった．しかも，ニューヨーク州周辺の北東部諸州をみる限り，1つの州が実施すれば次々に各州同じような政策がとられる傾向にある．日本では1989年より地方消費課税の多くが廃止されるとともに，国税として消費税が導入され，1997年度からは，20%分が地方消費税として地方譲与税化されており，財源の中央集中が進行した．州・地方での課税自主権が認められているアメリカでは，かなり状況はちがっている．ニューヨーク州では，食料品や医薬品など生活必需品に関わる財やサービスが非課税となっているなど，単純に税率だけで比較することはできない．ただ，州売上税に加えて，州内の多くの地方レベルで売上税の導入が図られた事実などを考慮すれば，州民の負担が高まったことは確かである．

---

50) *Ibid.*, pp. 148-149.

3-4 財産税

ニューヨーク州内地方自治体の歳入にしめる財産税の比重は，すでにみたように 1980 年に 28.6%，1990 年に 28.5% とほぼその割合は一定である[51]．しかし，1 人あたり財産税評価額は，1970 年代後半から 80 年代初頭までの時期と 80 年代半ばの時期を比べると，かなり増加している．1977 年から 1982 年までの 1 人あたり財産税評価額の年平均実質増加率は，全国では 8.9% の増加率であったのに対して，ニューヨーク州では −2.2% となっている．近隣諸州の増加率は，コネティカット州 3.4%，マサチューセッツ州 9.7%，ニュージャージー州 −1.2%，ペンシルバニア州 −4.1% となっており，マサチューセッツを除いては全国平均の増加率を大幅に下回っていることがわかる．ところが，1982 年から 1986 年の間の年平均評価額をみると，全国平均は 5.1% であるのに対して，ニューヨーク州では 4.4%，コネティカット州 6.1%，マサチューセッツ州 18.4%，ニュージャージー州 6.2，コネティカット州 4.9% となっており，マサチューセッツ州を除いてほぼ全国平均並みでにまでなっている．ニューヨーク州では，州の調査による市場価格の年平均実質増加率が 3.5% であることから，市場価格と比べると財産税評価額の増加率の方が 1 ポイント高くなっていることがわかる[52]．したがって，ニューヨーク州内地方自治体では，1980 年代半ばに財産税評価額がほぼ全国平均並みの増加率を示し，しかも市場価格を上回る評価が行われていたのである．

ところが，居住用資産に対する財産税の実効税率は，1980 年から 1987 年の間にニューヨーク州では 2.8% から 2.1% にまで 0.7% 低下した．マサチューセッツ州ではプロポジション 2 1/2 号（住民投票による減税法案）可決の影響を受けて，2.5% から 0.8% にまで低下している．また 1 人あたり財産税の年平均増加率は，評価額の増加率に比べて全国的に低く，全国平均で 2.1%，ニューヨーク州でも 2.0% の増加率にとどまっている．このことは，財産税の中でも居住用資産に対しては軽減措置が図られたことを示すものといえよう．

こうした変化があったにもかかわらず，ニューヨーク州は全米で最も財産税率の高い州の 1 つとなっている．1 人あたりの財産税負担額は，全国平均に比

---

51) ACIR, *Significant Features of Fiscal Federalism, 1981-1982*, and *1991*.
52) Bahl and Duncombe（1991），*op. cit.*, p. 150.

べて 60% も高い水準にあり，マサチューセッツ州で財産税減税が実施されて
からは，北東部諸州で最も高くなっているのである[53]．

これまで述べてきたように，1980 年代における「繁栄」のなかで拡大した
「貧困」問題は，州経費構造にも影響を及ぼすこととなり，また，州間の所得
税率引き下げ競争と協調的な売上税率引き上げや創設といった内容ですすめら
れた州・地方財政改革は，逆進的な負担の不公平を生み出し，税収構造にも影
響を及ぼした．とくに，ニューヨーク州で実施された 1987 年減税法による所
得税減税は，1990 年から始まる不況の過程でその矛盾を露呈する形となった．
そのひとつのあらわれが，州・地方財政危機であるといってよい．1970 年代
に続く第 2 次地方財政危機については別稿にゆずることとし，次節では，ニュ
ーヨーク州財政危機の実態とそれへの対応として提示された財政改革案につい
て検討することにしよう．

4. 1990 年ニューヨーク州財政危機と財政改革案

1990 年の最後の 3 ヶ月の間に 50 万人の雇用が喪失するという深刻な不況の
影響を受けて，人口の 85% を擁するニューヨーク州を含む 31 州で，財政赤字
が計上された[54]．1990 年のニューヨーク州予算書によれば，各州にとって
「世界大恐慌以来最大の財政難」であり，連邦補助金の削減の影響から，1982
年の不況期よりもさらに深刻な事態であると報じられている．その影響は，特
に湾岸の諸州にみられ，カリフォルニア州では 70 億ドルの赤字が生じており，
またコネティカット州では前年度に引き続き財政難となり，全米で最も財政が
深刻化している州の 1 つとなっているという．マサチューセッツ州では長期債
の発行に伴う 14 億ドルの赤字を計上した．

ニューヨーク州では，1990 年 5 月から 12 月までの間に 15 万 5,000 人の雇
用が減少し，1991〜1992 会計年度予算での財源不足額は，およそ 90 億ドルに
達した．そのため，州の方針として次の点が検討された．つまり，①州は財政
健全化を図らねばならない．②しかし，他州との競争上の地位を犠牲にしてま

---

53) *Ibid.*, pp. 142-151.
54) State of New York, *Executive Budget: 1991-1992, Annual Message*, p. M5.

第7章 州・地方財政危機と財政構造の変化　209

で財政のバランスを保つことはできないため，増税すべきではない．個人所得税については31年間最低税率を $7\frac{7}{8}$％にまで引き下げてきたし，売上税率も4％のまま据え置きにしており，他の州に比べて税負担の軽減を図ることで，競争上の地位を改善してきた．③それゆえ，財源不足は歳出削減によって埋めなければならない．あらゆる分野での10％削減を勧告する．④州・地方政府は職も家も将来の希望もない住民にとって最後のよりどころであり，財政難に打ち勝ちつつ，できる限りサービスを供給しなければならない．⑤したがって，経済に打撃を与えないように歳出カットをしなければならないといった方針が打ち出されたのである[55]．

　具体的には，財政改革のための「総合財政改革法」によって州の債務を減らすために，「地方政府援助公社」を設立すること，州・地方の債務行為の改善を促すための州・地方財政政策に関する臨時委員会を設置すること，個人所得の伸び率に歳出の増加を抑制することが示された．当該年度に地方政府援助公社を通じて8億ドルの借り換えを行い，債務削減の第一歩とする．財政改革を進めるために，過去の教訓を活かす工夫が必要であるとしている．すでにニューヨーク州では，1983年に管理・生産性局（Office of Management and Productivity）を創設し，5億ドル以上の節約を実現しており，またさらに各部局で予算制度の改善を促すことを目的とした1987年内部統制法（1987 Internal Control Act）によって，経費が節約された経験があるとしている．一言で言えば，財源の有効利用であるが，ニューヨーク市立大学で18ヶ所のキャンパスで図書館の蔵書をコンピュータによって統合を図ることで，これまでと比べてハード面でのコストが500万ドル万ドル，ソフト面やハードのメンテナンスで70万ドルの節約となった事例などが示されている．

　要するに，過去の教訓を生かした提案として掲げられたものは，施設の統廃合等による合理化案であった．1991〜1992会計年度予算策定にあたっては，1億7,500万円の経費節減を実施するために，次のような提案がなされた．①精神病管理サービス局を統合するための Gowanda Psychiatric Center の段階的閉鎖と患者の代替ケアへの転換，②アルコール依存症及びアルコール暴力

---

55) *Ibid.*, pp. M7-8.

対策課と物的被害対策課との統合，③州エネルギー部，エネルギー研究・開発局等の統合による 50 万ドル以上の節約，④人権課に市民擁護室の新設による 60 万ドルの節約．これは，障害者擁護課，黒人問題擁護委員室，ヒスパニック問題課，女性問題課，ボランティアサービス課の 5 つの課から成っている．⑤市民サービス局と雇用関係課を人的資源・管理局への統合，⑥20 の評議会，委員会の廃止や委員の削減，56 の評議会，委員会での委員の補充の廃止などである[56]．

　ところで，連邦レベルでの地方財政調整制度のないアメリカでは[57]，州政府による地方財政調整機能の役割が大きい．とくに，レーガン政権下で，1981年一括予算調整法をうけて，1982 年以降 1990 年当時まで一貫して連邦政府による州と地方に対する補助金が大幅に削減されてきたため，各州・地方政府はその対応を迫られてきた[58]．ニューヨーク州では，その連邦補助金の削減によって地方で生じた財源不足を埋め合わせるために，地方への補助金（Local Assistance aid）を増額させる措置がとられた[59]．実際，州一般会計にしめる地方への補助金の割合は，1982～1983 会計年度の 60% から，1990～1991 会計年度には 70% 近くに達している．

　1990 年の州財政悪化は，これまでの州と地方の財政関係にも大きな影響を及ぼすこととなった．ニューヨーク州政府は，カウンティや市町村を含む州内のあらゆるレベルの地方政府に対して，次のような勧告を行っている．①生活保護制度における管理手続の改善を行うことで，個人の責任を高め，生活保護受給者が福祉よりも仕事を選べるよう促す，②一連のメディケイドプログラムにおいて，コストの節減を図り，経費の増加を抑制する．具体的には，悪評の高いサービスをメディケイドの適用範囲から除外する，一定のサービスに関し

---

56)　*Ibid.*, pp. M9-10.
57)　第 2 章で述べたように，アメリカでは 1972 年州・地方財政援助法によって一般交付金制度が導入されたが，1987 年に廃止となっている．詳細は拙稿（1988），「アメリカの連邦補助金制度改革——一般交付金制度の成立と都市財政—」『経営研究』（大阪市立大学）第 38 巻第 6 号，79-93 頁を参照．
58)　詳細は，拙稿（1988），「レーガン政権期におけるブロック補助金政策の展開」『経営研究』第 39 巻第 3 号，81-96 頁を参照．
59)　詳細は拙稿（1989），「アメリカ新連邦主義下の州と地方の財政関係——ニューヨーク市の事例を中心に—」『経営研究』（大阪市立大学）第 40 巻第 3 号 69-83 頁を参照．

ては福祉サービス受給資格に追加的制限を加える，供給者への経費の弁済制度を見直す，不適切なサービスの利用を制限する努力をすすめる，長期ケアサービスのコストを統制する追加的手段と権限を地方政府に与えることによって，経費を節減する．③地方の起債手続を近代化するための地方財政のイニシャティヴと起債コストの節減，④地方の行政負担になっている「面倒な委任事務」廃止に向けての取り組み，⑤歳入を増加させ地方裁判所，矯正（保護観察），警察のコストを抑えるための，司法によるイニシャティヴ，⑥学校区の委任事務を緩和することで，年間3億ドルの節減を図る[60]．このように，地方に対する経費節減の範囲は，生活保護，医療（メディケイド），委任事務手続，司法，警察，教育（学校区）の範囲にわたっているが，とくに州の地方に対する委任事務廃止に向けた取り組みを掲げている点は注目すべきであろう．

クオモ（Cuomo）知事による「予算書の説明」では，1989年度に設置されたニューヨーク州委任事務調査室（Office of Mandate Review）では，全米の州の部局から委任事務に関する情報を収集しており，耐え難い負担となっている連邦政府の委任事務の廃止に向けて，分類作業に取り組んでいるということが示されている．州による委任事務改革案は，とくにニューヨーク市において州が市に及ぼす影響を緩和させることができるとしている．また，委任事務を廃止し，福祉やメディケイドの経費を抑制することで，ニューヨーク市が直面している財政問題に対処しやすくなり，バッテリーパークシティプロジェクトによっても市と州が等しく利益を享受し得るような方法を探りうるのではないかとしている．

委任事務見直し論をめぐっては，日本においても，1996年3月に出された地方分権推進委員会の「中間報告」にみられるように，「地方分権」論とのかかわりで新しい議論が展開した．とくに「機関委任事務の原則廃止」論に対しては，中央省庁からの反発がつよく，1999年の地方分権一括法の制定によって廃止に至るまでの道のりは決して平坦なものではなかった．ニューヨーク州政府が，連邦政府から州政府に対する委任事務廃止を求めるとともに，州政府と地方政府との関係においても委任事務改革案を具体的に提起したことは，日

---

60) State of New York (1992), *Executive Budget: 1991-1992*, pp. M10-12.

本の地方分権，地方自治を考えるうえでも重要な論点となりうるのではないか．

　しかし，1980年代に貧困対策経費として保健・福祉関係費が一定の増大を
みたにもかかわらず，いまだに母子世帯や非白人を中心に拡大する貧困化への
取り組みは遅れたまま放置されている．しかも，財政改革案で合理化の対象と
して取り上げられたものの多くは，生活保護，メディケイド，教育などの分野
だったである．

おわりに

　以上，1980年代におけるニューヨーク州を中心に，経済が「繁栄」する一
方でいかに「貧困」問題が拡大したのか，またそうした経済構造の変化になか
で州・地方財政構造がいかに変化したのかを，北東部諸州との比較分析という
形で明らかにするとともに，1990年州財政危機とそのもとで提起された財政
改革案について一定の評価を行ってきた．

　1980年代のニューヨーク州では，経費面では人件費は抑制されてはいるが，
全米平均や近隣諸州に比べると1人あたりの初等・中等教育費が増えており，
また福祉分野では，AFDCなどの所得保障関係費が減少する一方，メディケ
イドなどの現物給付が増えている．福祉や保健関係費においても平均的に高い
水準にあった．こうしたことは，レーガン政権下で連邦補助金の大幅な削減が
行われている時期にあって，ニューヨーク州による連邦の「肩代わり」政策の
一環とみることもできよう．

　一方，税収面では，個人所得課税や法人所得課税面で州間の税率引き下げ競
争に伴い，「1987年税制改革及び減税に関する法律」が可決され，税率の簡素
化・最高税率の引き下げが実施される一方で，協調的な売上税増税が実施され
ている．州売上税のほかに，地方売上税がこの時期に相次いで創設されたり，
税率引き上げが行われたことによって，地方の売上税収の4分の1がニューヨ
ーク州に集中することとなったのである．このことは税収構造に大きな影響を
及ぼす結果となっている．こうした1980年代におけるニューヨーク州・地方
財政構造の変化は，世界大恐慌以来最大の「1990年州財政危機」を生み出し
た構造的要因となったといえるのではないか．

第 7 章　州・地方財政危機と財政構造の変化　　　　213

　1990 年財政危機以降，州で提起された財政改革案が実施されて以降，どの
ような事態が生じたのか．ニューヨーク州における 1993 会計年度予算では，
20 億ドルの黒字が計上されているが，累積赤字は 25 億ドル，1994 年度でも
16 億ドルにのぼり，14 億ドルの赤字が計上された 1995 会計年度には累積赤字
33 億ドル，1997 会計年度予算でも累積赤字 28 億ドルが見込まれていた．財政
再建の過程では，州の職員の多くが削減された．1993 会計年度から 1997 会計
年度にかけてニューヨーク州立大学で 2,500 人，保健分野で 9,500 人，ニュ
ーヨーク市立大学で 2,700 人，交通分野で 800 人削減されるといったように，
福祉や教育に関わる分野で多くの常勤職員が削減されたのである[61]．これに
対して警察や司法の職員は増員されており，州職員の数全体としてみれば 23
万 8,000 人から 22 万 4,000 人に，1,400 人も削減されることとなった．
　当時，日本でも，東京都で 1996 年から 5 年にわたって 4,700 人規模の人員
削減を実施することが決定されるなど，国の自治体リストラ政策の影響を受け
て合理化がすすめられた．ニューヨーク州において 1990 年財政危機からの克
服策として提起された財政改革案と比べると，ニューヨーク州で委任事務廃止
を合理化の一環として掲げている点で大きな違いがある．ニューヨーク州の
1990 年財政改革案の中で委任事務の見直しについては評価しなければならな
い側面があるが，生活保護については個人責任を高めて福祉よりも仕事を優先
させるよう促し，メディケイドの対象となるサービスを縮小して，受給者にも
新たな制限を加えるなどさらなる福祉切り捨て政策を盛り込んでいる．非白人
の母子世帯を中心に貧困化が拡大している現状からみて，厳しい内容となって
いることは事実である．これまで相対的にみて高福祉州として位置づけられた
ニューヨーク州の地位がどのように変わるのか，「分権型福祉社会」への途を
いかに模索したのかについては次章の課題となる．

---

61)　New York State (1998), *Five-Year Pocket Summary of New York City and New York State Finances, Fiscal Year 1996-97.*

第8章 ニューヨーク州における州税減税と教育補助金

はじめに

　1997年6月にクリントン民主党政権下の連邦政府は，2002年までに赤字ゼロをめざす財政均衡5カ年計画に関する最終案を発表した．その内容は，歳出面では，メディケアをはじめとする医療保険制度改革案，歳入面では，1981年のレーガン政権下での減税以来の最大規模の約900億ドルの減税案がそれぞれ中心となっており，財政均衡5カ年計画の歳出削減・減税案の主な内容は，以下の通りであった．

①2002会計年度までに単年度の財政収支を黒字にする．

②5年間で約1,150億ドルのメディケア補助予算などの歳出削減を進める．

③実質減税規模を900億ドルに拡大する．

④たばこ税を200年度に1箱あたり24セントから34セントに，2002年度に39セントに引き上げる．

⑤子ども1人あたり年間500ドルの所得税額控除制度を創設．年収が所得税の課税基準額に達していない低所得者に対しては，これに見合う社会保険料を免除する．

⑥キャピタルゲイン税の最高税率を28%から，5年以上所有している資産は18%，5年未満の資産は20%に引き下げる．

⑦障害ある合法移民への社会保障給付を復活する[1]．

　ところで，アメリカの公的扶助には，メディケイド，補足的所得保障，貧困

1）『朝日新聞』1997年7月30日付朝刊．

家庭に対する臨時扶助（TANF），食券，一般扶助がある．メディケイドは，連邦政府と州政府による医療扶助制度（現物給付）であり，補足的保障所得（SSI）は連邦政府による低所得の障害者と 65 歳以上の高齢者への現金給付である．補足的所得保障については，多くの州で，州独自の上乗せ制度が設けられている．貧困家庭に対する臨時扶助は，連邦政府と州政府 18 歳未満の子どものいる貧困世帯への現金給付であり，食料券は，連邦政府による低所得世帯の栄養状態の改善のための現物給付である．現在では SNAP（Supplemental Nutrition Assistance Program）に名称変更され，3,500 万人（2011 年）が受給している．一般扶助は，州や地方が独自に支出し運営する扶助である．このうちメディケイド補助金もまた大幅な削減計画がすすめられていたのである．2000 年代のブッシュ政権下では，さらなる減税と歳出カット政策がすすめられた．とくに，社会保障とメディケアについては，民営化と規制緩和を中心とした改革が打ち出されていったのである．これによってメディケアを受給している約 4,000 万人の高齢者に影響が及ぼされることとなった[2]．

　ところで，こうした連邦レベルでの歳出削減，福祉改革，減税政策に対する議論がすすめられる一方で，州レベルにおいても同様の政策が展開した．全体として公共部門の守備範囲の縮小，内政面における小さな政府をめざす傾向が，1980 年代から 2000 年代にも続いた．1990 年前後の不況期には，1929 年の世界大恐慌以来最大の州財政赤字を計上したことで，州政府職員の削減をはじめとする改革が実施されてきたが，大幅な財政黒字を計上した 1990 年代半ばになっても，依然として歳出削減策がすすめられ，しかも各州で州税減税が実施されたのである．なかでも，ニューヨーク州は，他の 49 州と比べると最大規模の減税案が出され，1997〜1998 会計年度における一般会計予算書によれば，過去 2 年間にわたってすでに 56 億ドル以上の減税が実施され，1997〜1998 年度にはさらに 61 億ドルの減税が実施されてきた[3]．そこで以下では，1990 年代から 2000 年代にかけての連邦補助金の動向を整理した上で，全米で最大規模の州税減税策を打ち出たニューヨーク州を事例に，州税減税と州教育補助金が地方政府に及ぼした影響について検討することとしたい．

---

2)　*New York Times*, 30, January 2003.

3)　State of New York, *1997-1998 Executive Budget*.

1. 新たな政府間財政関係と連邦補助金の動向
  ——1990年代から2000年代

図8-1は，1940年から2009年度までのアメリカ連邦補助金の推移を示した
ものである．2000年を基準年とした実質ドルでみた場合，1980年代のレーガ
ン共和党政権期と2000年代のブッシュ共和党政権期に大きく削減されている
が，民主党クリントン政権期と同じく民主党オバマ政権期には大幅に連邦補助
金が増加している．このことは，補助金改革の動向とも深く関わっている．
1980年代のレーガン政権下では，従来の特定補助金が大幅に見直されてブロ
ック補助金化がすすめられた．1990年代のクリントン政権下では福祉改革が
すすめられ，それが補助金の動向にも大きな影響を及ぼした．

連邦補助金は大きく分けて特定補助金とブロック補助金に分けることができ
る．特定補助金はさらに，フォーミュラ補助金，プロジェクト別補助金，フォ
ーミュラープロジェクト補助金に類型化される．これらは使途が限定されたも
のである．これに対してブロック補助金は使途が広範囲にわたっており，ほと
んどが州に対する連邦補助金である．ただしコミュニティ開発ブロック補助金
のように直接地方政府に支出される補助金もある．ブロック補助金は1975年
から1993年までの間に5件から15件にまで増えた．特定補助金は1972年
422件，1978年492件，1981年534件，1984年392件とレーガン政権下で大
幅に統合された．しかし，1987年432件，1989年478件，1991年543件，
1993年578件といったように，1989年からから1993年のブッシュ（父）政権
下でも，100近くもの特定補助金が増加した[4]．1993年当時のブロック補助金
は，陸上交通分野（交通プログラム，連邦交通経常・資本補助金），コミュニティ
開発分野（エンタイトルメント，州のプログラム），初等・中等・職業教育分野
（教育改善に向けた連邦・州・地方パートナーシップ），訓練・雇用（JTPA），社会
サービス分野（コミュニティサービス，社会サービス），保健分野（ホームレス対

---

4) Advisory Commission, on Intergovernmental Relations (1994), *Characteristics of Federal Grant-in-Aid Programs to State and Local Governments: Grants Funded FY 1993 M-188.*

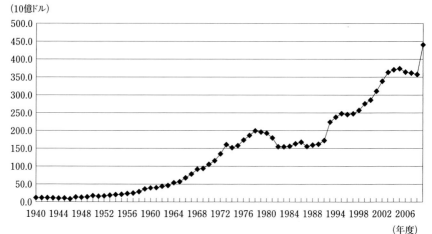

図8-1 アメリカ連邦補助金の推移（1940〜2009年度）

(注) 2000年度を基準にデフレートした数値.
(資料) *Statistical Abstract of the United States, 2010* より作成.

策補助プログラム，コミュニティメンタルヘルスプログラム，薬物防止及び対策，予防および保健サービス），ヘルスケアサービス分野（中年および児童ヘルスサービス），その他の所得保障（低所得者向け住宅エネルギー補助プログラム，州による児童扶助への支出補助）の15であった．このうち，交通分野の連邦負担率は5割から8割，ホームレス対策補助プログラムは75％，中年及び児童ヘルスサービスは57％だが，その他は連邦補助率100％である．

表8-1は，連邦補助金の内訳を示したものである．2008年度の連邦補助金は1995年度の2,250億ドルから4,613億ドルへと2倍近くになっている．その中で最も大きな変化を示しているのが社会福祉補助金である．クリントン政権下のアメリカでは，1996年個人責任・就労機会調整法（Personal Responsibility and Work Opportunity Reconciliation Act: Public Law 104-193）の創設によって，1935年以来子どもを持つ貧困家庭に対して現金給付を行ってきたAFDC（Aid to Families with Dependent Children）が廃止されて，時限立法としてのTANF（貧困家庭に対する臨時扶助：The Temporary Assistance for Needy Families）が導入されることとなった[5]．これは，雇用が可能な受給者に対して就労を義務付けるというもので，ニューヨーク市のワークフェア政策

第8章 ニューヨーク州における州税減税と教育補助金　　　219

表8-1　アメリカ目的別連邦補助金の推移（1995年度と2008年度）

(単位：100万ドル)

	1995年度 金額	1995年度 構成比	2008年度 金額	2008年度 構成比
連邦補助金総額	224,991	100	461,317	100
エネルギー	492	0	524	0
天然資源・環境	3,985	2	5,902	1
環境保護省	2,912	1	3,854	1
農業	780	0	862	0
交通	25,787	11	51,216	11
空港補助金	1,859	1	3,808	1
ハイウェイ補助金	18,945	8	35,429	8
都市公共交通補助金	4,353	2	9,847	2
コミュニティ・地域開発	7,230	3	19,221	4
農村コミュニティ振興プログラム	333	0	5	0
コミュニティ開発基金	4,333	2	8,935	2
地域社会保障	1,772	1	8,630	2
州・地方プログラム	(NA)		2,870	1
消防補助金	(NA)		(NA)	
経常経費・計画支援	79	0	(NA)	
移民補助金	(NA)		33	0
災害救済	1,693	1	5,724	1
教育・訓練・雇用及び社会サービス	30,881	14	58,904	13
条件不利者教育	6,785	3	14,799	3
教育改善プログラム	1,288	1	5,208	1
特別教育	2,938	1	12,078	3
社会サービスブロック補助金	2,797	1	1,843	0
児童・世帯サービスプログラム	4,463	2	8,633	2
雇用訓練サービス	3,620	2	3,052	1
保健	93,587	42	218,025	47
虐待・メンタルヘルスサービス	2,444	1	2,847	1
州へのメディケイド補助金	89,070	40	201,426	44
州児童健康保険基金	(NA)		6,900	1
所得保障	58,366	26	96,102	21
SNAP（従前の食券プログラム）	2,740	1	4,935	1
児童栄養プログラム	7,387	3	13,761	3
TANF (Temporary Assistance for Needy Families)	(NA)		17,532	4
退役軍人サービス	253	0	695	0
司法	1,222	1	4,201	1

(資料)　*Statistical Abstract of the United States, 2010.*

5)　保健・人的サービス省TANF局は，社会保障法IV条AとXVI条に規定されているプログラムの管理責任を有する機関である．

をモデルとしたものといわれている[6]. 一連の福祉改革によって, AFDC のみ
ならず, 雇用機会・基礎的技術訓練 (JOBS: the Job Opportunities and Basic
Skills Training) プログラムや緊急支援 (EA: the Emergency Assistance) プロ
グラムが TANF に統合された. これによって創設されたのが, 州が裁量権を
もつ TANF ブロック補助金である.

　従来の AFDC は, 連邦府が定めた一定の受給条件に沿った受給資格が付与
され, 給付を実施すれば連邦政府から州政府に対してオープンエンド型マッチ
ング補助金が支出されるしくみであった. 支給総額には上限がなく, 連邦負担
を除く分については州と地方で負担することとなっており, その負担割合は州
によって異なるものであった. AFDC のこれに対して, TANF ブロック補助
金は, 連邦政府から州政府に対して定額の補助金が付与され, その裁量権は州
に委ねられるというものである. 州政府の自由裁量権が大きく, 受給資格や支
給金額も比較的自由に設定でき, 就労支援のためのプログラムも州が独自に作
成するといった内容となっていた[7]. たとえ受給者の増減があったとしても,
連邦補助金の給付額は変わらないため, もし受給者が増加すれば州の財政負担
が大きくなり, 州が受給者を削減すればそれによって節約された費用は州財政
に組み入れられるといったものであった. 典型的な公的扶助であった AFDC
が, 就労を前提とした臨時的な扶助に変わったことで, アメリカの社会保障シ
ステムそのものも質的な転換を遂げることとなり, 州間競争を前提としたこう
したしくみは, やがて州間の格差を生み出すこととなる[8].

　こうした連邦レベルでの歳出削減, 福祉改革, 減税政策に対する議論がすす
められる一方で, 州レベルでは教育補助金をめぐる改革が進行した. 連邦と州

---

6)　TANF の登録者数は 1996 年 8 月から 2005 年 9 月にかけて, 約 440 万世帯から約 190 万世帯ま
でおよそ 60% 減少もした. 未婚のシングルマザーの割合は, 1996 年の 49.3% から 2004 年の
63.1% まで約 30% 増加した. さらに児童の貧困率も 1996 年の 20.5% から 2004 年の 17.8% ま
で減少した (U. S. Department of Health & Human Services (2006)). 2005 年の財政赤字削
減法 (2006 年 2 月制定) によって, TANF は継続されることとなり, 2006 年 10 月から実施され
ている.

7)　TANF ブロック補助金ついては, さしあたり Bloom, D., et al. (2002), *Welfare Time Limits:
State Policies, Implementation, and Effects on Families*, Manpower Demonstration
Research Corporation などを参照.

8)　本書では, 1990 年代以降の州間の財政格差については分析の対象外だが, 稿を改めて論じるこ
とにしたい.

との関係が福祉改革を中心にすすんだとすれば，州と地方との関係は財産税減税とセットで実施された教育補助金改革である．以下では，ニューヨーク州で実施された州税減税と州補助金の新たなる展開について論じていくことにしよう．

2. ニューヨーク州における州税減税と州補助金——STAR プログラム

ニューヨーク州は 62 のカウンティから構成されている．このうち 5 つはニューヨーク市の 5 区である．これらのカウンティの中にはニューヨーク市を含む 62 市，932 町，554 村，702 学校区がある．ニューヨーク州内には行政，立法，司法の 3 つの部門に分かれている[9]．ニューヨーク州にはまた 583 の公共企業体があるが，その子会社を含めると 740 社にのぼる（2006 年度）．電力，橋梁や道路の建設・管理，公共交通機関の管理，住宅建設とその管理，高等教育，医療サービスなど実に多様なサービスを提供している．通常は州知事が 104 の公共企業体理事の大半を任命している．州及び自治体の債務は，その返済の充当する歳入の種類によって，政府保証債務，事業収入担保債務，民間転貸債務の 3 種類に分けられるが，ニューヨーク州では，州・地方・公共企業体を合わせると約 2,270 億ドルの債務を有している[10]．ニューヨーク州では州憲法によって州の債務に制約があり，州の債務はその金額と目的を明確にした上で，起債の是非を問う住民投票により有権者の承認を得なければならないとするものである[11]．市民予算委員会の勧告（2006）によれば，起債権の濫用，事業収入を返済原資とする借入と民間転貸借入監督の不備，説明責任を遂行するための報告不足，ガバナンスにおける独立性の不足といった問題があると指摘している．

ところで，1997〜1998 会計年度のニューヨーク州予算書では，当時の政策

---

9) State of New York (2010), *Comprehensive Annual Financial Report For Fiscal Year Ended March 31, 2009*, The Office of the State Comptroller Thomas P. DiNapoli.

10) ニューヨーク州内の州・地方・公営企業体を合わせた債務残高 2,270 億ドルのうち，400 億ドルが民間転貸債務，560 億ドルが事業収入担保債務，1,310 億ドルが政府保証債務である（2004 年現在）．

11) Citizens Budget Commission (2006) 報告書による．

目標として，減税，規制緩和，公共部門における歳出コントロールの3本柱を立てており，こうした政策展開により，民間部門の雇用が促進されたことを強調している．つまり，1994年11月以来，年平均1%以上の経済成長率によって，14万人の雇用増が達成され，個人所得の年平均増加率もまた4.5%以上になっているとされているのである．しかし，経済成長率の高さによって雇用が促進され，州民所得が増えたとしても，所得税，財産税減税と医療や社会福祉を中心とした経費の削減が続けば，景気後退期にはさらなる貧困問題の拡大が起こりうる可能性があった．また，州と地方の財政関係にも重大な変化がみられた．そこでまず，減税の内容からみていくことにしよう．

1997～1998会計年度の州予算では61億ドルの減税案が示され，その中で最も大きなシェアをしめていたのが，州所得税減税であり，総額にして全体の約20%の削減であった．州予算書によれば，ニューヨーク州における納税者全体の約70%が，1994年の水準に比べて25%以上の州所得税減税を受けているとされている．これまで継続して実施されてきた法人事業税の「臨時」超過課税も廃止される方針が出された．

こうしたニューヨーク州における一連の減税政策の中で最も特徴的なことは，1996～1997会計年度から導入されているSTAR（School Tax Relief）プログラムの予算規模が拡大したことであった．それは，1996～1997会計年度から2001～2002会計年度までの5年間に，17億ドルの地方における財産税減税と17億ドルの初等・中等教育補助金の増額を実施するというもので，総額にして34億ドルにのぼった．

1998～1999学校年度から施行されたこの制度は，当初は65歳以上で年間所得6万ドル未満の不動産を所有している世帯を対象としたものであり，中価格の住宅を所有する高齢者にとっては45%程度の減税が実施された．1999～2000学校年度には，年齢や所得に関わりなく少なくとも1万ドルが不動産評価額から控除されることとなり，さらに2001～2002学校年度には控除額が3万ドルにまで拡大した．この結果，中価格の住宅所有者にとっては少なくとも27%の学校財産税減税が実施されることとなった．2008～2009会計年度予算についてみると，中産階級の財産税減税プログラムが組み込まれ，前年度よりも17%も減税予算が拡大することとなった．

第8章 ニューヨーク州における州税減税と教育補助金 223

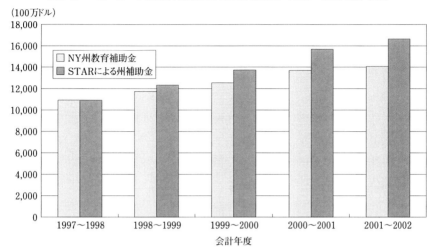

図8-2 ニューヨーク州教育補助金と STAR 補助金（1997～2002 会計年度）

（資料） State of New York Division of the Budget, New York, Office of Management and Budget, *Description of New York State School Aid Programs, 1998-99 to 2001-02 editions*, STAR aid provided by State of New York より作成.

図8-2は，ニューヨーク州教育補助金とSTARプログラムによる補助金の推移を示したものである．STARプログラムとは，地方における財産税が，とくに高齢者や中・低所得層にとって高負担になっているという理由から実施されるもので，州が各学校区に対して地域の財産税納税者の減税分を支弁し，それに加えて初等・中等教育補助金を支給する形になっている．州予算書の説明によれば，このプログラムの実施によって，教育財政を安定させ，学校関係税増税に終止符を打つことにつながるとされている．具体的には，学校区における財産税の増加率をインフレあるいは4％に抑えることを唱えており，端的に言えば，教育支出全体における州の役割を拡大することが最終目標といえよう．

では，こうした政策が出された要因は一体何なのか．まず第1に考えられることは，財政連邦主義とのかかわりである．すでにAFDC（Aid to Families with Dependent Children, 扶養の必要な児童のいる世帯への扶助）廃止とTANF（就労条件付き臨時扶助）導入，メディケイド（低所得者への医療扶助）などの福

祉や医療の分野ではすでに州の役割が強化される傾向にあったが，教育面での改革がまだすすんでいなかった．これまで学校区を中心に運営されてきた教育財政に対する州財政補助金を拡大することで，教育面における財政連邦主義を強化しようとしたためであると考えられよう．

第2に，教育における州レベルでのローカル・ミニマムの達成と情報教育の必要性があげられよう．予算書でも強調されているように，STAR プログラムの目的の1つに，教育の機会均等を図ることが掲げられているが，とくに情報化に対応すべく積極的なコンピュータ導入を図って，子どもたちをグローバルな教育ネットワークでつないだり，公立学校の選択の幅を拡大することで教育の質を改善したりするためには，さらなる経費が必要となる．これまで学校区において財産税増税が続けられていたのだが，そうした増税を避けるためには，州補助金の拡充が必要で，教育補助金の公平な交付を行いうるよう，その基準を改善することが提起されているのである．

STAR プログラムのもとでの教育財政全体に占める州支出のシェアの推移についてみると[12]，1996〜1997 会計年度には州のシェアが 38% であったのが，2000〜2001 会計年度には 43% にまで拡大した．数値の上では，州の負担がわずか 5% 拡大するだけで，依然として学校区の負担の方が過半数を占めている．

ニューヨーク州一般会計歳出予算（2000〜2001 会計年度）では，1994〜1995 会計年度に比べて 7 億 8,200 万ドルの歳出抑制，すべての政府歳出をインフレ率以下に抑制することつまり 1980 年代から 1990 年代にかけて年平均 8% の成長率であったが，それを下回るものであること，州は 1995〜1996 会計年度に GAAP（一般に受け入れられている会計原則）のもとで 3 億 8,000 万ドルの財政黒字を計上しているが，1997〜1998 会計年度末にも 1 億 1,800 万ドルの財政黒字が予想されていること，ワシントンのシンクタンクであるカトー研究所の調査によれば，ニューヨーク州は全米トップの減税を実施していること（州個人所得税だけで 20% 以上削減），年間 9 億ドルの法人事業税超過課税を廃止す

---

12) State of New York Division of the Budget, New York, Office of Management and Budget, *Description of New York State School Aid Programs, 1998-99 to 2001-02 editions*, STAR aid provided by State of New York.

ること，これに加えて5億ドルの法人事業税の減税を実施すること，州の「レイニーディ」基金が1946年に創設されて以来3億3,200万ドルと最高額に達していること，などがその特徴として示されている．

　州予算書の中で，経費面での歳出優先順位が最も高いのが，犯罪対策である．とくに犯罪発生率の高いニューヨーク市では，近年の犯罪対策の強化により，過去30年間で最低の犯罪発生率を達成したとされている．歳出優先順位の2番目にあげられているのが，大気及び水質浄化，洪水対策である．州による環境保護基金（EPF: Environment Protection Fund）設立されたのに続いて，1996年11月には17億5,000万ドル規模の水質浄化・大気浄化債法が可決され，その実施に乗り出している．当年度予算ではこの水質浄化，大気浄化債に4億5,000万ドルが計上されている．幹線道路や橋梁にも高い優先順位をおかれており，ハイウェイ2000プログラムには127億ドル，複合交通プログラムに3億9,000万ドル，港湾整備に1億4,000万ドルがそれぞれ計上されている．このように，全般的に歳出コントロールが強調される中にあって，警察，環境保全，公共事業に対しては高い優先順位がおかれているのが，歳出面における特徴の1つであるといえよう．その一方では，福祉改革の名の下に福祉受給者水準の切り下げが進行した．1995年1月から1996年7月までの福祉受給者数の推移をみると，わずか1年半の間に，165万人から140万人へと，実に25万人もの福祉受給者がその受給資格を失った事実が明らかとなっている．

　いずれにしてもこの時期は景気高揚期にあたり，未曾有の税収増が記録された時期にあたる．こうした中で減税，規制緩和，公共部門における歳出コントロールの3本柱による財政政策がすすめられたのであった．2000年代ブッシュ政権期には，2001年9・11テロを契機として莫大な軍事費が計上される一方で，減税政策と連邦補助金の抑制策がとられたのである．さらにニューヨーク州内では，市町村が課税する財産税負担を軽減するためのSTARプログラムにも変化がみられ始めた．パターキ州知事は2003年1月に，当時の深刻な財政難を克服するために，教育補助金と保健（とくにメディケア）に対する大幅な歳出カットを提案した．ニューヨーク市に対しては4億5,000万ドルの教育補助金の削減が盛り込まれていたのである．さらにSTARプログラムによる財産税減税措置についても，高齢者を除いて1年間凍結する方針を打ち出し

た[13]. また，売上税についても 110 ドル以下の衣服に係る税をすべて免税に
する制度を廃止することが提案された. こうした増税などによって 14 億ドル
の歳入増を図るといった方向へと転じ始めたのである. さらに新しい展開を見
せ始めるのは，オバマ政権下で実施されたリーマン・ショック後の州・地方財
政危機への対応策とその下での州・地方の対応である.

以下，2007 年から 2010 年の間の州・地方財政の動向に焦点を当てつつ，ニ
ューヨーク州，ウェストチェスターカウンティ，イーストチェスター町を事例
にさらに詳細な分析に入ることにしたい.

3. リーマンショック後のニューヨーク州・地方財政──ウェストチェ
スターカウンティとイーストチェスター町の事例

3-1 リーマン・ショックと州財政危機

2007 年 7 月に表面化したサブプライムローン問題によって，アメリカでは
世界恐慌以来最大の深刻な不況にみまわれた. 2007 年 12 月の住宅市場の暴落
と世界的規模の金融危機によって，全米の住宅市場価格は 2006 年 6 月から
2009 年 4 月にかけて 32% も落ち込んだ[14]. 株式市場も 2007 年 10 月から 2009
年 3 月にかけて 58.3% も下落したため，アメリカの住宅所有者の純資産価値
は 2008 年に 17.4% も低下した. 2007 年 12 月から 2009 年 5 月までに 600 万
人の雇用が喪失し，2008 年 10 月の雇用は 24 万人減少となり，公共部門の雇
用は 23,000 人増加したものの，民間部門では軒並み雇用減となった. 業種別
では製造業では 9 万人，サービス部門では 10 万 8,000 人，サービス部門のう
ち小売業関係では 3 万 8,000 人，住宅建設を含む建設業でも 4 万 9,000 人の
減員となった. アメリカ労働省の発表によると，一週間で失業保険新規申請者
数が 12 万 2,000 人増加して 384 万人となっているが，これは 1983 年以来の
高水準となっている. ニューヨーク市労働局が発表した市の失業率も 25 年ぶ
りの高水準を記録した. ニューヨーク連銀が 17 日に発表した 3 月のニューヨ

---

13) *New York Times*, 30, January 2003.

14) State of New York (2010), *Comprehensive Annual Financial Report For Fiscal Year
   Ended March 31, 2009*, The Office of the State Comptroller Thomas P. DiNapoli.

ーク州の製造業業況指数によると，－22.23と過去最低を記録し，一段とリセッションが強まったといわれている．

　こうした1930年代以来最悪の不況によって，州税収悪化の記録が更新され続けている．とくに，リーマン・ショックから2年間に多くの州予算で収支が悪化し，2009～2010会計年度では48州で財源不足が生じた．多くの州では雇用を維持するため，多くの社会サービスが必要とされる一方，46州で予算の19％にあたる1,210億ドルを歳出カットと歳入増によって埋めなければならない事態が生じた．連邦補助がなければ1,400億ドル以上の財源不足が予想されていたのである．こうした状況下で，オバマ政権下では2009年2月に7,890億ドル規模のアメリカ再生及び再投資法（ARRA: American Recovery and Reinvestment Act）が可決された[15]．

　一方，ニューヨーク州（パターソン州知事）では，2008年4月9日に総額1,220億ドルの州一般会計予算案が成立した．前スピッツァー知事が提起した予算案からわずかに0.5％の削減にとどまるものであった．州政府によれば，昨年に比べると4.5％増で，このうち18億ドルが学校救済プロジェクトに充当されるといった内容になっていた．2009年になるとさらに州財政が悪化の一途を辿った．**表8-2**は，2009会計年度におけるニューヨーク州歳出歳入決算額とその収支を示したものである．歳入総額は1,100億ドルであるのに対して歳出総額が1,207億ドルとなっており，100億ドル近い赤字が計上されている．

　こうした州財政の悪化を背景に，オバマ政権下でのARRAによる大幅な連邦補助金の配分が実施されたのである．**表8-3**は，ニューヨーク州へのARRA基金プログラムの内訳を示したものである．ニューヨーク州に対するARRA資金配分は2年間で約330億ドルである．メディケイドを含む州財政

15）　ARRAのもとでは，クリーン・エネルギーおよび再生エネルギーの開発・導入プロジェクトに1,000億ドル，全米にわたる電力供給網やブロードバンド・ネットワークを含むインフラ整備に1,500億ドルが支出されることになっている．そのため，再生エネルギー分野の企業を支援する財政局 Clean Energy Finance Authority（CEFA）が立ち上げられて，再生エネルギーの生産量を数年間で現在の2倍に拡大することが構想されている．ブロードバンド・ネットワークの普及促進に関しては，都市，郊外，地方のほぼすべてのコミュニティが高速ブロードバンド接続を利用できるようにするため，72億ドルが投資されることになっている．ただし，州に対するARRA配分は，そのほとんどが社会サービス関連である．

表 8-2 ニューヨーク州歳入歳出決算額と収支 (2009 年度)

(単位：100 万ドル，%)

	金　額	構成比
歳入		
税収		
個人所得税	33,096	29.9
消費関係税	13,904	12.6
法人関係税	7,711	7.0
その他税	1,769	1.6
連邦補助金	41,637	37.6
保健・利用者負担	3,734	3.4
たばこ関係収入	594	0.5
雑収入	8,271	7.5
合　計	110,716	100.0
歳出		
地方政府への補助金		
社会サービス	44,741	37.1
教育	31,047	25.7
医療	1,998	1.7
一般	1,220	1.0
保健・環境	4,592	3.8
交通	4,109	3.4
犯罪対策	516	0.4
その他	2,901	2.4
州経常歳出		0.0
対個人サービス	9,819	8.1
非対個人サービス	5,694	4.7
年金	973	0.8
その他	3,840	3.2
資本歳出	5,127	4.2
公債費	4,134	3.4
合　計	120,711	100.0
収　支	−9,995	

(資料) State of New York (2010), *Comprehensive Annual Financial Report, FY Ebded March 31, 2009.*

救済に対して約 141 億ドル（メディケイドに約 111 億ドル，教育対策に約 25 億ドルなど），交通インフラ整備に約 33 億ドル，エネルギー・環境に約 17 億ドル，保健・人的サービスに約 45 億ドル，住宅・コミュニティ再生に約 14 億ドル，労働・雇用サービスに約 46 億ドル，教育に約 33 億ドルといった内訳になって

第 8 章　ニューヨーク州における州税減税と教育補助金　　　　　229

表 8-3　ニューヨーク州への ARRA による配分

(2010 年 7 月現在 2 年間の州・地方への配分)		ニューヨーク州 ARRA プログラムの保健関連内訳 (2009 年)	
メディケイドを含む州財政救済	141 億 1,800 万ドル	児童支援強化プログラム	0
交通インフラ整備	33 億 1,161 万ドル	メディメイド (均衡化のための病院への配分)	3,949 万ドル
エネルギー・環境	17 億 47 万ドル		
保健・人的サービス	44 億 8,162 万ドル	栄養サービスのための ARRA 資金配分	619 万ドル
住宅・コミュニティ再生	13 億 7,052 万ドル	州助成金及び育児サービス	2,447 万ドル
労働・雇用サービス	45 億 9,826 万ドル		
教育	33 億 2,934 万ドル	州のメディケイド配分	101 億 2,350 万ドル
小計	331 億 7,790 万ドル	州によるコミュニティ保健サービス補助	1,944 万ドル
ニューヨーク州への連邦直接支出	5 億 845 万ドル	ARRA 基金	1,212 万ドル
合計	336 億 8,633 万ドル	児童ケアへの州の配分	9,679 万ドル
		コミュニティサービスブロック補助金回復資金	8,678 万ドル
		コミュニティケアサービス補助金	707 万ドル
		HRSA	5,320 万ドル
		ニューヨーク州合計	104 億 6,904 万ドル

（資料）　State of New York (2010), *Information Related to the American Recovery and Reinvestment Act of 2009* および The U.S. Department of Health & Human Services 関係資料により作成.

おり，メディケイドを含む州財政救済に半分近くが充当されている．保健・人的サービスについてさらにその内訳を詳しくみると，食券に 13 億ドル，TANF ブロック補助金（エネルギー補助）に 7 億ドル，社会保障（SSI）に 8 億ドル，コミュニティサービスブロック補助金 8,600 万ドル，児童ケアブロック補助金 9,700 万ドルなどといった配分になっている．グリーンニューディール関連として配分されている ARRA 資金は，オバマ政権下で注目されている新たな雇用創出が期待される分野でもある．交通インフラ整備では，大量交通輸送に 12 億ドルの配分が行われていいるいずれにしても金額にして最も大きいのが，州財政救済関連のメディケイドである．

　再び表 8-2 にもどり，州の歳出と歳入決算についてさらに詳しくみると，歳出面では，地方政府への州補助金が最も大きく，全体の 75% をしめている．そのうち社会サービス補助金が最も大きく，次いで教育補助金，保健・環境補助金，交通補助金などとなっており，一般目的の州補助金のシェアはわずかに州支出全体の 1% 程度である．また，州経常経費の大半は対個人サービスであり，資本歳出は 4.2%，公債費も 3.4% 程度となっている．一方，歳入面では，

税収が51%で，このうち個人所得税が30%と最も大きいシェアをしめており，連邦補助金が38%となっている．

以上より，州全体の歳入では依存財源である連邦補助金は38%であり，歳出面では75%を地方政府への補助金として支出されているという事実がうかがえる．しかも，州補助金の大半が特定補助金であることから，州補助金の動向が地方政府に多大な影響を及ぼしていることがわかる．以下では，ウェストチェスターカウンティとカウンティ内の小規模自治体であるイーストチェスター町，さらにイーストチェスター学校区を事例に，近年の財政構造をさらに詳しくみていくことにしよう．

3-2　ウェストチェスターカウンティ財政

まず，ウェストチェスターカウンティの歳出歳入決算状況からみることにしよう（**表8-4**）．ウェストチェスターカウンティにおける2009年現在の人口は約92万3,000人であり，ニューヨーク市の北部に隣接している．カウンティの歴史は古く1683年に遡ることができる．2009年7月現在の失業率は7.3%であり，2008年の5%に比べると高くなっているが，ニューヨーク市失業率が9.8%，ニューヨーク州が8.6%，全国平均が9.7%であるのと比べると比較的低い水準である（2009年）．

2007〜2008会計年度の一般会計歳出決算は，20億8,900万ドル，歳入は21億8,022万ドルの財政規模である．歳出面では，経済援助が32%と最も大きく，治安19%，一般行政14%，交通8%，保健8%，家庭・コミュニティサービス8%，教育7%，文化・レクレーション3%等といった構成になっており，経済援助と治安といった比較的広域的な行政サービスを担っていることがわかる．公債利子は1.4%程度である．

一方，2008年度の歳入面では，特定財源が39%，一般財源が61%であり，特定財源のうち経常補助金が大半をしめている（歳入全体の26%）．資本補助金はわずかだが（歳入全体の1.6%），2007年度には下水処理施設建設のために，2,750万ドルの連邦補助金と連邦政府より2,750万ドルの低利融資を受けている．一般財源のうち，財産税は歳入の31%，売上税は歳入の22%となっており，財産税と売上税の比重が大きい．その他モーゲッジ税，ホテル税，自動車

第8章　ニューヨーク州における州税減税と教育補助金　　231

表8-4　ウェストチェスターカウンティ歳入歳出決算額（2007〜2008年度）

（単位：100万ドル、%）

歳入

	一般政府歳入 2007年度	構成比	一般政府歳入 2008年度	構成比	公営企業歳入 2007年度	公営企業歳入 2008年度	歳入合計 2007年度	歳入合計 2008年度
特定財源								
使用料	202,266,761	10.1	234,742,203	11.2			202,266,761	234,742,203
経常補助金	537,156,449	26.9	544,043,768	26.0			537,156,449	544,043,768
資本補助金	17,059,268	0.9	34,198,117	1.6			17,059,268	34,198,117
特定財源合計	756,482,478	37.9	812,984,088	38.9			756,482,478	812,984,088
一般財源								
財産税	645,415,420	32.4	665,667,775	31.9			645,415,420	665,667,775
売上税	467,835,719	23.5	462,385,067	22.1			467,835,719	462,385,067
モーゲージ税	32,483,085	1.6	19,279,696	0.9			32,483,085	19,279,696
投資収入	27,289,209	1.4	18,262,953	0.9			27,289,209	18,262,953
たばこ収入		0.0		0.0	511,481	683,496	511,481	683,316
自動車利用税		0.0		0.0	15,816,271	16,798,316	15,816,271	16,798,316
ホテル税	15,358,555	0.8	14,885,230	0.7			15,358,555	14,885,230
雑収入	5,332,757	0.3	5,300,794	0.3			5,332,757	5,300,794
一般財源合計	1,237,368,022	62.1	1,276,404,651	61.1	16,327,752		1,253,695,774	1,293,886,463
歳入合計	1,993,850,500	100.0	2,089,388,739	100.0	16,327,752		2,010,178,252	2,106,870,551

歳出

	一般政府歳出 2007年度	構成比	一般政府歳出 2008年度	構成比	公営企業歳出 2007年度	公営企業歳出 2008年度	歳出合計 2007年度	歳出合計 2008年度
一般行政支出	276,678,956	13.6	334,845,119	15.4	214,795	221,973	276,893,751	335,067,092
教育	148,472,808	7.3	160,052,936	7.3			148,472,808	160,052,936
公衆安全	376,443,975	18.5	373,805,630	17.1			376,443,975	373,805,630
保健	152,085,162	7.5	157,354,251	7.2			152,085,162	157,354,251
交通	161,533,491	7.9	192,466,105	8.8			161,533,491	192,466,105
経済援助	652,479,223	32.0	683,630,039	31.4			652,479,223	683,630,039
文化・レクレーション	70,777,364	3.5	72,799,828	3.3			70,777,364	72,799,828
家庭・コミュニティサービス	171,562,375	8.4	174,229,193	8.0			171,562,375	174,229,193
利払費	28,472,749	1.4	31,040,342	1.4			40,257,520	42,684,413
歳出合計	2,038,506,103	100.0	2,180,223,443	100.0			2,050,505,669	2,192,089,487

（資料）Westchester County, *Comprehensive Annual Report For Year Ening December 31, 2008.*

利用税などがあるが，全体にしめる割合はごくわずかである．いずれにしても，補助金，財産税，売上税収入が主な財源となっている．

その他，特別区会計として，下水道区，廃棄物処理区，資本プロジェクト基金，空港基金，浄水基金，補助金基金があり，市町村との広域的な連携を行っている．ウェストチェスターカウンティの一般債務残高は8億2,760万ドル（2004年12月現在）だが，公共企業体としてカウンティコミュニティカレッジ（WCCC）[16]，郡産業局（IDA）[17]，郡公益企業サービス局[18]，郡保健医療公社（WCHCC）[19]の4つの公営企業体があり，さらにWCHCCの関連企業体として郡たばこ資産証券化公社（WTASC）がある．これらの公営企業体は12億ドルの債務残高がある．

3-3　イーストチェスター町財政

そこで，ウェストチェスターカウンティ内の小規模市町村の1つである，イーストチェスター町の財政について構造的特徴をみておこう．イーストチェスター町は人口3万人程度の自治体であり，典型的なニューヨーク市郊外の住宅地が形成されている地域である．イーストチェスター町の2010会計年度一般会計歳出予算は約875万ドルだが，全会計予算は，町周辺の小規模自治体財政や多くの特別会計予算から構成されているため，まず，財政全体を把握しておくことが重要である．表8-5は，イーストチェスター町全会計予算を示したものだが，町一般会計予算約875万ドル，町周辺一般会計（ブロンクスヴィル村，タカホ村予算を含む）約956万ドルの他に，特別会計として，ハイウェイ約474万ドル，レイクアイル約428万ドル，図書館約185万ドル，一般保険約61万ドル，労働者補償約48万ドルの予算が充当されている．さらに，街灯区約27万ドル，廃棄物処理区約245万ドル，下水道区約36万ドル，駐車場区約10万

---

16)　WCCCは1953に設立され，カウンティは資本の2分の1，運営費の2分の1を拠出している．WCCCの債務は郡の一般債務に計上されている．

17)　IDAは1976年に設立された公益法人で2003年末時点で6億6900万ドルの債務残高があった．

18)　公益企業サービス局は1982年に住民投票により設立された公益法人である．電力をニューヨーク電力公社から購入し，経済開発を行う郡内の有資格顧客に再販売している．債務残高はない．

19)　WCHCCは1997年に州議会によって設立された公益法人で，カウンティ病院局の機能を有している．ハドソン川流域下流の7つの保健医療施設を運営している．2004年末現在の債務残高は2億8,700億ドルであり，1億4,300万ドルを郡が保証している．

第8章　ニューヨーク州における州税減税と教育補助金　　　233

表8-5　イーストチェスター町全会計予算（2008～2010年度）

（2010年度）（単位：ドル）

町一般会計	8,748,661
町周辺一般会計	9,564,369
ハイウェイ	4,744,928
レイクアイル	4,275,330
図書館	1,851,371
一般責任保険	605,000
労働者補償	480,000
街灯区	265,000
廃棄物処理区	2,448,673
下水道区	363,966
駐車場区	96,313
上水道区	215,000
合　計	33,658,611

（単位：ドル）

	2008年度	2009年度	2010年度
ブロンクスヴィル村	34,926,579	34,747,293	34,381,150
タカホ村	15,202,713	15,193,042	14,599,773
町周辺	66,112,921	64,946,152	62,830,649
合　計	116,242,213	114,886,487	111,811,572
特別区			
下水処理区	68,285,925	66,962,681	64,791,294
駐車場区	4,826,500	4,594,600	4,335,200

（資料）　Town of Eastchester, *Adopted Budget 2010.*

ドル，上水道区約22万ドルの予算をもつ特別区がある．

　ハイウェイ特別会計は，約474万ドルの予算規模を有しており，2007年度からの3年間で6万ドルも増加している．2010年度予算では約38億ドルの公債が発行されており，歳入の大半は財産税（約409万ドル）が充当されている．レイクアイルは，ゴルフコース，テニスコート，プールなどを併設した町営のレクレーション施設である．従来，民間が運営していた高級リゾート施設を町が買い受けて町営で運営しており，多くの市民が日常的に利用している．イーストチェスター町内のアンハッチンソン小学校などでは夏季にレイクアイルのプールを利用している．レイクアイルの年間予算は約428万ドルだが，ほぼ利用料収入で賄われている．図書館特別会計もまた，約25万ドルの公債が発行されており，約156万ドルの財産税が充当されている．その他，街路区，廃棄物処理区，駐車場区，上水道区などの特別区では，いずれも歳入のかなりの部分に財産税が充当されているのである．

　表8-6により，イーストチェスター町一般会計予算の目的別歳出についてみると，議会，司法，行政関係支出の他に，非常に多くの高齢者向けプログラム，コミュニティプログラム，公園など施設維持管理費，レクレーションなどの予算が計上されている．全会計の性質別歳出予算についてみると，対個人サービスが46％をしめ，人件費が24％，委託費が19％，公債費が9％などといった

表 8-6　イーストチェスター町一般会計歳出予算（2010 年度）

目的別　　　　　　　　　　　　　　　　　　　　　　　　　（単位：ドル，％）

	2010 年度予算	構成比
町議会費	70,374	0.8
司法	319,474	3.7
監察	212,955	2.4
会計監査	308,807	3.5
印刷	57,000	0.7
徴税	218,871	2.5
計算	241,578	2.8
査定官	268,184	3.1
事務官	192,392	2.2
法律	377,507	4.3
選挙	17,088	0.2
電話（テレコミニュケーション）	45,000	0.5
特別事務	853,105	9.8
交通規制	157,792	1.8
駐車場	147,322	1.7
グレイロックコンピュータ	82,046	0.9
エネルギーコントロール	8,000	0.1
ハイウェイ補修	280,649	3.2
年長者プログラム	378,863	4.3
年長者栄養プログラム	319,561	3.7
コミュニティ基金プログラム	60,179	0.7
レクレーション	464,646	5.3
デイキャンプ	499,260	5.7
10 代向けレクレーション	58,500	0.7
公園・施設維持管理費	1,068,009	12.2
青少年サービス	30,750	0.4
コミュニティ開発	245,459	2.8
人件費	1,765,290	20.2
繰出金	0	0.0
一般会計合計	8,748,661	100.0

性質別　　　　　　　　　　　　　　　　　　　　　　　　　（単位：ドル，％）

	町		町周辺（レイクアイルを除く）		レイクアイル	
	金額	構成比	金額	構成比	金額	構成比
対個人サービス	15,112,533	46.40	13,754,239	48.60	1,358,294	31.77
設備備品費	125,000	0.38	114,500	0.40	10,500	0.25
委託費	6,217,037	19.09	4,626,756	16.35	1,590,281	37.20
責任保険	404,000	1.24	336,613	1.19	67,387	1.58
公債費	3,018,741	9.27	2,227,643	7.87	791,098	18.50
人件費	7,686,300	23.60	7,233,530	25.56	452,770	10.59
その他	10,000	0.03	5,000	0.02	5,000	0.12
合　計	32,573,611	100.00	28,298,281	100.00	4,275,330	100.00

（資料）　Town of Eastchester, *Adopted Budget 2010*.

第 8 章　ニューヨーク州における州税減税と教育補助金　　　235

表 8-7　イーストチェスター町一般会計歳入予算（2010 年度）

(単位：ドル，%)

	2010 年度	
	金額	構成比
基金からの繰入金	1,600,000	18.3
財産税	3,071,137	35.1
その他税	2,500	0.0
追徴税	225,000	2.6
事務官負担金	177,500	2.0
栄養プログラム参加者負担金	90,000	1.0
駐車料収入	450,000	5.1
グレイロック地区駐車料	50,000	0.6
レクレーション負担金（高齢者）	2,000	0.0
レクレーション負担金（一般）	133,000	1.5
レクレーション負担金（キャンプ）	525,000	6.0
レクレーション負担金（10 代）	200	0.0
利子収入	500	0.0
タウンホール使用料	90,525	1.0
焼却炉使用料	7,333	0.1
裁判所収入	750,000	8.6
メディケア還付金	20,000	0.2
高齢者向けハウスキーピング負担金	11,350	0.1
タクシープログラム負担金	5,000	0.1
州補助金（モーゲッジ税）	800,000	9.1
州補助金（高齢者　C/S）	29,860	0.3
州補助金（高齢者 SNAP）	46,454	0.5
州補助金（若年者）	42,000	0.5
連邦補助金（高齢者 IIIB）	6,958	0.1
連邦補助金（高齢者栄養）	56,948	0.7
連邦補助金（高齢者 C/F）	25,556	0.3
連邦補助金（コミュニティ開発）	200,000	2.3
繰入金	250,000	2.9
一般会計歳入合計	8,748,661	100.0

（資料）　*Ibid.*

構成になっている．高齢者向けプログラムには 8% の予算が計上されており，
レクレーションやデイキャンプには 12% の予算が配分されている．イースト
チェスター町では，町主催のデイキャンプが開催される．民間が提供するキャ
ンプに比べると比較的安価な利用料でキャンプに参加することができるが，利
用者負担金もかなりの額にのぼる．

236

表 8-7 より，イーストチェスター町一般会計予算の歳入についてみると，約875 万ドルのうち，基金からの繰入金（公債金を含む）が 18%，財産税が 35%，利用料・負担金が 26%，州補助金が 10%，連邦補助金が 3% などといった構成になっている．州補助金の中では，モーゲッジ税による州補助金が最も大きく，高齢者向け州補助金，若年者向け州補助金といった特定補助金の配分が町の歳出にも影響していることは事実である．

連邦補助金や州補助金の比重が 13% であることは，自主財源比率が高いことを示しているが，問題は財源の多くを財産税と利用者負担に依存していることである．財産税負担の増大は，学校区財政についても同様である．

3-4 イーストチェスター学校区予算

イーストチェスター地域では，イーストチェスター学校区を通じて教育サービスが提供されている．最後に，学校区財政を示しておきたい．イーストチェスター学校区には 5 つの公立学校があり，生徒数は 3,094 人である．クラス担当の教員数は 233 人，教員 1 人あたりの生徒数は 13 人となっている．5 つの公立学校の内訳は，ウェーバリー幼稚園，アンハッティンソン小学校（454人），グリーンベール小学校（511 人），イーストチェスター中学校（719 人），イーストチェスター高等学校であり，ウェーバリー幼稚園（461 人，キンダー 1 年）は 1 年間だけだが義務教育になっているため，授業料は無料である．小学校は 1 年から 5 年生までで，中学校は 6 年から 8 年まで，高等学校は 9 年から 12 年までとなっており，1 クラスあたりの生徒数は幼稚園から高等学校にいたるまで 14 名程度である[20]．

地区の 18 歳以下の人口は 3,800 人だが，ヒスパニック 179 人，非ヒスパニック 3,621 人，白人 3200 人，アフリカ系 43 人，アジア系 399 人などと行った構成になっており，比較的非ヒスパニック系白人とアジア系が多く居住している地域である[21]．

2010 年度におけるイーストチェスター学校区の予算規模は 6,906 万ドルである．学校区歳出予算からみると，教育行政関係費 10%，教育サービス 60%，

---

20) Eastchester Union Free School District.

21) National Center for Educational Statistics, 2010.

第8章 ニューヨーク州における州税減税と教育補助金　　　　237

表8-8 イーストチェスター学校区予算（2010年度）

歳入 （単位：ドル，%）

	2009-2010		2010-2011	
	金額	構成比	金額	構成比
財産税収	58,143,299	86.2	60,015,430	86.9
州補助金	4,000,000	5.9	3,700,000	5.4
他の公立学校	3,150,000	4.7	3,100,000	4.5
カウンティ売上税	800,000	1.2	760,000	1.1
利子収入	300,000	0.4	100,000	0.1
公債金	600,000	0.9	800,000	1.2
保健サービス	215,000	0.3	215,000	0.3
その他収入	218,000	0.3	371,841	0.5
合計	67,426,299	100.0	69,062,271	100.0

歳出

	2009-2010		2010-2011	
教育行政				
教育委員会	33,010	0.0	29,690	0.0
教育管理者	39,078	0.1	38,928	0.1
財務	809,169	1.2	794,135	1.1
スタッフ	656,821	1.0	656,114	1.0
経常経費	4,473,431	6.6	4,360,951	6.3
印刷・郵送費	204,661	0.3	203,250	0.3
保険費	852,023	1.3	884,359	1.3
教育行政計	7,368,193	10.9	7,267,427	10.5
教育サービス				
カリキュラム・スタッフ	2,359,918	3.5	2,323,389	3.4
教育—一般	22,140,332	32.8	22,915,987	33.2
教育—特別	8,995,567	13.3	9,114,475	13.2
職業教育	470,000	0.7	4,700	0.0
サマースクール	2,241,236	3.3	2,057,266	3.0
生徒サービス	2,940,297	4.4	3,043,142	4.4
生徒活動	979,451	1.5	963,000	1.4
教育サービス計	40,126,801	59.5	40,887,259	59.2
交通	2,624,558	3.9	2,635,297	3.8
コミュニティサービス	12,400	0.0	12,800	0.0
人件費	13,713,738	20.3	14,650,241	21.2
公債費	3,420,609	5.1	3,449,247	5.0
繰入金	160,000	0.2	160,000	0.2
合計	67,426,299	100.0	69,062,271	100.0

（注）　学校税（財産税）はイーストチェスターで徴税されて，学校区に配分される．
　　　　ニューヨーク州は申請した居住者の学校に対して，STARによる税額控除をおこなっている．
　　　　州補助金は，一般補助金，交通補助金，施設補助金，BOCES補助金，コスト差額補助金，高額税補
　　　助金，テキスト補助金，その他さまざまな州補助金からなっている．
（資料）　Eastchester School Districe, *Budget 2010-2011.*

交通（スクールバス等）4%，人件費21%，公債費5%といった構成になっている．1クラスあたりの生徒数は比較的少なく，財源の多くを教育サービスに充当しているため，質の高い公教育サービスを提供している．英語を母国語としない生徒が多いため，ESL（English as a Second Language）の特別教育も行っている．特別教育には予算の13%が計上されている．

　歳入面では，財産税の比重が87%もしめており，州補助金が5%程度となっている．2010年度予算では対前年度で2.4%も予算規模が拡大している．税収は3.2%増となり，資産評価額1,000ドルあたりの税収は31.4%も増大している．個人住宅の評価額は平均10,430ドルで，1ヶ月あたり27.3ドル増加しており，共同住宅の平均評価額は2,150ドルで1ヶ月あたり5.6ドルも増加する傾向にある．

　イーストチェスター地域は，ニューヨーク市郊外の中・高所得階層が居住する地域である．その学校区財政の特徴を整理すれば，まず第1に，教育財政にしめる補助金の比重が少なく，多くを財産税に依存していることである．第2に，財産税収入がリーマン・ショック以降にも増え続けて，市民の負担増となっていることである．第3に，1997年以降の州教育補助金政策の比重が，財産税負担を軽減するための財産税減税を実施することに焦点がおかれ，財産税減税分を相殺する形で州教育補助金が増額されたが，歳入にしめる財産税の構成比はさらなる増加傾向を辿っていることである．住宅評価額1,000ドルあたりの財産税の負担が高まれば，住宅価格が高まり，市民にとっては郊外の豊かな地域に居住することがますます困難となっていくことになる．ただし，自主財源比率が高く，財産税収が高まればその分だけ，教育サービスをさらに充実させることを可能にしていることは確かである．このことは，比較的低所得階層の多く居住するニューヨーク市やヨンカーズ市などとは対照的である．

　以上より，ニューヨーク州内市町村の中心的な税が財産税であり，特別会計も含めてあらゆるサービスに充当されていることが明らかとなった．表8-9は，ウェストチェスターカウンティとカウンティ内市町村の財産税について，資産評価額1,000ドルあたりのレイト（Rate）を示したものである．同表から明らかなことは，1999年度から2008年度までの間に，カウンティが半分近くにまで低下しているのに対して，市部では171から266にまで，町では0.48-

第8章　ニューヨーク州における州税減税と教育補助金　　239

表8-9　ウェストチェスターカウンティの財産税（資産価値1,000ドルあたりの値）

	1999年度	2008年度
カウンティ	4.91	2.77
市	171.15	265.77
マウントヴァーノン	97.83	152.39
ニューロッシェル	125.16	213.19
ピークスキル	73.72	131.49
ホワイトプレイン	89.15	147.47
ヨンカーズ	87.82	139.33
町	0.48-106.72	0.9-181.73
村	7.85-238.17	2.47-375.49
学校区	16.87-687.41	11.57-1383.37

（資料）　Westchester County, *Comprehensive Annual Report For Year Ening December 31, 2008*

106.72であったのが0.9-181.73に，村では7.85-238.17から2.47-375.49にまで高まっていることである．

　ウェストチェスターカウンティ内の市町村では，財産税は，ニューヨーク市を除く地方税の79％をしめている（2005年度）．2005年度の財産税税収は380億ドルで，2000年度から2005年度までの5年間に110億ドル（全体の42％にあたる）以上増加した．1人あたりの財産税負担は全国平均に比べると49％も高く，個人所得税は全国平均より28％高いことに比べると，いかに財産税負担が高くなっているのかがうかがえる．地方財産税収は1995年から2005年にかけて60％も増加した．この間のインフレ率が28％であることと比べても財産税負担が高まったことは確かである．このことは，STARプログラムをはじめとする州補助金が財産税負担を抑制するほどには機能しなかったことを示すものといえよう．

おわりに

　ニューヨーク州では，2010〜2011会計年度予算書の中で，財政赤字を減らすための5カ年計画を発表している．それによると，毎年州の経常経費のみならず，地方への補助金も4億ドル以上削減する計画になっている．

これに対して，STAR プログラムによる住宅所有者への税額控除について
は，評価額 3 万ドルを上限とすることで，2010〜2011 会計年度には平均 641
ドル，全体で 290 万ドルの減税が達成されるとしている．また STAR プログ
ラムでの 65 歳以上の高齢者に対する税額控除は，評価額 6 万 100 ドルを上限
とすることで 7 万 4,700 ドル以下の所得階層により大きな恩恵が与えられる
としている．これによって約 64 万 2,000 人の高齢者住宅所有者が財産税の税
額控除を受けることができるが，その平均控除額は 1,205 ドルである[22]．ニ
ューヨーク市に対する STAR プログラムについては，300 万人以上の居住者
に対して所得税からの税額控除を実施している．夫婦の場合 125 ドルの税額控
除，単身世帯の場合にはその半分となっている．もともと，STAR プログラ
ムは 1997 年に住宅所有者の財産税を相殺し，高齢者にはさらなる減税をする
目的で制度化されものである．STAR プログラムによる州支出は 2009〜2010
会計年度では 31 億ドルにもなり，2001〜2002 会計年度の水準と比べると 25％
も増加している．

　しかし，その一方で，地方における財産税は増加し続けている．ニューヨー
ク市を除く学校財産税は 2001〜2002 会計年度から 2008〜2009 会計年度にかけ
て，年平均 7％ も増大し続けているのである．税収の増加率は，インフレ率や
年平均賃金の伸び率に比べると，ほぼ 2 倍のスピードとなっている．ニューヨ
ーク州内の 5 大都市以外の学校区では，経済的な不況を反映して 2％ の伸びに
とどまっているが，全国では最も財産税が高い状況が持続しているのである．
そのため，2010〜2011 州会計年度では，STAR プログラムに対して，前年度
よりも 4,700 万ドル多い 31 億 8,000 万ドルの予算が計上されているのである．

　すでに明らかにしたように，ウェストチェスターカウンティでは一般会計歳
入の 3 割以上を財産税でしめており，イーストチェスター町一般会計でも歳入
の 35％ をしめている．イーストチェスター学校区では実に 87％ を財産税でし
めており，一般会計以外の特別会計や特別区での財産税収入などを合わせてみ
ると，実に多くの地方政府の活動に対して財産税が充当されている．リーマン・
ショック後の不況下で，オバマ政権下で ARRA による州政府への連邦補助金

---

22)　New York State, *2020-11 Executive Budget Briefing Book.*

が大幅に拡充されたが，ニューヨーク州では 100 億ドル近い財政赤字が計上される状況が続いている．

いずれにしても，2005 年までの検証おいて，STAR プログラムをはじめとする州補助金が財産税負担を抑制するほどには機能しなかったことは，財産税を中心とする市町村財政そのものに限界があることを示すものである．アメリカでは連邦補助金，州補助金の大半が特定補助金であり，一般交付金を通じた財政調整機能をどのように構築していくのか，新たな課題が浮上しているといえよう．

終章　連邦補助金政策の歴史的総括と展望

1. オバマ政権下の連邦補助金──ARRA による州・地方への補助金拡充

　これまで，1960 年代から 2000 年代にかけてのアメリカの補助金に焦点を当てつつ，州・地方財政がいかなる変化を遂げたのかについて，主としてニューヨーク州と州内市町村財政を事例に検証してきた．2008 年のリーマン・ショック以来，アメリカの州・地方財政は深刻な財政危機に見舞われている．リーマン・ショックから 2 年間に多くの州予算で収支が悪化し，2009〜2010 会計年度では 48 州で財源不足が生じた．多くの州では雇用を維持するため，多くの社会サービスが必要とされる一方，46 州で予算の 19% にあたる 1,210 億ドルを歳出カットと歳入増によって埋めなければならない事態が生じた．連邦補助がなければ 1,400 億ドル以上の財源不足が予想されていたのである．こうした状況下で，オバマ政権下では 2009 年 2 月に 7,890 億ドル規模のアメリカ再生及び再投資法（ARRA: American Recovery and Reinvestment Act）が可決された．

　現在，深刻化しつつある州・地方財政危機を背景に，ARRA に基づく連邦補助金が急増しており，州・地方財政救済という面からみても重要な役割を果たしつつある．**図終-1** は ARRA による資金配分の内訳を示したものである．総額 7,870 億ドルのうち減税措置の割合が 38% と大きな比重をしめているが，それに次いで大きな比重をしめているのが州・地方への補助金であり，金額にして 1,440 億ドルにのぼる．ブッシュ（子）政権下で抑制されてきた州・地方への補助金が，再び大幅な増加へと転じたことは，新しい時代への転換を意味する可能性もある．

図終-1 アメリカ再生及び再投資法による資金配分の内訳 (2009年度)

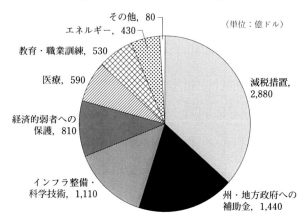

(資料) United States Federal Budget 2009 より作成.

ARRAのもとでは，オバマ政権のグリーン・ニューディール政策を推進するために，クリーン・エネルギーおよび再生エネルギーの開発・導入プロジェクトに1,000億ドル，全米にわたる電力供給網やブロードバンド・ネットワークを含むインフラ整備に1,500億ドルが支出されることになっている．そのため，再生エネルギー分野の企業を支援する財政局 Clean Energy Finance Authority (CEFA) が立ち上げられ，再生エネルギーの生産量を数年間で現在の2倍に拡大することが構想されている．ブロードバンド・ネットワークの普及促進に関しては，都市，郊外，地方のほぼすべてのコミュニティが高速ブロードバンド接続を利用できるようにするため，72億ドルが投資されることになっている．新エネルギー関連のARRAは5%程度であるのに対して，州・地方への補助金は2割近くをしめている．しかも，州・地方に対するARRA配分は，そのほとんどが社会サービス関連である．

本書で明らかにしたとおり，ニューヨーク州では，リーマン・ショック後の2009会計年度の決算額では約1,100億ドルの歳入に対して，歳出が約1,207億ドルとなっており，100億ドル近い赤字が計上されていたのである．ニューヨーク州に対するARRA資金配分は2年間で約330億ドルであった．メディケイドを含む州財政救済に対して約141億ドル（メディケイドに約111億ドル，

教育対策に約25億ドルなど），交通インフラ整備に約33億ドル，エネルギー・環境に約17億ドル，保健・人的サービスに約45億ドル，住宅・コミュニティ再生に約14億ドル，労働・雇用サービスに約46億ドル，教育に約33億ドルといったように，メディケイドを含む州財政救済に半分近くが充当されていた．保健・人的サービス関連では，食券に約13億ドル，TANFブロック補助金に約7億ドル，社会保障（SSI）に約8億ドル，コミュニティサービスブロック補助金約8,600万ドル，児童ケアブロック補助金約9,700万ドルなどといった配分になっている．いずれにしても金額にして最も大きいのが，州財政救済関連のメディケイドである．

州・地方財政への救済と社会サービスの充実を図ろうとする政策転換は，新自由主義＝新保守主義の弊害を是正し，公共部門の役割を再び重視する方向への転換とみることができる

終章では，ジョンソン政権から現代に至るまでの補助金政策の流れとそこから見いだされる歴史的教訓を総括し，政権交代後の日本の補助金政策への示唆について示しておくことにしたい．

2. ジョンソン政権における連邦補助金政策転換の意義

本書でも明らかにされたとおり，アメリカでは，1960年代半ば以降の民主党ジョンソン政権下の「偉大な社会」期に，非常に大きな連邦補助金政策転換が図られた．従来の州を中心とした連邦主義にとってその伝統的秩序を覆すような，連邦政府による地方とくに都市への積極的な介入が行われ，しかもその多くが州を迂回した連邦−地方直結型という形ですすめられたのある．その1つのあらわれが，地方とくに都市に対する連邦補助金プログラムの「爆発的増加」であり，特定連邦補助金を中心とした連邦補助金の急増であった．ベトナム戦争による軍事費が増加していく時期にもあたる．

現代資本主義の補助金政策という点で構造転換がみられるのは，1930年代のニューディール期であり，連邦政府による州・地方への介入が積極化して，教育，保健，社会サービス，住宅，都市改造などの財やサービス供給が連邦政府の管理下で実施されるようになってきた．1960年代にはその動きが加速化

し，その過程で教育，保健，社会サービスなどいわゆるナショナル・ミニマム を保障するための連邦補助金に加えて，都市改造政策に関わる補助金なども拡 大したことは注目すべきである．

1960年代半ばに連邦補助金がいわゆる「農村型」補助金を中心としたもの から「都市型」補助金を中心としたものへと変化し，本質的に連邦補助金の持 つ意味が変わってきた点も重要な論点である．つまり，これまでの連邦補助金 が農村開発や救貧対策等に重点がおかれていたのに対して，この頃から都市財 政や都市問題に対応したものへと変化してきたのである．そのため，都市財政 とくに大都市財政からみると，この時期から「補助金依存型」構造を呈しはじ め，現代における「補助金依存型都市」の原型がこの時期に形成されたのであ る．「集権化過程」から「地方復位」へ向かいつつあるといわれた1960年代に おいて，大都市ではむしろ補助金依存がすすみ，ある意味では「集権化過程」 がにわかに進行しつつあったとみることもできる．このことは，1970年代半 ばに勃発した都市財政破綻の醸成要因を考える上においても重要な視点である．

しかしながら，連邦補助金の体系が都市型になったとはいえ，それでもなお 大都市における負担が軽減されたわけではなかった．「公的扶助の爆発的増加」 とその負担をめぐる問題に象徴されるように，大都市の社会的需要は補助金の 増加分をはるかに上回る勢いで急増していったのである．1966年にニューヨ ーク市の市暫定委員会は，「公的扶助，教育，住宅といった貧困者向けの公的 コストの負担は，ニューヨーク市のような中心都市に強いられる．連邦・州の 責任は部分的で，保健・福祉コストの2分の1，教育コストの3分の1しか負 担されない．連邦の法規によって社会サービス向け連邦補助金は増加されるで あろうが，1970年代半ばまでにかなり増大するであろう貧困関連サービスを 連邦・州が負担することを要求しておくことは，きわめて重要である」として， 次の3つの形態つまり，①公的扶助の機能をすべて州に移管する，②社会サー ビス向け特定補助金の増額，③一般目的州補助金及び連邦一般交付金の創設も しくは税源移譲，のいずれかの措置が望ましいとの勧告を行っている．これら の勧告の一部はのちに実施されることになるが，それが一般交付金の創設に向 けた要求であった．

3. 地方財政調整制度はなぜ定着しなかったのか

　1972年に成立した一般交付金制度は，大都市財政危機の時代に成立したという点で，非常に新しい意味をもつ制度でもあった．従来の地方財政調整制度は，地域経済の不均等発展に伴う地域的財政不均衡の是正，とくに農村地域の救済を目的とした財政調整制度であったが，アメリカの場合には，都市財政の救済が求められていた時期に成立した制度であった．ニクソンからフォード共和党政権期には，民主党ジョンソン政権下の「偉大な社会」期とは違って，新連邦主義が提起され，1970年代前半の一連の連邦補助金政策もそれとの関連が深いということである．本格的に補助金削減といった大胆な政策が講じられるのはレーガン政権になってからであるが，この時期との対比でいえば，1970年代前半はいわばニューフェデラリズムの実験場としての緩やかな改革期として位置づけることができる．したがって，1970年代前半の動向をみることは1980年代とのつながりを考える上においても重要であり，さらに財政連邦主義が州・地方財政にもたらす影響を考える1つの手がかりを示すものでもあった．

　本書では，この時期における財政調整機能制度としてはいかに矛盾の多い制度であったことが考察された．州・地方財政援助法が第1回目の改正を迎えた時期においても，一般交付金制度に関しては多くの論争を巻き起こすこととなった．たとえば，スクラー（Morton H. Sklar）は，一般交付金制度が，少数民族，助成，貧困者に対する従来の特定補助金の削減につながっていることから，貧困者に対しては否定的なインパクトを与えているとして痛烈な批判を行っている．

　一方，一般交付金制度が財政難を抱える大都市にはまったくといってよいほどその危機の打開にはつながらず，それどころか不利にさえなっているとの批判も出され，少なくとも145％上限規定の撤廃をすべきとの要求も出された．こうした批判は，1975年のニューヨーク市財政破綻を契機としてさらに高まり，失業率の高い地域を対象とした景気対策レベニュー・シェアリングの提案も出されるにいたっている．しかし，こうした大都市に不利な制限規定はその

まま第2期にも受け継がれることとなったのである．以上の事実は，一般交付金制度そのものに，1960年代後半に急増した「都市型」連邦補助金を整理・削減しようとする要因が内在していたことを示すものでもあった．

4. レーガン政権下のブロック補助金のねらい

1981年2月に共和党レーガン政権によって連邦歳出削減計画が公表されたとき，最も注目を集めたのが，州・地方に対する500余連邦特定補助金プログラムのうちの90の補助金をわずか3つのブロックに統合しつつ，大幅な連邦補助金削減を実施するという連邦財政史上きわめて大規模な計画である．ブロック補助金の概念そのものが連邦財政史に登場したのは，第2次世界大戦直後すなわち特定補助金プログラムが連邦予算にとって重要な項目となり始めた頃のことであった．それは州・地方に対する連邦補助金をブロック補助金として統合することによって，多数の連邦補助金プログラムの管理を合理化し，補助金総額そのものを削減することによって，政府支出の拡大に歯止めをかけることを主たる狙いとしていた．

そのような狙いをもつ当時の諸提案の中でまず最初に実現したのは，保健・教育・福祉省管轄の14の特定補助金プログラムをブロック補助金として統合する計画であった．その後，1960年代には2つのブロック補助金すなわち1966年保健パートナーシップ法と1968年総合犯罪規制および街路防犯法にもとづくブロック補助金がそれぞれ制定された．さらに，1970年代にはニクソン政権下で特別交付金構想が打ち出され，そのうち2つのブロック補助金すなわち1973年総合雇用・訓練法と1974年住宅・コミュニティ開発法にもとづくブロック補助金（CDBG）がそれぞれ制度化されてきた．その他にも，社会福祉や教育の分野でも一部の特定補助金が統合されている．

このように，レーガン政権期以前にもすでにいくつかのブロック補助金が存在していたのであるが，レーガン政権期のブロック補助金がそれ以前のものと決定的に異なっていた第1の点は，州に割り当てられた役割にあり，それがレーガン政権の新連邦主義ひいては新自由主義＝新保守主義と密接な関係をもっていたことである．第2の相違点は，レーガンが軍事増強策をおしすすめつつ，

非軍事支出を大幅に抑制するという一連の諸政策を遂行する中で，ブロック補助金を歳出削減の主要な手段とした点にある．したがって，ブロック補助金そのものが州・地方に対する大幅な補助金削減と直接的な関連をもつこととなったのである．

　従来，ブロック補助金は，特定補助金と一般補助金の中間的な形態であり，特定補助金のもつ管理面での非合理性を克服するものとして論じられてきた．また，地方自治体からみれば特定補助金に比べると自由裁量権が行使できるという利点も見受けられる．しかし，レーガン政権下においてブロック補助金は，過渡期の補助金形態，すなわち究極的には内政面における行政事務の負担の大半を州に移管して，できる限り連邦補助金そのものをなくしていくための過渡的な手段として位置づけられたのであった．

　1989年度予算に対して3つの補助金の削減や廃止が計画された．第1は，都市大量公共交通プログラムの大幅削減であり，第2はカーター民主党政権の時に創設された大都市プログラムの1つである都市開発活動補助金，経済開発助成，アパラチア地域開発補助金というコミュニティ・地域開発関連の3つの特定補助金の廃止で，その目的は経済的意思決定に対する連邦の直接的介入を縮小させることにあった．第3は，コミュニティ・サービスブロック補助金の段階的廃止であり，1981年の一括予算調整法のもとで創設された9つのブロック補助金のうちの1つであった．このコミュニティ・サービスブロック補助金は，その起源をたどればジョンソン政権期の「貧困とのたたかい」政策の中心的役割を担ってきた連邦の諸プログラムを統合したもので，主として地方のコミュニティ活動機関に供給されてきた貧困対策のための補助金であった．

　このように，レーガン政権期におけるブロック補助金をはじめとする一連の連邦補助金政策は，1960年代の「偉大な社会」期に急増した大都市プログラムを削減ないしは統廃合しつつ，連邦の内政面における歳出削減を第一の目的としてきた．また，大都市プログラムの削減は，プログラムの管理主体を州に移管することによってさらに推し進められたといってよい．レーガン政権の「交換」と「削減」から成り立つ新連邦主義は，プログラムの管理面における合理化や規制緩和を促進するものとなり，連邦のみならず，州・地方の歳出をも抑制させる手段となったのである．

5. 新連邦主義下の州と都市の関係

　本書の後半では，アメリカ連邦制の中間に位置する州に着目しつつ，州と地方の財政関係の分析を行うこととした．対象となる時期は，州が地方財政とくに大都市財政の危機に対応して，地方への介入を積極化した時期，すなわち1970年代後半から1980年代前半であった．また，ニューヨーク州を事例に取り上げたのは，ニューヨーク州が「ホームルール」と呼ばれる比較的強い地方自治の伝統を有しているにもかかわらず，「州権強化」の過程でそうした伝統がゆらぎつつあるという事態が進行し，他州に比してそれが明確な形で示されうるためである．しかも1975年に表面化したニューヨーク市の財政破綻以降の州による市への積極的な介入の過程は，現代の州と地方間の財政関係再編成過程の典型をなしていたからである．

　州による地方とくに都市への介入は1970年代半ばの大都市財政危機のなかで積極的に行われた．その1つのあらわれが，1970年代後半とくに1978年から1980年代初頭にかけての州補助金の飛躍的な増加であった．つまり，州による大都市への介入は1975年のニューヨーク市財政破綻を契機に積極化したのであった．ニューヨーク市財政再建過程においては，州は自治体援助公社や緊急財政統制委員会をつくり，市の財政権を奪いつつ積極的な介入を展開した．1975年から1978年にかけてはとくに州の介入によって市は極端な緊縮財政を余儀なくされ，著しい社会サービスカットと人員削減を実施するなど一連の福祉切り捨て政策を断行したのである．この時期には州補助金はあまり増えず，州補助金が再び増加していくのは1978年から1982年にかけてのいわゆる財政再建が達成される過程である．

　この時期にはまた，州補助金の増加にとどまらず，新連邦主義下の「州権強化」の一環として各州で州への権限移譲がにわかにすすめられていた．この権限移譲には，「連邦政府による州への権限移譲」と「地方事務の州への移管」という2つの側面があったが，両者の性格はまったく異なるものであった．つまり，前者が連邦政府が，新自由主義＝新保守主義的な諸政策を遂行するなかで，内政面における歳出削減の一般として州・地方に対する連邦補助金の削減

や連邦事務の州への移譲を実施したことを意味しているのに対し，後者は，地方の財政危機に対する州の「財政的救済策」としての意味をもっていたからである．しかし，その過程は，地方からすればまさに州の地方への介入であり，地方の財政自主権は著しく侵害されたのである．1970年代末から1980年代初頭にかけてのニューヨーク州とニューヨーク市の関係はまさにその典型であった．

　また，注目すべきことは，州による地方への介入が，連邦による新連邦主義的諸政策の一環として連邦補助金削減が実施される以前からすでにすすめられていたことである．「地方事務の州への移管」は福祉のみならず，司法，教育にまでおよんだ．その過程では，サービス水準が画一化されるという利点がある一方，多くの貧困問題を抱える大都市ではサービス水準が著しく引き下げられたのである．「ホームルール」という比較的強い地方自治の伝統を有するニューヨーク州において，1970年代からその伝統がゆらぎつつあったという事実は，まさに「ニューフェデラリズムの実験場」としての意味をもっていたといえよう．

6. 「実験場としての州」の役割と財政

　1991年2月4日に行われた1992会計年度予算に対する大統領演説のなかで，ブッシュ大統領は前年秋に制定された5カ年にわたる赤字削減法に沿った形で歳出を抑制する方針を打ち出した．新連邦主義に関わるところでは，「実験場としての州」の存在が前年度に引き続き改めて強調され，州を中心に，教育・福祉・保健・雇用訓練などの領域で，効率性と選択性を重視した改革を引き続き進めていく方向性が全面に押し出された．こうした一連の諸政策は，1980年代以降，一貫して取られてきた新連邦主義路線の延長線上といえるものであった．周知の通り，1980年代に入ってアメリカ連邦制は一つの転換期を迎えた．新連邦主義あるいは新保守主義的な諸政策が遂行されるなかで，州・地方への補助金を含む内政面に対する連邦政府の歳出が削減され，州の役割がにわかにクローズアップされるようになってきたのである．

　伝統的に，アメリカの州は，ジェファーソン主義の視点から，地方の監視者

とみなされ，その過程で生じた州と大都市の対立は，アメリカ連邦主義にとって際限のないテーマとなってきた．州がしばしば農村的志向であったために，州の立法が都市の需要や利益を無視してきたことなどが指摘され，ニューヨーク市などの大都市は，州からの独立を要求したほどであった．大都市と州の対立は，いわば「都市と農村の対立」を象徴する形で展開してきたのである．1929年の世界恐慌以降，都市化がさらにすすむなかで，大都市の抱える社会・経済的需要は莫大なものとなり，1930年代を境に，諸都市は連邦政府に援助を要求しはじめた．その歴史的な転換のなかで州の役割が縮小し，それに代わって連邦の直接的な介入が積極化した．1933年にある行政官は「アメリカの州は終わった．州が核力を回復することはないであろう．州はもはや消え失せたと確信している．」[1]と語っている．その流れは，1960年代まで続いた．

　1970年代初頭は，まだ州の存在自体，連邦制にとってそれほど大きなものではなかったが，にわかに変化の兆しがみえはじめていた．州と大都市の財政関係にとって，最も重要な点は，これら一連の改革のなかで，都市と郊外の利害が強化され，農村の利害が弱められたことであろう．しかし，それらの行財政面での改革は，1980年代以降の変化に比べるとそれほど顕著なものではなく，州と大都市の対立の終焉を示すものでもなかった．1980年代の新連邦主義の台頭とともに，半世紀にわたって活力を失っていた州の蘇生がはじまるが，それはまさにジョン・シャノンが指摘するように，連邦政府が課した「自助努力の連邦主義」[2]の産物でもあった．そのなかで，新たなる州と大都市の関係も醸成されてきたのである．

　1992会計年度の予算書では，ブッシュ大統領の予算メッセージの重点項目として，教育・人的資源，予防，研究開発，交通インフラ，環境保護，選択と機会，麻薬と犯罪対策があげられていた[3]．とくに第1の優先順位がつけられていた教育は，州予算での歳出費目のなかで最大のシェアをしめていることと，連邦政府が赤字削減法にもとづいて連邦支出を抑制しはじめたことから，その

---

1) ACIR (1985), *The Question of State Government Caoacity*, p. 1.
2) Shannon, John (1989), "Competition: Federalism's Invisible Regulator," *Intergovernmental Perspective*, Winter 1989.
3) *Budget of the U. S. Government, Fiscal Year 1992, Part One*, pp. 3-4.

後も州の教育負担は高まりをみせていくこととなる．連邦政府が掲げた連邦予算の重点項目と州に対して掲げられている項目がほとんど一致している点や，麻薬・犯罪対策の経費すなわち強制費が突出傾向にあったことなどを考え合わせると，税体系や税源配分が根本的に改革されない限り，州の経費を圧迫し続けることが明らかとなった．

　1990年代前半の不況期に州財政が悪化するなかで，州と大都市との関係も新たな展開をみせることとなった．当時，ゴールドは，州財政に関し，1990年代と21世紀を展望した多くの提言を述べていたが，なかでも州と地方の財政関係に関わるところでは，①市，カウンティ，町に対し，これまで以上に多くの財源を付与すること，②地方の税や予算に関して制限を緩和すること，③地方に対する補助金プログラムを再編成し，事務配分の変革を行うこと，④地方の負担を増加させる州からの委任事務を削減するか廃止することとしている[4]．これらはいずれも示唆深い論点であった．ニューヨーク州の1991〜1992会計年度の予算書では，州は世界恐慌以来最大の財政危機にみまわれ，人口の85％を含む31州で予算赤字を計上している事実が示された[5]．ニューヨーク州もその１つであった．「自助努力の連邦主義」がもたらしたものは，州と大都市の財政危機だったのである．

7.　ニューヨーク州にみる肩代わり政策と1990年州財政危機

　1990年，世界都市ニューヨーク市を抱えるニューヨーク州は，1929年の世界大恐慌以来最大の財政危機にみまわれた．過去20年に遡れば，州経済を含む地域経済構造はきわめてドラスティックな転換を遂げており，州あるいは地方財政の変化も地域経済との関わりが深い．1970年代のアメリカでは，北東部大都市圏や中西部などの旧工業都市の衰退と先端技術産業の集積した西部や南部の勃興に関する議論が積極的に展開していた．当時の状況はまさに衰退と呼ぶにふさわしく，経済的衰退が著しくあらわれた1970年代のニューヨーク州では，州全域で30万人，ニューヨーク市にいたっては実に45万人の製造業

---

4)　Gold (1990), *State Fiscal Agenda for the 1990s*, p. 1.
5)　State of New York (1992), *Executive Budget, 1991-1992, Annual Message*, p. M5

雇用が喪失したのである．1975年におこったニューヨーク市の財政破綻も，都市型工業の衰退をはじめとする産業構造の転換，都市における失業率の増大，都市問題・貧困問題の激化といったいわゆる都市危機のなかで生じたものである．

ところが，グローバル化，サービス経済化の進展とともに1980年代には事態が一転する．ニューヨーク州では100万人以上の雇用が創出されたが，その3割がニューヨーク市での雇用創出であったことからもわかるように大都市の都心部を中心に再生していくのである．景気が最高潮であった1986年のニューヨーク州の総所得は，実に，3,627億ドルに達しており，これはカナダ一国の国民総所得に相当するものといわれている．第5章でも明らかにしたように，1980年代には，世界最先端の国際金融資本がこれまで以上にニューヨーク市中央業務地区に集中・集積し，国際金融資本の本社機能を中心とする中枢管理機能が拡大した．その一方で，貧富の格差はさらに拡大し，1980年代の10年間にニューヨーク市をはじめとする大都市においてホームレスの数が急増した．1980年代の「繁栄」によって貧富の格差が拡大し，多くの貧困者がつくりされたのである．

こうした状況の下で，1990年代初頭，ニューヨーク州では州財政危機に続いて，ニューヨーク市においても，1975年以来2度目の都市財政危機が訪れることとなった．1993年1月にニューヨーク市が発表した失業率は13.4%であり，全米の失業率7.1%と比べるとほぼ2倍にあたる異常なものであった．また，全米人口の約3%を擁するニューヨーク市には，全都市の短期債のうち約半分が集中しており，その額は実に30億ドルに達する．

本書では，1980年代におけるニューヨーク州を中心に，経済が「繁栄」する一方でいかに「貧困」問題が拡大したのか，またそうした経済構造の変化になかで州・地方財政構造がいかに変化したのかを，北東部諸州との比較分析という形で明らかにするとともに，1990年州財政危機とそのもとで提起された財政改革案について一定の評価を行ってきた．

1980年代のニューヨーク州では，経費面では人件費は抑制されてはいるが，全米平均や近隣諸州に比べると1人あたりの初等・中等教育費が増えており，また福祉分野では，AFDCなどの所得保障関係費が減少する一方，メディケイドなどの現物給付が増えている．福祉や保健関係費においても平均的に高い

終章　連邦補助金政策の歴史的総括と展望　　　255

水準にあった．こうしたことは，レーガン政権下で連邦補助金の大幅な削減が
行われている時期にあって，ニューヨーク州による連邦の「肩代わり」政策の
一環とみることもできよう．

　一方，税収面では，個人所得課税や法人所得課税面で州間の税率引き下げ競
争に伴い，「1987年税制改革及び減税に関する法律」が可決され，税率の簡素
化・最高税率の引き下げが実施される一方で，協調的な売上税増税が実施され
てきた．州売上税のほかに，地方売上税がこの時期に相次いで創設されたり，
税率引き上げが行われたことによって，地方の売上税収の4分の1がニューヨ
ーク州に集中することとなったのである．このことは税収構造に大きな影響を
及ぼす結果となっている．こうした1980年代におけるニューヨーク州・地方
財政構造の変化は，世界大恐慌以来最大の「1990年州財政危機」を生み出し
た構造的要因となったといえるのではないか．

　1990年財政危機以降，州で提起された財政改革案が実施されて以降，どの
ような事態が生じたのか．ニューヨーク州における1993会計年度予算では，
累積赤字は25億ドル，1994会計年度でも16億ドルにのぼり，1995会計年度
には累積赤字33億ドル，1997会計年度予算でも累積赤字28億ドルとなった．
財政再建の過程で，州の職員の多くが削減されてきた．1993年度から1997年
度にかけてニューヨーク州立大学で2,500人，保健分野で9,500人，ニュー
ヨーク市立大学で2,700人，交通分野で800人削減されるといったように，
福祉や教育に関わる分野で多くの常勤職員が削減された．これに対して警察や
司法の職員は増員されており，州職員の数全体としてみれば23万8,000人か
ら22万4,000人に，1,400人も削減されることとなったのである．

　当時，日本でも，東京都で1996年から5年にわたって4,700人規模の人員
削減を実施することが決定されるなど，国の自治体リストラ政策の影響を受け
て合理化がすすめられた．現在でもさらなる公務員の削減が続けられており，
官製ワーキングプアも増加しつつある．

　ニューヨーク州において1990年財政危機からの克服策として提起された財
政改革案と比べると，ニューヨーク州で委任事務廃止を合理化の一環として掲
げている点で大きな違いがある．ニューヨーク州の1990年財政改革案の中で
委任事務の見直しについては評価しなければならない側面があるが，生活保護

については個人責任を高めて福祉よりも仕事を優先させるよう促し，メディケイドの対象となるサービスを縮小して，受給者にも新たな制限を加えるなど，さらなる福祉切り捨て政策を盛り込んでいたのであった．非白人の母子世帯を中心に貧困化が拡大している現状からみて，厳しい内容となっていたことは事実である．それをさらに厳格なシステムへと転換したのが，1996 年の福祉改革である．

8. 1990 年代以降の福祉改革，減税政策と州補助金の新たなる展開

クリントン民主党政権下においては 1996 年個人責任・就労機会調整法の創設によって，1935 年以来子どもを持つ貧困家庭に対して現金給付を行ってきた AFDC が廃止されて，時限立法としての TANF が導入された．これは，雇用が可能な受給者に対して就労を義務付けるというもので，ニューヨーク市のワークフェア政策をモデルとしたものといわれている．一連の福祉改革によって，AFDC のみならず，雇用機会・基礎的技術訓練プログラムや緊急支援プログラムが TANF に統合された．これによって創設されたのが，州が裁量権をもつ TANF ブロック補助金である．

1997 年 6 月に連邦政府は，2002 年までに赤字ゼロをめざす財政均衡 5 カ年計画に関する最終案を発表したが，その内容は，歳出面ではメディケアをはじめとする医療保険制度改革案，歳入面では 1981 年のレーガン政権下での減税以来の最大規模の約 900 億ドルの減税案がそれぞれ中心となっていた．こうした連邦レベルでの歳出削減，福祉改革，減税政策に対する議論がすすめられる一方で，州レベルでは教育補助金をめぐる改革が進行した．連邦と州との関係が福祉改革を中心にすすんだとすれば，州と地方との関係は財産税減税とセットで実施された教育補助金改革である．

ニューヨーク州では，1998〜1999 年学校年度から STAR（School Tax Relief）プログラムを施行している．この制度は当初は 65 歳以上で年間所得 6 万ドル未満の不動産を所有している世帯を対象としたものであり，中価格の住宅を所有する高齢者にとっては 45% 程度の減税が実施された．1999〜2000 学校年度には，年齢や所得に関わりなく少なくとも 1 万ドルが不動産評価額から

控除されることとなり，さらに 2001〜2002 学校年度には控除額が 3 万ドルにまで拡大した．この結果，中価格の住宅所有者にとっては少なくとも 27% の学校財産税減税が実施されることとなった．2008〜2009 会計年度予算についてみると，中産階級の財産税減税プログラムが組み込まれ，前年度よりも 17% も減税予算が拡大することとなった．

　現在，STAR プログラムによる住宅所有者への税額控除については，評価額 3 万ドルを上限とすることで，2010〜2011 会計年度には平均 641 ドル，全体で 290 万ドルの減税が達成されるとしている．また STAR プログラムでの 65 歳以上の高齢者に対する税額控除は，評価額 6 万 100 ドルを上限とすることで 7 万 4,700 ドル以下の所得階層により大きな恩恵が与えられるとしている．これによって約 64 万 2,000 人の高齢者住宅所有者が財産税の税額控除を受けることができるが，その平均控除額は 1,205 ドルである[6]．ニューヨーク市に対する STAR プログラムについては，300 万人以上の居住者に対して所得税からの税額控除を実施している．もともと，STAR プログラムは 1997 年に住宅所有者の財産税を相殺し，高齢者にはさらなる減税をする目的で制度化されものである．STAR プログラムによる州支出は 2009〜2010 会計年度では 31 億ドルにもなり，2001〜2002 会計年度の水準と比べると 25% も増加している．

　しかし，その一方で，地方における財産税は増加し続けている．ニューヨーク市を除く学校財産税は 2001〜2002 会計年度から 2008〜2009 会計年度にかけて，年平均 7% も増大し続けているのである．税収の増加率は，インフレ率や年平均賃金の伸び率に比べると，ほぼ 2 倍のスピードとなっている．ニューヨーク州内の 5 大都市以外の学校区では，経済的な不況を反映して 2% の伸びにとどまっているが，全国では最も財産税が高い状況が持続しているのである．

　本書で明らかにしたように，ウェストチェスターカウンティでは一般会計歳入の 3 割以上を財産税でしめており，イーストチェスター町一般会計でも歳入の 35% をしめている．イーストチェスター学校区では実に 87% を財産税でしめており，一般会計以外の特別会計や特別区での財産税収入などを合わせてみると，実に多くの地方政府の活動に対して財産税が用いられていることが充当

---

6) State of New York, *2020-11 Executive Budget Briefing Book.*

されている．リーマン・ショック後の不況下で，オバマ政権下でARRAによる州政府への連邦補助金が大幅に拡充されたが，ニューヨーク州では100億ドル近い財政赤字が計上される状況が続いているのである．いずれにしても，2005年までの検証おいて，STARプログラムをはじめとする州補助金が財産税負担を抑制するほどには機能しなかったことは，財産税を中心とする市町村財政そのものに限界があることを示すものである．

アメリカの補助金をめぐっては，州間・州内の財政力格差をいかに是正していくのかといった点も残された大きな課題である．アメリカでは，周知の通り，連邦補助金の大半がブロック補助金や特定補助金である．ニューヨーク州の事例で明らかにされたとおり，州補助金もまた大半が特定補助金となっている．今後，連邦レベル，州レベルにおいて，一般交付金を通じた財政調整機能をどのように構築していくのかが，新たな課題として浮上しているといえよう．

9. アメリカの地方自治と住民参加システム

ホームルールの伝統を有するアメリカでは，市町村数が約5万もあり，特別区を含めると約8万の自治体が存在している．市町村の人口は平均5,000人程度であり，数多くの小規模市町村が存在している．市町村を包括する役割を果たしているのが，カウンティである．カウンティは，市町村を補完する広域的行政を行っている．人口約92万人のウェストチェスターカウンティの場合には，一般会計では，経済援助が32％と最も大きく，治安19％，一般行政14％，交通8％，保健8％，家庭・コミュニティサービス8％，教育7％，文化・レクレーション3％等といった構成になっている．経済援助と治安といった比較的広域的な行政を担っており，小規模市町村を補完する機能を有している．さらに，特別区として，下水道区，廃棄物処理区，資本プロジェクト基金，空港基金，浄水基金，補助金基金があり，カウンティが中心となって，市町村との広域的な連携を行っている．

また，市町の中にも法人格を有する村などの自治体が存在しており，市町村や市町村内の村などが住民に身近な狭域行政を担っている．本書で取り上げた人口約3万人のイーストチェスター町の場合には，町の中にブロンクスヴィル

村，タカホ村という2つの法人格を有する村が存在しており，町予算のなかで
2つの村予算が計上される仕組みになっている．イーストチェスター町では，
議会，司法，行政関係支出の他に，非常に多くの高齢者向けプログラム，コミ
ュニティプログラム，公園など施設維持管理費，レクレーションなどの予算が
計上されている．全会計の性質別歳出予算についてみると，対個人サービスが
半分近くを占め，人件費が4分の1，委託費が2割，公債費が1割などといっ
た構成になっている．高齢者向けプログラムには1割近い予算が計上されてお
り，子どもたち向けのレクレーションやデイキャンプには12%の予算が配分
されている．いかに，人的サービスを中心とした狭域的行政サービスを担って
いるかがうかがえる．

　教育サービスは，特別区である学校区を通じて提供されている．イーストチ
ェスター学校区の場合には，課税権を有し，年間予算については住民共同参画
という形で市民の意見などが積極的に取り入れられ，年間予算は，住民投票に
よって決定される．一般会計は教育行政関係費1割，教育サービス6割，交通
（スクールバス等）4%，人件費2割，公債費5%といった構成になっている．1
クラスあたりの生徒数は15名程度と比較的少なく，財源の多くを教育サービ
スに充当しているため，質の高い公教育サービスを提供している．英語を母国
語としない生徒が多いため，ESL（English as a Second Language）の特別教
育も行っている．特別教育には予算の13%が計上されている．

　イーストチェスター学校区では，1990年代初頭にESL関係の州補助金廃止
の影響を受けて，ESLを存続するかどうかで議論が巻き起こった時期があっ
た．最終的にはESLを存続するために，教育税（財産税）が増税される案が示
され，住民投票にかけられて可決されたのである．すでに明らかにしたとおり，
ニューヨーク州内市町村の財産税は累進税率が適用されている．教育サービス
存続のために増税案が可決される背景には，市町村の主要な役割が教育にあり，
教育を充実させることが地域のさらなる発展につながるといった認識が浸透し
ているためであると考えられる．

　このように，市町村では予算策定やまちづくりにおいて住民参加や住民共同
参画などの住民自治が発達しているところも多く，NPOも数多く存在しそれ
ら行政機能を補完する役割を果たしている．連邦レベルで競争的連邦主義，新

自由主義的諸政策が推進される一方で，市町村やコミュニティレベルでは草の根民主主義にもとづく住民自治が発達しているのである．人口約900万人のニューヨーク市では，1975年に財政破綻を経験して以降，1977年に住民投票により市の憲章を改正して，住民参加制度が導入されている．日本では，「平成の大合併」(1999～2010年)の過程で3,200余りあった市町村が1,700余にまで統合再編され，各地で広域的な市町村合併が推進された[7]．12市町村が合併して政令指定都市の指定を受けた浜松市では，合併から4年後に地域自治組織が廃止され，さらに7つの区の再統合案が示されるなど，効率性の名のもとに急速に地域の衰退と住民自治の崩壊がすすんでいる．

　いずれにしてもアングロサクソン型競争的分権主義といわれるアメリカにおいて，5万余もの市町村を有し，住民に対する福祉や教育などのきめ細やかな行政サービスを推進している点は注目すべきである．小規模市町村であるからこそ，住民参加型，住民共同参画型の政策をすすめることができるという利点がある．小規模市町村の広域行政の調整を行っているのがカウンティである．日本では，都道府県を廃止して道州制を導入する方向での検討がすすめられているが，自治体としての都道府県のもつ機能をいまいちど再認識する必要がある．

10. 日本における民主党政権下の「ひもつき補助金の一括交付金化」への示唆

　最後に，日本の分権改革と補助金政策への示唆について触れておきたい[8]．

---

7)　「平成の大合併」については，拙著 (2001)，『市町村合併と自治体の財政―住民自治の視点から』自治体研究社，拙著 (2011)，『「分権改革」と地方財政―住民自治と福祉社会の展望』自治体研究社などを参照．

8)　日本の分権改革と地方交付税・補助金については，拙著 (2001)，『市町村合併と自治体の財政』，拙稿 (2001)，「国庫支出金をめぐる諸問題と今後のあり方」『地方財務』第562号，3月，33-47頁，同 (2002)，「地方交付税改革と市町村合併――『昭和の大合併』と『平成の合併』の比較を中心として」『経済研究』静岡大学，7巻1号，73-107頁，同 (2004)，「地方自治制度の再編と地方財政」重森暁・田中重博編『構造改革と地方財政』自治体研究社，187-230頁，同 (2005)，「1999年合併特例法改正以降の大規模市町村合併と地方財政――静岡市・清水市合併の事例研究」，日本地方財政学会編『地方財政のパラダイム転換』勁草書房，67-89頁，同 (2006)，「国と地方

終章　連邦補助金政策の歴史的総括と展望　　　261

日本では 2009 年の政権交代以降，民主党政権下で地域主権改革がすすめられ
つつあり，2010 年 6 月に閣議決定された「地域主権戦略大綱」[9]には，「地域
主権改革」の意義と定義が以下のように記されている．「明治以来の中央集権
体質から脱却し，この国の在り方を大きく転換する改革である．国と地方公共
団体の関係を，国が地方に優越する上下の関係から，対等の立場で対話のでき
る新たなパートナーシップの関係へと根本的に転換し，国民が，地域の住民と
して，自らの暮らす地域の在り方について自ら考え，主体的に行動し，その行
動と選択に責任を負うという住民主体の発想に基づいて，改革を推進していか
なければならない」とし，その定義は，「日本国憲法の理念の下に，住民に身
近な行政は，地方公共団体が自主的かつ総合的に広く担うようにするとともに，
地域住民が自らの判断と責任において地域の諸課題に取り組むことができるよ
うにするための改革」であり，「この改革の根底をなす理念として掲げている
ものであり，日本国憲法が定める『地方自治の本旨』や，国と地方の役割分担
に係る『補完性の原則』の考え方と相まって，『国民主権』の内容を豊かにす
る方向性を示すものである」とされる．

　具体的には，義務付け・枠付けの見直しと条例制定権の拡大，基礎自治体へ
の権限移譲，国の出先機関の原則廃止，ひもつき補助金の一括交付金化（2011
年度から段階的導入），地方税財源の充実確保，直轄事業負担金の廃止，地方政
府基本法の制定（地方自治法の抜本的見直し），自治体間連携・道州制，緑の分
権改革推進が謳われているが，道州制の導入など自公路線の延長線上にある点
も散見される．

　この中で，ひもつき補助金の一括交付金化についてみておくと，「大綱」で
は，基本的考え方として，一括交付金化する「ひもつき補助金」の対象範囲を
広くとり，補助金，交付金等を保険，現金給付，サービス給付，投資に整理し，
地方の自由裁量を拡大するものを対象とする点が明記されている．まず，2011

　　間の財政関係」宮本憲一・遠藤宏一編『セミナー現代地方財政 I』勁草書房，119-144 頁，同
　　（2006），「自治体再編下の地方自治財政──市町村合併・道州制と自治体財政」宮本憲一・遠藤宏
　　一編『セミナー現代地方財政 I』勁草書房，191-214 頁，拙著（2011）『「分権改革」と地方財政
　　──住民自治と福祉社会の展望』などを参照．
　9）　民主党「地域主権戦略大綱」（2010 年 6 月 22 日閣議決定）については，総務省ホームページに
　　よる．

年度に投資に係る補助金・交付金等の一括交付金化を図り，2012 年度以降は経常サービスに係る国庫補助金の一括交付金化を検討していくこととしている．各自治体への一括交付金の配分額の決定方法は，自治体が作成する事業計画と，人口や面積といった客観的指標を勘案して決められるが，具体的な制度設計や一括交付金の総額については，予算編成過程の審議に委ねられることとなる．「大綱」では，社会保障・義務教育関係に関して全国画一的な保険・現金給付等に関するものなどは対象外とする点が盛り込まれているが，具体的な補助金項目はまだ明記されていない．

　民主党マニフェスト（政権公約）では，補助金に関して「様々な利権の温床になっている」として，すべてを廃止して一括交付金に改めることを提唱していた．一括交付金をめぐっては，その後の中央各省庁の反発もあって，交付の計画段階から各省庁が関与できる内容になっており，原案に比べると地方の自由度が縮小している．また，実施にあたっては，「PDCA（計画・執行・点検・反映）サイクルを通じて制度の評価・改善を図る」とされ，計画からチェックにいたるまで，国の関与が強化される可能性もある．地方の自由度を高めるという意味での改革は，「骨抜き」になりかねない．

　さらに，ひもつき補助金の整理如何によっては，国の財政責任の所在がさらに曖昧化し，ナショナルミニマムさえも保障されない可能性もある．これまで国庫支出金 1980 年代の地方行革以降，教育や福祉を中心とした国庫負担金の負担率の引き下げ，1999 年の地方分権推進計画下で自治事務化に伴う国庫補助負担金の廃止・整理合理化，2000 年代の三位一体の改革においては，義務教育国庫負担金負担率引き下げや保育所運営費交付金全廃などがすすめられてきた．

　日本における地方向け補助金（国庫支出金）は約 21 兆円（2010 年度）だが，生活保護の増加を背景に 2010 年度までの 10 年間に社会保障関係補助金の金額そのものは増加傾向にある．その一方で，公共事業関係補助金は絶対的に減少している．それは補助事業から単独事業へと比重が移行したためである．その意味では，国庫支出金の多くが，国庫負担金という形でナショナルミニマムを保障するための財源としての特徴を有している．

　これまで国庫補助金は官僚システムの温床とされ，政権党と結びついて政治

的利権との関係をどう断ち切るのかが論点の１つとなってきた．シャウプ勧告では，国庫支出金を大幅に組み替えて，地方財政平衡交付金を含む地方の一般財源として保障すべきとの論理が示されていた．その意味では，ひもつき補助金の一括交付金化には一定の説得性がある．しかし，三位一体の改革によって地方交付税のもつ財政調整機能や財源保障機能が弱体化し，地域間格差が拡大している現在では，いま一度，国庫支出金（生活保護国庫負担金や義務教育費国庫負担金など）のうち，国の財政責任の部分を明確にし，地方の裁量を拡大しつつ財源保障をするとした視点も必要である．また，地方交付税も大幅に見直して，税源移譲をすすめて地方の自主財源を拡大する必要性なども打ち出されている．

　かつて，レーガン政権下のアメリカやサッチャー政権下のイギリスでは，特定補助金を大幅に削減して，ブロック補助金化する政策を実施した．その論理は，中央政府による地方への補助金を削減して，競争的連邦主義あるいは自助努力の連邦主義を実現することにあり，小さな政府論や公共部門の縮小論と結びついて展開したところに大きな特徴があった．いま，日本地方財政改革に求められることは，地域間格差を是正するための財源保障システムの立て直しと，情報公開や住民参加制度を前提とした課税自主権（地方の財政権）の拡充であるといえよう．

主要参考文献

Advisory Commission on Intergovernmental Relations（ACIR）（1969）, *State Aid to Local Government, A-34*, Washington, D. C..

—— （1970）, *State Involvement in Federal-Local Grant Programs: A Case Study of the "Buying In" Approach, M-55*, Washington, D. C..

—— （1974）, *General Revenue Sharing: An ACIR re-evaluation, A-48*, Washington, D. C..

—— （1977）, *Categorical Grants: Their Role and Design-The Intergovernmental Grant System: An Assessment and Proposed Policies, A-52*, Washington, D. C..

—— （1977）, *Safe Streets Reconsidered: The Block Grants Experience 1968-1975, The Intergovernmental Grant System: An Assessment and Proposal Policies, A-55*, Washington, D. C..

—— （1977）, *The Partnership for Health: Lessons from a Pioneering Block Grant, The Intergovernmental Grant System: An Assessment and Proposal Policies, A-56*, Washington, D. C..

—— （1977）, *The Comprehensive Employment and Training Act, Early Readings from a Hybrid Block Grant, The Intergovernmental Grant System: An Assesment and Proposal Poricies, A-58*, Washington, D. C..

—— （1977）, *Block Grants: A Comprehensive Analysis, A-60*, Washington, D. C..

—— （1980）, *Recent Trends in Federal and State Aid to Local Government, M-118*, Washington, D. C..

—— （1980）, *The State of State-Local Revenue Sharing, M-121*, Washington, D. C..

—— （1982）, *A Catalog of Federal Grant-in-Aid Programs to State and Local Government: Grants Funded FY 1981, M-133*, Washington, D. C..

—— （1986）, "Preliminary Estimates of the Effect of the 1986 Federal Tax Reform Act on State Personal Income Tax Liabilities," *Staff Information Report*, ACIR, December 8, Washington, D. C..

—— （1987）, *Measuring State Fiscal Capacity, 1987 edition, M-156*, Washington, D. C..

—— (1989), *Significant Features of Fiscal Federalism, 1989 edition, Vol. I, M-163*, Washington, D. C..

—— (1994), *Characteristics of Federal Grant-in-Aid Programs to State and Local al Governments: Grants Funded FY 1993 M-188*, Washington, D. C..

The Annals of the American Academy of Political and Social Silences, Vol. 359, May 1965.

Adams, Terry K., Gregg J. Duncan and Willard R. Rogers (1988), "Persistent Urban Poverty: Prevalence, Correlates and Trends." Paper Presented at "The Kerner Report: 20 Years Later," a Conference held in Racine, Wisconsin on February 27 to 29.

Anderson, Martin (1967), *The Federal Bulldozer*, New York: McGraw-Hill (柴田徳衛・宮本憲一訳 (1971), 『都市再開発政策―その批判的分析』鹿島出版会).

Aron, Henry J. (1991), *Serious and Unstable Condition: Financing America's Health Care*, The Brookings Institution.

Aronson, J. Richard and John L. Hilley (1986), *Financing State and Local Government, Forth Edition*, The Brookings Institution.

Bahl, Roy, Alan K. Campbell and David Greytak (1974), *Taxes, Expenditures and the Economic base-Case Study of New York City*, Praeger.

——, ed., (1978), *Fiscal Outlook for Cities; Implications of A National Urban Policy*, Syuracuse University Press.

Bahl, Roy and William Duncombe (1991), *Economic Growth & Fiscal Planning: New York in the 1990s*, Center for Urban Policy Research.

Bawden, D. Lee and John Palmer (1984), "Social Policy, : Challenging the Welfare State," in Palmer, John and Isabel Sawhill, eds., *The Regan Record*, Cambridge: Ballinger Publishing Co..

Bell, Daniel (1973), *The Coming Post Industrial Society: A Venture in Social Forcasting*, Basic Books (内田忠夫ほか訳 (1975), 『脱工業社会の到来』上・下, ダイヤモンド社).

Benjamin, Gerald and Charles Breacher, eds. (1988), *The Two New Yorks: State-City Relations on the Changing Federal System*, Russell Sage Foundation.

Bernard, Richard M. (1990), *Snowbelt Cities: Metropolitan Politics of the*

Northeast and Midwest since World War II, Sage Publications.

Bingham, Richard D. and Zhongcai Zhang (2001), *The Economies of Central City Neighborhoods*, Westview Press.

Bloom, D., M. Farrell, et al. (2002), *Welfare Time Limits: State Policies, Implementation, and Effects on Families*, Manpower Demonstration Research Corporation.

Break, George F. (1980), *Financing Government in a Federal System*, Brookings Institution.

Brecher, Charles and Raymond Horton, eds., *Settting Municipal Priorities 1986*, New York University Press.

Brecher, Charles, Raymond Horton with Robert A. Cropf and Dean Michael Mead (1993), *Power Failure: New York City Politics & Policy Since 1960*, New York, Oxford: Oxford University Press.

Brown, Lawrence D., James Fossett and Kenneth T. Palmer (1984), *The Changing Politics of Federal Grants*, Brookings Institution Press.

Bureau of Justice (1989), *Statistics, Prisoners in 1980 and Prisoners in 1988*, U. S. Government Printing Office.

Brunori, D. (2005), *State Tax Policy: A Political Perspective, 2nd.*, The Urban Institute Press.

Burchell, Robert W, Richard L. Frorida and James Nemeth (1984), *The New Reality of Municipal Finance: The Rise and Fall of the Intergovernmental City*, New Brunswick, NJ: Center for Urban Policy Research.

Campbell, Alan K., ed. (1970), *The States and the Urban Crisis*, New York: McGraw-Hill.

Caputo, David A. and Richard L. Cole, eds. (1976), *Revenue Sharing: Methodological Approaches and Problems*, Massachusetts: Lexington Books.

Carrol, Robert (1988), "An Analysis of Corporate Income Taxation in Nebraska and Comparison with the 50 States," *Metropolitan Studies Program Occasional Paper*, No. 123, Syracuse University.

Chemerinsky, Erwin (2008), *Enhancing Government: Federalism for the 21st Century*, Stanford Law Books.

Citizens Budget Commission (2006)（自治体国際化協会訳『ニューヨーク州の公共企業体』）.

City of New York, *State Budget Initiatives and Analysis of Executive Budget,*

State Fiscal Year 2006-2007.

The Coalition of Voluntary Mental Health Agencies, Inc., *Community Mental Health Services, New York State Budget Fiscal Year 2006-2007.*

Commission on the Organization of the Executive Branch (1949), *A Report to Congress on Federal-State Relations*, Washington, D. C.: U. S. Printing Office.

Congress, House, Committee on Banking, Housing, and Urban Affairs (1992), *The Economic Distress in Our Cities*, 102nd Cong., 2nd Sess., April 8.

Congressional Budget Office (1985), *Reducing Poverty Among Children*, Washington, D. C.: U. S. Government Printing Office, May.

Congressional Quarterly (1970), *Congress and the Nation II*, Congressional Quarterly Books.

Conlan, Timothy (1984), "The Politics of Federal Block Grants: From Nixon to Reagan," *Political Science Quarterly*, Vol. 99, Summer.

The Council of State Government (1989), *The Book of States, 1988-1989 edition*, Volume 27, Lexington.

Craig, Stubblebinem Wm. and Thomas D. Willett (1983), *Reaganomics: Modern Report*, San Francisco, California: ICS Press.

Daffflon, Bernard, ed. (2002), *Local Public Finance: Balancing the Budget and Controlling Debt*, Edward Elgar Publishing, Inc.

Danziger, Sheldong (1989), "Fighting Poverty and Reducing Welfare Dependency," in Cottingham, Phoebe and David Ellwood, eds., *Welfare Policy for 1990s*, Cambridge: Harvard University Press.

Deborah, Chang and John Holahan (1989), *Medicaid Spending in the 1980s: The Access-Cost Containment Trade-Off Revisited*, The Urban Institute.

Derthick, Martha (1975), *Uncontrollable Spending for Social Services Grants*, Washington, D. C.: The Brookings Institution.

Diamond, Peter A., ed. (1999), *Issues in Privatizing Social Security: Report of an Expert Panel of the National Academy of Social Insurance*, Cambridge, Massachusetts and London: The MIT Press.

Dommel, Paul R. (1974), *The Politics of Revenue Sharing*, Indiana University Press.

Drennan, Mathew (1983), "The Local Economy and Local Revenues," in *Setting Municipal Priorities 1984*, New York University Press.

―― (1987), "Local Economy and Local Revenues," in *Setting Municipal Priorities 1988*, New York University Press.

Eastchester School District, *Budget 2010–2011*.

Eastchester Union Free School District, Home Page.

Ellwood, John William, ed. (1982), *Reductions in U. S. Domestic Spending: How They Affect State and Local Governments*, New Brunswick, New Jersey: Transaction Books.

Executive Office of the President and the Council of Economic Advisors, *Economic Report of the President*, U. S. Government Printing Office, seversl years edition.

Executive Office of the President, Office of Management and Budget (1988), *Special Analysis, Budget of the United States Government, Fiscal Year 1988*, U. S. Government Printing Office.

―― (1989), *Special Analysis, Budget of the United States Government, Fiscal Year 1989*, U. S. Government Printing Office.

―― (1991), *Budget of the U. S. Government, Fiscal Year 1991, Part One*, U. S. Government Printing Office.

The Final Research Report of the Graduate School of Public Administration and Social Service, Temporary Commission on City Finances, (1966), *Financing Government in New York City*, New York University.

The Final Research Report of the Temporary Commission on City Finances (1978), *The City in Transition: Prospects and Policies for New York*, Arno Press.

Fitch, Lyle C. and Anmarie Hauck Walth, eds. (1974), *Agenda for a City: Issues Confronting New York*, Sage Publications (東京都訳『ニューヨーク市の当面する諸問題II』東京都).

Fitch, Robert (1993), *The Assassination of New York*, Verso.

Fossett, James (1983), *Federal Aid to Big Cities: The Politics of Dependence*, Washington, D. C.: The Brookings Institution.

Friedman, J. and G. Wolff (1982), "World City Formation: An Agenda for Research and Action", *International Journal of Urban and Regional Research*, Vol. 6, No. 3.

Friedman, J. (1986) "The World City Hypothesis," *Development and Change*, Vol. 17, pp. 69–84.

Gamkhar, Shama (2002), *Federal Intergovernmental Grants and the States: Managing Devolution*, Edward Elgar Publishing, Inc.

Gerston, Larry N. (2007), *American Federaliism: A Consise Introduction*, M. E. Sharpe.

Gold, Steven D. (1982), "Federal Aid and State Finances," *National Tax Journal*, Volume XXXIV, No. September.

—— (1983), *State and Local Fiscal Relations in the Early 1980s*, The Urban Institute

—— (1983), "Recent Development in State Finances," *National Tax Journal*, Volume XXXVI, Vol. 1, March.

—— (1987), "Developments in State Finances, 1983 to 1986," *Public Budgeting & Finance*, 7, Spring.

—— (1990), "State Finances in the Era of Fiscal Federalism," in Swartz, Thomas R. and John E. Peck, eds., *The Changing Face of Fiscal Federalism*, M. E. Sharpe.

Goldenberg, Erie (1976), "Citizen Participation in General Revenue Sharing," in Juster, F. Thomas, ed. *The Economic and Political Impact of General Revenue Sharing*, National Science Foundation.

Goodman, Jay S. (1975), *The Dynamics of Urban Government and Politics*, Macmillan.

Goodspeed, T. J. (2002), "Bailouts in a Federalism," *Tax and Public Finance*, 9, pp. 409-421.

Gottdiener, M., ed. (1986), *Cities in Stress: A New Look at the Urban Crisis*, Urban Affairs Annual Reviews.

Graham, Edward M. and Paul R. Krugman (1991), *Foreign Direct Investment in the United States*, Institute for International Economics.

Green, Cynthia B. (1985), "State Aid," in Brecher, Charles and Raymond D. Horton, eds., *Settting Municipal Priorities 1986*, New York University Press.

—— and Paul D. Moor (1988), "Public Finance," in Benjamin, Gerald and Charles Breacher, eds., *The Two New Yorks: State-City Relations on the Changing Federal System*, Russell Sage Foundation.

Greenberg, Miriam (2008), *Branding New York: How a City in Crisis Was Sold to the World*, Routledge.

主要参考文献 271

Grossman, David A. (1983), "Intergovernmental Aid," in Breacher, Charles and Raymond Horton, eds., *Setting Municipal Priorities 1984*, New York University Press.

Hanushek, Eric (1986), "The Economics of Schooling: Production and Efficiency in Public Schools," *Journal of Economic Literature*, 3, September.

Hays, R. Allen (1995), *The Federal Government and Urban Housing*, Albany: State University of New York Press.

Heller, Walter (1966), *New Dimensions of Political Economy*, Cambridge, MS: Harvard University Press.

—— (1968), "A Sympathetic Reappraisal of Revenue Sharing," in Perloff, Harvey S. and Richard P. Nathan, eds., *Revenue Sharing and the City*, New York: AMS Press

Hirsch, Arnold R. (1998), *Making the Second Ghetto: Race and Housing in Chicago, 1940-1960*, Chicago: University of Chicago Press.

Holahan, John A. and Joel W. Cohen (1986), *Medicaid: The Trade-Off Between Cost Containment and Access to Care*, Washington, D. C.: Urban Institute Press.

Huddell, L. Kenneth, ed. (1979), *Fiscal Crisis in American Cities: The Federal Response*, Cambridge, MS: Ballinger Publishing Company.

Jacobs, Jane (1961), *The Death and Life of Great American Cities*, Modern Library (黒川紀章訳 (1977), 『アメリカ大都市の死と生』鹿島出版会).

Jones, Gerry, ed. (1987), *State Information Book, 1980-1987*, Maryland: Corporation Rockvill.

Juster, F. Thomas, ed. (1976), *The Economic and Political Impact of General Revenue Sharing*, National Science Foundation.

King, Anthony D. (1990), *Global Cities: Post Imperarism and the Internationalization of London*, Routledge.

Levitan, Sar A. (1969), *Programs in Aid of the Poor for the 1970s*, Johns Hopkins Press.

Massey, Douglas S. and Nancy A. Denton (1993), *American Apartheid: Segregation and the Making of the Underclass*, Cambridge: Harvard University Press.

Maxwell, Terrence (2002), *Leaving Welfare: Post-TANF Experiences of New York State Families*, The Rockefeller Institute of Government.

Mcfarl and M. Carter (1978), *Federal Government and Urban Problems, HUD: Successes, Failures and the Fate of Our Cities*, Westview Press.

McNichol, Elizabeth, Phil Oliff and Nicholas Johnson (2010), "Recession Continues to Batter State Budgets; State Responses Could Slow Recovery," *Center on Budget and Policy Priorities*, pp. 1-10.

Mead, Lawrence M., ed. (1997), *The New Paternalism: Supervisory Approaches to Poverty*, Washington, D. C.: Brookings Institution Press.

Mills, Myers (1975), "A Legislative History of Revenue Sharing," *The Annals of the American Academy of Political and Social Sciences*, Vol. 419, May.

Mirengoff, William and Lester Rindler (1978), *CETA: Manpower Programs Under Local Control*, Washington, D. C.: National Academy of Sciences.

Moffitt, Robert (1988), *Has State Redistribution Policy Grown More Conservative? AFDC, Food Stamps and Medicaid 1960-1984*, Institute for Research on Poverty Discussion Paper, DP No. 851-888, Madison: University of Wisconsin, January.

Moynihan, Daniel P., ed. (1970), *Toward a National Urban Policy*, Basic Books.

Nathan, Richard P., Allen D. Manvel, Susannah E.Calkins and associates (1975), *Monitoring Revenue Sharing*, Washington, D. C.: The Brookings Institution

——, Charles F. Adams and associates (1977), *The Revenue Sharing: The Second Round*, Washington, D. C.: The Brookings Institution.

——, Fred C. Doolittle and associates (1983), *The Consequences of Cuts: The Effects of the Reagan Domestic Program in State and Local Governments*, Princeton Urban and Regional Research Center.

—— (1987), *Reagan and the State*, Princeton University Press.

—— (1993), *Turning Promises into Performance: the Management Challenge of Implementing Workfare*, New York: Columbia University Press.

National Center for Educational Statistics, 2010.

National Governors Association, *The Fiscal Survey of States*, Annual Years.

National Commission on Urban Problems, United States National Commission on Urban Problems (1968), *Building the American City: Report of the National Commission on Urban Problems to the Congress and to the President of the United States*, Washington D. C.: U. S. Government Printing Office.

The Nelson A. Rockefeller Institute of Government, State University of New York (1983), *1983-1984 New York State Statistical Yearbook*, 10th Edition, November.

Newman, Howard N. (1972), "Medicare and Medicaid," *The Annals of the American Academy of Political and Social Science*, Vol. 399, January.

New York State Department of Taxation and Finance (1987), "New York State's Tax Reform and Reduction Act of 1987," No. 900, New York State Department of Taxation and Finance, May.

New York State Department of Taxation and Finance, Office of Tax Policy Analysis, *Statistical Report*, New York State Department of Taxation and Finance, various years.

New York State School Boards Association (2004), *2003-2004, Executive Budget Analysis*.

New York State, *1997-1998 Enacted Budget*.

New York State, *1998-1999 Executive Budget*.

New York State, *1999-2000 Enacted Budget*.

New York State, *2000-2001 Enacted Budget*.

New York State, *2001-2002 Enacted Budget*.

New York State, *2002-2003 Enacted Budget*.

New York State, *2003-2004 Enacted Budget*.

New York State, *2004-2005 Enacted Budget*.

New York State, *2005-2006 Enacted Budget*.

New York State, *2006-2007 Enacted Budget*.

New York State, *2007-2008 Enacted Budget*.

New York State, *2008-2009 Executive Budget*.

New York State, *2009-2010 Executive Budget*.

New York State, *2010-2011 Executive Budget Briefing Book*.

New York Times, 30, January 2003.

Noyelle, Thierry J. and Anna B. Dutka (1988), *International Trade in Business Servises: Accounting, Advertising, Law and Management Consulting*, Ballinger Publication.

Oates, Wallace E., ed. (1975), *Financing the New Federalism: Revenue Sharing Conditional Grants and Taxation*, Baltimore, ML: The John Hopkins University Press.

—— (2005), "Toward A Second-generation Theory in Fiscal Federalism," *International Tax and Public Finance*, 12, pp. 349–373.

OECD, (2010), *National Accounts database; Statistics Canada; U. S. Bureau of Economic Analysis.*

Office of Management and Budget, U. S. Office of Management and Budget, United States, (1990), *Budget of the United States Government, Fiscal Year 1991*, Washington, D. C.: U. S. Government Printing Office.

Office of the New York State Comptroller (2006), *Local Government Sales Taxes in New York State.*

—— (2006), *Local Government Issues in Focus Property Taxes in New York State.*

O'Toole Jr., Laurence J., ed. (2006), *American Intergovernmental Relations: Foundations, Perspectives, and Issues, Fourth Edition*, Washington, D. C.: Sage Publications, Inc..

Palmer, John L. and Isabel V. Sawhill, eds. (1982), *The Reagan Experiment: An Examination of Economic and Social Policies Under the Reagan Administration*, Washington, D. C.: The Urban Institute Press.

——, and Isabel V. Sawhill, eds. (1984), *The Reagan Record, An Assessment of America's Changing Domestic Priorities,* An Urban Institute study, Cambridge, MS: Ballinger Publishing Company.

——, ed. (1986), *Perspectives on the Reagan Years*, Washington, D. C.: The Urban Institute Press.

Pataki, George E. and Brian J. Wing (2002), *Welfare Reform in New York State: Effects on Work, Family Composition, and Child Poverty*, The New York State Office of Temporary and Disability Assistance.

Peacock, A. T. and J. Wiseman (1961), *The Growth of Public Expenditure in the U. K.*, Princeton University Press

Peck, Jamie (2001), *Workfare States*, New York: The Guilford Press.

Perlmutter, Felice Davidson (1997), *From Welfare to Work: Corporate Initiatives and Welfare Reform*, New York and Oxford: Oxford University Press.

Perloff, Harvey S., Rochard P. Nathan, Walter W. Heller, Richard Rugles, Lyle C. Fitch, Carl S. Shoup and Harvey E. Brazer (1968), *Revenue Sharing and the city*, Johns Hopkins University Press.

主要参考文献 275

Peterson, George E., Randall R. Bovbjerg, Barbara A. Davis, Walter G. Davis, Eugene C. Durman and Theresa A. Gullo (1986), *The Reagan Block Grants: What Have We Learned?*, Washington, D. C.: The Urban Institute Press.

Peterson, George E, and Carol W. Lewis eds. (1986), *Reagan and the Cities*, Washington, D. C. The Urban Institute Press.

Peterson, John (1979), *State Roles in Local Government Financial Management: Nine Case Studies*, Washington, D. C..

Piven, Frances Fox and Richard A. Cloward (1971), *Regulating the Poor: The Functions of Public Welfare*, Vintage Books.

Public Citizen Health Research Group (1987), *Poor Health Care for Poor Americans: A Ranking of State Medicaid Programs*, Washington, D. C.: Public Citizen Research Group.

Quante, Wolfgang (1976), *Exodus of Corporate Headquarters from New York City*, Preager Publishers.

Reischauer, Robert, D. (1975), "General Revenue Sharing: The Program's Incentives," in Oates, W. E., ed., *Financing the New Federalism*, Baltimore, ML: The John Hopkins University Press.

Reischauer, Robert D. (1988), "The Welfare Reform Legislation: Directions for Future," in *Welfare Policy for 1990s*.

Sanborn, Robert and Eva Lederman (1998), *How to Get a Job in New York City and the Metropolitan Area*, 6th edition, Chicago: Surrey Books.

Sassen, Saskia (1988), *The Mobility of Labor and Capital: A Study in Industrial Investment and Labor Flow*, Cambridge University Press（森田桐郎ほか訳 (1992),『労働と資本の国際移動―世界都市と移民労働者』岩波書店）.

―― (1991), *The Global City: New York, London, Tokyo*, Princeton University Press.（伊豫谷登士翁・大井由紀・高橋華生子訳 (2008),『グローバル・シティ―ニューヨーク・ロンドン・東京から世界を読む』筑摩書房）.

Savitch, H. V. (1988), *Post-Industrial Cities: The Politics and Planning in New York, Paris, London*, Princeton University Press.

Sawers, Larry and William K. Tabb, eds. (1984), *Sunbelt and Snowbelt: Urban Development and Regional Restructuring*, Oxford University Press.

Scanlon, Rosemary (1989), "New York City as Global Capital in the 1980s," in Knight, Richard V. and Gary Gappert, eds., *Cities in a Global Society*,

Urban Affairs Annual Reviews, Vol. 35, Sage.

Shannon, John (1989), "Competition: Federalism's Invisible Rgulater," *Intergovernmental Perspective*, Winter.

Sklar, Morton H. (1975), "The Impact of Revenue Sharing on Minorities and the Poor," in Subcommittee on Intergovernmental Relations of the Committee Government Operations, United States Senate, *Revenue Sharing: A Selection of Recent Research*.

Soltz, Otto G. (1974), *Revenue Sharing: The Legal and Policy Analysis*, Preager Publishers.

State of New York (1975), *Report of the Temporary State Commission on State and Local Finances: State Revenue Sharing*.

—— (1992), *Executive Budget: 1991-1992, Annual Message*.

—— (1997), *Legislative Resolution* (自治体国際化協会訳『行財政運営の監視役 ニューヨーク州会計検査官（コントローラー）―ニューヨーク州会計監査局200 周年記念史 1797年〜1997年』).

—— (1998), *Five-Year Pocket Summary of New York City and New York State Finances, Fiscal Year 1996-1997*.

State of New York (2010), Comprehensive *Annual Financial Report For Fiscal Year Ended March 31, 2009*, The Office of the State Comptroller Thomas P. DiNapoli.

State of New York Division of the Budget, New York, Office of Management and Budget, Description of New York State School Aid Programs, *1998-1999 to 2001-2002 editions. STAR aid provided by State of New York*.

Strauss, Robert P. (1976), "Overhauling the Federal Aid System: Redesigning General Revenue Sharing and Countercyclical Aid Programs," *National Tax Journal*, September, 1976.

Swan, James, Charlene Harrington, and Leslie Grant (1988), "State Medicaid Reimbursement for Nursing Homes, 1978-1986," *Health Care Financing Review*, 9, Spring.

Tabb, William K. (1982), *The Long Default: New York City and the Urban Fiscal Crisis*, New York and London: Monthly Review Press (宮本憲一ほ か監訳 (1985),『ニューヨーク市の危機と変貌』法律文化社).

—— (1986), *Urban Economics and Local Finance in the United States* (宮本 憲一ほか訳 (1986),「アメリカにおける都市経済学と都市財政」宮本憲一編『地

方財政の国際比較』勁草書房).

Temporary Commission on City Finances (1977), *Public Assistance Programs in New York City: Some Proposals for Reform Twelfth Interim Report to the Mayor*, The Commission.

Tobier, Emanuel (1989), "The Homeless," in *Setting Municipal Priorities 1990*, New York University Press.

Town of Eastchester, *Adopted Budget 2010*.

United States Kerner Commission (1968), *Report of the National Advisory Commission on Civil Disorders*, A. Philip Randolph Institute, and others, March 1.

U. S. Census Bureau, State Government Finances, U. S. Government Printing Office, various years.

U. S. Department of Commerce (1988), *Survey of Current Business* 67, August.

U. S. Census of Bureau (2010), *Statistical Abstract of the United States*.

U. S. Congress, 97th Congress Session, House of Representatives, Omnibus *Budget Reconcilliatiion, Act of 1981*, To Accompany H. R. 3982, July 2.

U. S. Congress, Joint Economic Committee (1986), *Poverty Income Distribution, the Family and Public Policy*, Washington, D. C.: U. S. Government Printing Office, December.

U. S. Department of Commerce, Bureau of Census (1971), *Statistical Abstract of the United States*, Bernan Assoc.

U. S. Department of Commerce, Bureau of the Census (1978), *Statistical Abstract of the United States*, Bernan Assoc.

U. S. Department of Health & Human Services (2010), Home Page.

U. S. Department of Housing and Urban Development (1976), *Community Development Block Grants Program: Directly of Allocations for Fiscal Year 1976*, October.

U. S. Department of Housing and Urban development Office of Policy Development and Research (1979), *State Roles in Local Government Financial Management*.

U. S. House, Committee on Ways and Means (1972), *State and Local Fiscal Assistance Act of 1972: Report with Supplemental, Additional, and Discerning Views*, 924 Cong., 2nd. Sess., Apr. 26, HR pt. 1018, Part I to accompany H. R. 14370.

U. S. House (1972), *State and Local Fiscal Assistance Act of 1972, Conference Report*, 92nd Cong. 2nd sess., Sep. 26, 1972, Rpt. 1450 to accompany H. R. 1437.

U. S. National Research Council (1982), *The Evolution of National Urban Policy 1970-1980: Lessons from the Past*, Washington, D. C.: National Academy of Sciences.

Waldinger, Roger (1987), "Beyond Nostalgia: The Old Neighborhood Revisited," *New York Affairs*, Vol. 10, No. 1, Winter.

Waldinger, Roger (1989), "Race and Ethnicity," in Breacher, Charles and Raymond D. Horton, eds., *Setting Municipal Priorities 1990*, New York University Press.

Walker, David B. (1999), *The Rebirth of Federalism: Slouching Toward Washington, 2nd Edition*, CQ Press.

Watson, J. Douglas, John G. Heiman and Robert S. Montjoy (1994), *The Politics of Redistributing Urban Aid*, Praeger.

Weber, A. (1909), *Theory of the London of Industries*, University of Chicago Press（江澤讓爾監修（1965），『工業立地論』大明堂）.

Weingast, B. R., (1995) "The Economic Role of Political Institutions: Market-Preserving Federalism and Economic Development," *Journal of Law and Economic Organization*, 11, pp. 1-31.

Wilber, Charles K. and Kenneth P. Jameson (1990), *Beyond Reaganomics: A Further Inquiry into the Poverty of Economics*, University Notre Dame Press.

Westchester County, *Comprehensive Annual Report For Year Ending December 31, 2008*.

Wojtkiewicz, Roger, Sara McLanahan and Irwin Garfinkel (1990), "The Growth of Families Headed by Women: 1950-1980," *Demography*, 27, February.

Zimmerman, Joseph Francis (1986), *Participatory Democracy*, Praeger Publishers.

—— (1995), *State-Local Relations: A Partnership Approach*, 2nd ed., New York: Praeger Publishers.

—— (1999), *The New England Town Meeting: Democracy in Action*, Praeger Publishers.

秋山義則（2005），「ジョンソン政権と州・地方債」『経済学部研究年報』（滋賀大学）第 11 巻，79-120 頁.

─・前田高志・渋谷博史編（2007），『アメリカの州・地方債』日本経済評論社.

─（2002），「レーガン税制改革と州・地方債」『彦根論叢』第 337 号，75-96 頁.

新井光吉（2002），『アメリカの福祉国家政策─福祉切捨て政策と高齢社会日本への教訓』九州大学出版会.

池上惇・林健久・淡路剛久編（1990），『21 世紀への政治経済学─政府の失敗と市場の失敗を超えて』有斐閣.

遠藤宏一（1990），「『競争的連邦主義』と州政府」宮本憲一編『補助金の政治経済学』朝日新聞社.

岡本英男（2007），『福祉国家の可能性』東京大学出版会.

片桐正俊（1993），『アメリカ連邦・都市行財政関係形成論』御茶の水書房.

─編著（1997），『財政学─転換期の日本財政』東洋経済新報社.

─（2005），『アメリカ財政の構造転換─連邦・州・地方財政関係の再編』東洋経済新報社.

片山泰輔（2006），『アメリカの芸術文化政策』日本経済評論社.

加茂利男（1983），『アメリカ二都物語─21 世紀への旅』青木書店.

─（2005），『世界都市─「都市再生」の時代の中で』有斐閣.

─（2005），『新しい地方自治制度の設計』自治体研究社.

川勝健志（2008），「アメリカの州・地方財政」宮本憲一・鶴田廣巳編『セミナー現代地方財政 II』勁草書房.

川瀬憲子（1987），「アメリカ『偉大な社会』期における『都市型』連邦補助金の展開──公的扶助補助金を中心に」『経営研究』（大阪市立大学）第 38 巻第 1 号，101-116 頁.

─（1988），「アメリカの連邦補助金制度改革──一般交付金制度の成立と都市財政」『経営研究』（大阪市立大学）第 38 巻第 6 号，79-93 頁.

─（1988），「レーガン政権期におけるブロック補助金政策の展開」『経営研究』（大阪市立大学）第 39 巻第 3 号，81-96 頁.

─（1989），「アメリカ新連邦主義下の州と地方の財政関係─ニューヨーク州の事例を中心に」『経営研究』（大阪市立大学）第 40 巻 3 号，69-83 頁.

─（1990），「Kotch 市政期のニューヨーク市の都市政策とその将来─*Setting Municipal Priorities 1990* によせて」『大阪市大論集』（大坂市立大学）第 59 号，83-102 頁.

─（1992），「大都市経済のグローバリゼーションと雇用問題─ニューヨークの世界

経済依存構造―」上原信博編著『構造転換期の地域経済と国際化』御茶の水書房.

―― (1992),「転換期のアメリカ州財政―ニューヨーク州の事例を中心として」『法経研究』(静岡大学) 第 40 巻第 3・4 号，25-49 頁.

―― (1995),「地方中核都市の市街地再開発事業と自治体財政の変容―浜松市アクトシティ開発事業の事例検証」田中克志・小桜義明編『地方中核都市の街づくりと政策』信山社.

―― (1996),「高齢者保健福祉計画と財政」坂本重雄ほか編著『高齢者介護の政策課題』勁草書房，199-224 頁.

―― (1997),「アメリカにおける州・地方財政構造の変化と財政危機―ニューヨーク州と他の北東部諸州との比較分析」『経済研究』(静岡大学) 1 巻 3・4 号，263-302 頁.

―― (1999),「大規模市町村合併と自治体財政―清清合併の事例研究」『経済研究』(静岡大学) 4 巻 1 号，23-52 頁.

―― (1999),「大規模市町村合併による政令指定都市への移行と行政サービス―静岡市・清水市合併の事例研究」『都市問題』第 90 巻第 3 号，東京市制調査会，55-73 頁.

―― (2000),「国・地方間の財政関係―『集権的分散』システムの構造と改革の課題」宮本憲一・小林昭・遠藤宏一編著『セミナー現代地方財政』勁草書房，109-132 頁.

―― (2001),『市町村合併と自治体の財政』自治体研究社

―― (2001),「国庫支出金をめぐる諸問題と今後のあり方」『地方財務』第 562 号，3 月，33-47 頁.

―― (2002),「地方交付税改革と市町村合併―『昭和の大合併』と『平成の合併』の比較を中心として」『経済研究』(静岡大学) 7 巻 1 号，73-107 頁.

―― (2004),「地方自治制度の再編と地方財政」重森暁・田中重博編『構造改革と地方財政』自治体研究社，187-230 頁.

―― (2005),「1999 年合併特例法改正以降の大規模市町村合併と地方財政―静岡市・清水市合併の事例研究」，日本地方財政学会編『地方財政のパラダイム転換』勁草書房，67-89 頁.

―― (2006),「国と地方間の財政関係」宮本憲一・遠藤宏一編『セミナー現代地方財政 I』勁草書房，119-144 頁.

―― (2006),「自治体再編下の地方自治財政―市町村合併・道州制と自治体財政」宮本憲一・遠藤宏一編『セミナー現代地方財政 I』勁草書房，191-214 頁.

―― (2008),「『三位一体の改革』と政府間財政関係―『平成の大合併』から地方財

政健全化法制定までの動きを中心として」『経済研究』(静岡大学) 12 巻 3 号，1月，1-22 頁.

── (2008)，「地方財政健全化法と自治体財政への影響─北海道市町村の事例を中心に」『経済研究』(静岡大学) 12 巻 4 号，2 月，73-90 頁.

── (2008)，「地域経済の相対的衰退と財政危機─熱海市の事例研究」(川瀬憲子・鳥畑与一「伊豆地域の面的再生に向けた政策提言の試み」)『静岡大学経済研究センター研究叢書』第 6 号，3 月，32-52 頁.

── (2009)，「地方財政健全化法と市民生活」『中小商工業研究』第 100 号，中小商工業研究所，2009 年 7 月，148-161 頁.

── (2010)，「伊豆地域の貧困化と自治体財政への影響─伊東市と下田市を中心に」『地域研究』(静岡大学) 創刊号，3 月，33-77 頁.

── (2010)，「政権交代後の政府累積債務問題と地方財政の課題─公共投資による債務累積過程の分析と『地域主権改革』・一括交付金」『税制研究』第 58 号，税制経営研究所，10-20 頁.

── (2010)，「構造改革下の国庫補助による巨大公共事業と自治体財政─沼津市鉄道高架事業の事例検証」『経済研究』(静岡大学) 15 巻 2 号，1-30 頁.

── (2010)，「『三位一体の改革』・地方財政健全化法と自治体財政への影響─北海道内市町村の事例を中心に」日本地方財政学会編『地域経済再生と公・民の役割』勁草書房，168-195 頁.

── (2011)，『「分権改革」と地方財政─住民自治と福祉社会の展望』自治体研究社.

── (2011)，「政府間財政関係からみたアメリカ州・地方財政─ニューヨーク州ウェストチェスター郡の事例を中心に」『経済研究』(静岡大学) 15 巻 4 号，2 月，239-270 頁.

河音琢郎 (2006)，『アメリカの財政再建と予算過程』日本経済評論社.

木下武徳 (2007)，『アメリカ福祉の民間化』日本経済評論社.

小泉和重 (2004)，『アメリカ連邦制財政システム』ミネルヴァ書房.

小泉秀樹・西浦定継編 (2003)，『スマートグロース─アメリカのサスティナブルな都市圏政策』学芸出版社.

小谷義次 (1971)，『アメリカ資本主義と貧困化理論』新日本出版社.

小林勇人 (2007)，「社会福祉の現状 Ⅳ. 公的扶助─TANF とワークフェア」萩原康生

松村祥子・宇佐美耕一・後藤玲子編，『世界の社会福祉　年鑑 2007』旬報社.

重森暁・関野満夫・川瀬憲子 (2002)，『地方交付税の改革課題』自治体研究社.

自治体国際化協会 (1997)，「アメリカの福祉改革」『CLAIR REPORT』148. (http://

www.clair.or.jp/j/forum/c_report/pdf/148.pdf).

柴田徳衛編（1989），『東京の経済学』東京都区職労.

渋谷博史（1986），『現代アメリカ財政論』日本経済評論社.

―（1992），『レーガン財政の研究』東京大学出版会.

―（1995），『現代アメリカ連邦税制史―審議過程と議会資料 U.S. tax history, 1913-1986』丸善.

―ほか編著（1997），『日米の福祉国家システム　年金・医療・住宅・地域』日本経済評論社.

―・渡瀬義男・樋口均編（2003），『アメリカの福祉国家システム―市場主導型レジームの理念と構造』東京大学出版会.

―（2005），『20 世紀アメリカ財政史 1』東京大学出版会.

―・前田高志編（2006），『アメリカの州・地方財政』日本経済評論社.

―・C. ウェザーズ編（2006），『アメリカの貧困と福祉』日本経済評論社.

―・中浜隆編（2006），『アメリカの年金と医療』日本経済評論社.

―・渡瀬義男編（2006），『アメリカの連邦財政』日本経済評論社.

新藤宗幸（1988），「転換期のアメリカ政府間関係―新保守主義下の州・地方関係を中心として」日本地方自治学会編『転換期の地方自治―課題と展望』敬文堂.

中浜隆（2006），『アメリカの民間医療保険』日本経済評論社.

西山隆行（2004），「アメリカの福祉国家と都市政治―ニューヨーク市長ジュリアーニと『新しいパターナリズム』」『思想』962.

―（2004），「ニューヨーク市における社会政策をめぐる政治―アメリカ型福祉国家への含意」『甲南法学』（甲南大学法学会）第 45 巻 1・2 号.

―（2005），「財政破綻危機と社会福祉政策―コッチ政権期におけるニューヨーク市政の変容」『甲南法学』（甲南大学法学会）第 45 巻 3・4 号.

―（2005），「リンゼイ政権期のニューヨーク市における社会政策をめぐる政治―アメリカ型福祉国家への含意」『甲南法学』（甲南大学法学会）第 46 巻 3 号.

―（2008），『アメリカ型福祉国家と都市政治―ニューヨーク市におけるアーバン・リベラリズムの展開』東京大学出版会.

根岸毅宏（2006），『アメリカの福祉改革』日本経済評論社.

林健久・宮本憲一・大島通義（1989），『政府間財政関係論』有斐閣.

舟場正富（2005），「アメリカにおける社会福祉財政の改革―Welfare to Work 政策は成功したか（1）」『流通科学大学論集―経済・経営情報編』第 14 巻第 2 号，43-55 頁.

―（2006），「アメリカにおける社会福祉財政の改革―Welfare to Work 政策は成

功したか (2)」『流通科学大学論集－経済・経営情報編』第 14 巻第 3 号，29-42頁.

松山幸弘 (1995)，『アメリカの医療改革』東洋経済新報社.

水谷守男 (1972)，「米国における政府間財源調整－財源分与制度をめぐって」『福岡大学経済学論集』16 巻 2・3 号.

宮本憲一 (1971)，「財政改革と都市問題－60 年代アメリカの所説の紹介」『経済学雑誌』第 64 巻第 4 号，岩波書店.

—— (1977)，『財政改革』岩波書店.

—— (1980)，『都市経済論－共同生活条件の政治経済学』筑摩書房.

——編 (1986)，『地方財政の国際比較』勁草書房.

——編 (1990)，『補助金の政治経済学』朝日新聞社.

—— (1999)，『都市政策の思想と現実』有斐閣.

—— (2005)，『日本の地方自治－その歴史と未来』自治体研究社.

——・鶴田廣巳編 (2008)，『セミナー現代地方財政 II』勁草書房.

持田信樹編 (2006)，『地方分権と財政調整制度』東京大学出版会.

山田誠 (2000)，「米国ミシガン州自治体財政と財政的連邦主義－1990 年代の地方財政計画を中心に（上）」『経済学論集』（鹿児島大学経済学会）第 53 号，35-76 頁.

—— (2000)，「米国ミシガン州自治体財政と財政的連邦主義－1990 年代の地方財政計画を中心に（下）」『経済学論集』（鹿児島大学経済学会）第 54 号，1-49 頁.

横田茂 (1984)，『アメリカの行財政改革－予算制度の成立と展開』有斐閣.

—— (1990)，「アメリカ連邦補助金改革と政府間財政関係の変貌」『補助金の政治経済学』朝日新聞社.

—— (1997)，『アメリカ経済を学ぶ人のために』世界思想社.

—— (2008)，『巨大都市の危機と再生－ニューヨーク市財政の軌跡』有斐閣.

横田光雄他 (1976)，「アメリカにおける総合補助金制度の創設」『自治研究』第 52 巻3 号.

あとがき

　本書の研究を手がけて 20 年余りになる．大学院生時代の 1987 年には，トヨタ財団の研究助成を受けて 3 週間ほどアメリカに資料収集とヒヤリング調査に行くことができた．ブラックマンデーの 1 ヶ月前のことである．インターネットで資料収集ができなかった時代でもあり，今になってみると，当時集めてきた資料は貴重なものばかりである．ワシントン D. C. に行った時には，政府間財政関係諮問委員会（ACIR）のオフィスで，段ボール箱にいっぱいになるほどの資料を購入することができた．アメリカでは，日本の総務省にあたる部署がなく，州・地方財政に関する資料を集めるのが大変である．その点，ACIRの資料はアメリカの州・地方財政の全体を把握する上でかなり参考になった．しかし，残念なことに，今では ACIR は存在していない．

　大学院生時代に長男を出産したが，出産前後に手がけた数本の論文のおかげで，1990 年に静岡大学に助教授として赴任することができた．本書の前半は，当時の論文によって構成されているが，出産と論文執筆という「生み」の苦しみと喜びを二重に味わうという体験もした．実際，「レーガン政権期におけるブロック補助金の展開」と題する論文の初校が届いた日に，陣痛が始まってしまったのである．十分に校正できないまま，世に出ることになったが，今となっては良き思い出でもある．

　静岡大学に赴任してから 10 年目の 1999 年から 2000 年にかけては，1 年間の在外研究の機会を得て，ニューヨーク大学行財政研究所にて研究をすることができた．9・11 テロが起こるちょうど 1 年前まで滞在したことになる．当時10 歳と 5 歳の息子を連れての赴任だったが，二人を公立の学校に通わせたことが，私にとっては非常に貴重な体験となった．テロ事件後，友人に状況を問い合わせると，次男が親しくしていたクラスメイトで，イラン人の父親をもつ子どもがいじめられているという話を聞き，幼い息子も胸を痛めているようだった．

当時，住んだのは，ニューヨーク市郊外のイーストチェスター町である．マンハッタンのグランドセントラル駅から北へ向かう郊外電車（ハーレムライン）で 30 分ほどの住宅街にあり，イーストチェスター町を中心にイーストチェスター学校区がある．長男を通わせたのは，この学校区内のアンハッチンソン小学校（5 年）で，次男は義務教育のウェーバリー幼稚園だった．それぞれの学校は別々だったが，幸い，住んだ家がウェーバリー幼稚園の斜め前にあり，アンハッチンソン小学校にも徒歩 10 分程度で行くことができるところにあった．

アメリカでは，子ども達を学校に通わせるには保護者が送迎するか，スクールバスで通わせるかのどちらかである．結局，長男はスクールバス，次男は徒歩での送迎となった．学校は午後 3 時に一斉に終わるが，その後は幼稚園が学童保育所となる．学童保育所の主体は NPO だが，学校区内の幼稚園と小学校との連携の上に成り立っている組織でもある．幼稚園児以外の学校区内の小学校の児童も，学校が終わると次々にスクールバスで送迎されてくる．園児と児童は保護者が迎えに行くまで滞在するため，共働き世帯や単身世帯であっても，学童保育に通わせていれば，基本的に子ども達が 1 人になることはない．ニューヨーク州では 12 歳未満の児童を 1 人で放置すると，保護者は児童虐待として処罰されるという厳しい法律をもっているため，日本に比べると過保護とさえ思えるほど子ども達を大切にしている側面がある．

本書の第 8 章でイーストチェスター学校区の財政を取り上げたが，アメリカでは学校区ごとの格差が大きく，所得格差，地域間格差が学校区の格差となってあらわれている．州内の共通テストがあり，そのテストの平均点で教員の給与などに傾斜配分されるしくみになっている．イーストチェスター学校区は比較的平均点が高く，住環境も比較的豊かなところにあったが，隣接するヨンカーズ市では比較的貧困な地域もあり，教員が待遇改善などを求めてストライキをすることもしばしばであった．ニューヨーク市内の貧困地区はさらに劣悪な教育環境に置かれている．ニューヨーク州では，1990 年代後半から，中間層の負担軽減のために，財産税減税を行って，それを州教育補助金に当てるという政策をとってきているが，むしろ学校区格差是正のための州教育補助金を拡充する方向がとられるべきであろう．

イーストチェスター学校区では，予算は住民の共同参画で議論され，住民投

票によって可決される．当時，ウェーバリー幼稚園の校舎が老朽化したため，その建て替えをめぐって議論が巻き起こっていた．新校舎の財源を捻出するため財産税を増税するか否かの議論で，最終的に増税案を含む予算案が住民投票にかけられ可決されたのである．同学校区ではまた，教材にかかる自己負担はほとんどなく，図工での絵の具や音楽での楽器なども学校のものを使用する．学校区予算をみてもわかるように，教育では行政管理にかかる経費の割合が低く，教育サービス関連予算の割合が多い．幼稚園から高校まで，1クラスの人数は15人から18人程度であり，少人数教育が徹底されている．外国語を母国語とする子ども達の特別クラスも設けられている．たしかに，所有者にかかる財産税負担は大きく，賃貸の場合でも家賃に転嫁されるため，負担はかなりの額にのぼるが，その分受ける教育サービスも大きいのである．

　また，大規模な公共事業に関しても住民の関心は高い．当時，ハドソン川にかかるタッパンジーブリッジの建て替えをめぐって，一大論争が巻き起こっていた．橋が老朽化しているため，州政府が立て替え案を示したところ，両岸の町で連日夜に住民集会が開かれて，激論が交わされていた．その様子は地元のケーブルテレビによって伝えられた．専門家も交えて環境アセスメントなどについても検討され，最終的に住民提案としてまとめられたのである．また当時，ニューヨーク市でもグランドセントラル駅の修復が進められていたが，当初，市は低層の駅を高層ビルに全面的に建て替えるという案を提示した．これに対して，住民提案は低層の歴史的建造物を残して修復するというものだった．結局，住民提案を受けて修復作業が始まった．10年前に完成した駅は，低層のバリアフリーで天井は夜空をイメージしたドーム型になっている．こうした市民提案が盛んに行われている点は，草の根民主主義の一端を示すものといえる．

　当初，本書は10年前に刊行する予定であったが，それが大幅に遅れた理由は，帰国後に，研究面で「市町村合併」に巻き込まれてしまったことにもよっている．帰国後に目にしたのは，いわゆる「平成の大合併」前夜であった．住民不在の市町村合併によって，小中学校などの教育施設の統廃合などが加速化され，合理化の名の下に，教育サービスや福祉サービスが容赦なく切り捨てられていく．その一方で，無駄ともいえる公共事業が次々に計画されていくのである．その問題を解く鍵は日本の交付税制度にあった．いわゆる交付税を用い

た「アメ」と「ムチ」による合併推進である．そうした問題意識で，2001年に『市町村合併と自治体の財政－住民自治の視点から』（自治体研究社）を刊行した．刊行後はまさしく本格的な「平成の大合併」となり，全国的に市町村の統廃合がすすめられた．大規模市町村合併が行われた地域では，地域自治組織によっていかに自治のしくみを残すのかが課題ともなっている．2011年2月には，その続編ともいえる『「分権改革」と地方財政──住民自治と福祉社会の展望』（自治体研究社）を上梓させていただいた．

　そうしてようやくこの度，アメリカの研究書をまとめることができたのである．回り道であったが，二兎を追ってきたことが，何とか「日本の政府間財政関係論」と「アメリカの政府間財政関係論」をそれぞれまとめることにもつながった．イーストチェスター町には，町の中に，タカホ村とブロンクスヴィル村という法人格をもつ村がある．予算はイーストチェスター町予算が策定される時に，それぞれの村予算が策定されている．この点は，日本の合併後の地域自治組織のあり方や旧市町村単位での住民自治のシステムを考える上で，重要な手がかりを示しているのではないかと思われるのである．アメリカではまた，州のみならず，州内のカウンティがカウンティ内市町村を調整して，広域的な行政サービスを担い，市町村は住民に身近な狭域的サービスを担っているのである．日本におけるアメリカの州・地方財政の研究では，町村やカウンティレベルの分析はほとんどなされていない．今後さらに深めていきたいと思っている．

　また，本書を執筆中の2011年3月11日には，東日本大震災による甚大な被害が発生した．死者，行方不明者を合わせて2万余名が犠牲となる大惨事であった．地震，津波に加えて，福島第1原発事故が重なり，復旧・復興に向けた多くの課題が山積している．被害想定はインフラなどを中心に19兆円から23兆円との試算もある．災害復旧関連事業は基本的に県や市町村に対する国庫補助事業である．2011年9月現在，国の1次・2次補正予算にて合計で6兆円，第3次補正予算案では12兆円が示されている．2011年度中の補正予算だけで18兆円もの資金が注ぎ込まれる予定だが，国土交通省関連の幹線道路や空港などの整備事業の進捗率が際立って高いのに対して，住宅や公立病院などの補助事業がほとんどなく，生活再建の見通しは皆無に近い状況にある．最も被害

者が集中した宮城県石巻市では，9月補正予算で一般会計の財政規模が4倍近くにも膨れあがったが，補正予算の半分ががれき処理，2割が災害復旧費である．補助事業の裏負担等も含めて地方交付税の財源では決定的に不足しており，地方債発行額は前年度の7倍近くにも達している．アメリカの補助金を中心とした州・地方財政の研究に加えて，東日本大震災後の復旧・復興をめぐる政府間財政関係についても，引き続き研究をすすめていきたいと考えている．

　本書を執筆するに当たって，恩師宮本憲一先生をはじめ，研究面で助言をいただいた多くの先生方，ヒヤリング調査や資料収集にご協力いただいた多くの方々に深くお礼を申し上げたい．また，在外研究期間中，ニューヨーク大学行財政研究所のディビッド・マメン所長には，ひとかたならぬ恩を受けた．勁草書房の古田理史さんには，『セミナー現代地方財政』（勁草書房）を執筆した10年前からお世話になっている．古田さんが退職された後には，本書の刊行に当たって宮本詳三さんに大いにご尽力していただいた．深く感謝申し上げたい．

　2011年9月

駿河湾を望む研究室にて

川瀬　憲子

初出一覧

序章　書き下ろし

第1章　「アメリカ『偉大な社会』期における『都市型』連邦補助金の展開──公的扶助補助金を中心に」『経営研究』（大阪市立大学）第38巻第1号，1987年，101-116頁

第2章　「アメリカの連邦補助金制度改革──一般交付金制度の成立と都市財政」『経営研究』（大阪市立大学）第38巻第6号，1988年，79-93頁

第3章　「レーガン政権期におけるブロック補助金政策の展開」『経営研究』（大阪市立大学）第39巻第3号，1988年，81-96頁

第4章　「アメリカ新連邦主義下の州と地方の財政関係──ニューヨーク州の事例を中心に」『経営研究』（大阪市立大学）第40巻3号，1989年，69-83頁

第5章　「転換期のアメリカ州財政──ニューヨーク州の事例を中心として」『法経研究』（静岡大学）第40巻第3・4号，25-49頁，1992年

第6章　「大都市経済のグローバリゼーションと雇用問題─ニューヨークの世界経済依存構造─」上原信博編著『構造転換期の地域経済と国際化』御茶の水書房，1992年

第7章　「アメリカにおける州・地方財政構造の変化と財政危機──ニューヨーク州と他の北東部諸州との比較分析」『経済研究』（静岡大学）1巻3・4号，1997年，263-302頁

第8章　「政府間財政関係からみたアメリカ州・地方財政─ニューヨーク州ウェストチェスター郡の事例を中心に」『経済研究』（静岡大学）15巻4号，2011年2月，239-270頁（加筆修正）

終章　書き下ろし

索　引

ア　行

アーバンルネッサンス　160
アフォーダブル住宅　172
アメリカ再生及び再投資法　19, 227, 243
「偉大な社会」期　4, 19, 21, 23, 24, 31, 32, 35-37, 39, 48, 79, 94-97, 245, 247, 249
一般売上税　134-136, 193, 194, 197, 204, 205
一般会計　108-110, 114, 123, 127, 141, 176, 189, 190, 193, 194, 210, 216, 224, 227, 230, 232, 233, 236, 240, 257-259
一般交付金　3, 4, 19, 45, 47-57, 59, 61, 63-65, 67-69, 79, 82, 99, 104, 106, 109-112, 241, 246-248, 258
一般財源　3, 8, 131, 230, 263
一般債務残高　232
移転的支出　122, 185
医療保険　188, 189, 215, 256
インナーシティ　172
インフラ　92, 122, 143, 171, 172, 228, 229, 244, 245, 252
売上税　50, 103, 121, 134-136, 139, 141, 193, 194, 197-199, 204-206, 208, 212, 226, 230, 232, 255
AFDC→要児童扶養世帯扶助
エンタイトルメント　88, 217
大きな政府
オープンエンド型補助金
オバマ政権　5, 15, 19, 217, 226, 227, 229, 240, 243, 244, 258

カ　行

海外直接投資　146, 149, 150, 151, 152
カウンティ　18-20, 32, 54, 60, 61, 75, 88, 100, 115, 136-139, 144, 147, 174, 193, 205, 210, 221, 226, 230, 232, 238-240, 253, 257, 258, 260
学校区　20, 54, 91, 130, 136, 137, 178, 193, 194, 211, 221, 223, 224, 230, 236, 238, 240, 257, 259
企業関係税　141
教育　17, 19, 21, 27, 33, 35-37, 39, 44, 65, 72, 74, 79, 83, 87, 88, 91, 98-100, 104, 105, 111, 112, 117, 119, 122, 125, 127, 128, 130, 139, 140, 143, 144, 146, 172, 175-180, 182, 211-213, 215-217, 220-225, 228-230, 236, 238, 244-246, 248, 251-256, 258-260, 262, 263
教育補助金　19, 104, 111, 112, 140, 176, 178, 215, 216, 220-225, 229, 238, 256
強制的連邦主義　6-8
矯正費　125, 127-129, 143, 189
緊急財政統制委員会（EFCB）　111
金融・保険・不動産（FIRE）　146, 164
グリーンニューディール　229
クリントン政権　15, 217, 218
グローバル化　19, 145, 148-150, 153, 166, 167, 254
軍事費　150, 151, 225, 245
経済援助　230, 258
経済機会法　34, 38
経常的経費　175-177, 179, 181
下水道区　232, 258
現金主義会計　114
減税　19, 103, 113, 133, 197-199, 202, 203, 206-208, 212, 215, 216, 220-225, 238, 240, 243, 255-257
──措置　225, 243
広域行政（広域的行政）　18, 258, 260
公共財　5

公共施設　30, 75
公債　5, 108, 111, 137, 139, 143, 229, 230, 233, 235, 236, 238, 259
――償還　137
――利子　137, 230
公的扶助　19, 23, 24, 31-34, 36, 37, 39-41, 43-45, 55, 74, 84, 98, 99, 164, 215, 220, 246
高等教育　112, 122, 127, 128, 176, 177, 182, 221
公民権　33, 34
公民権法　34
公務労働者　9
高齢者扶助　31
高齢者向けプログラム　233, 235, 259
国際金融資本　148, 150, 160, 167, 170, 254
国際収支　150, 151
国税　13, 14, 206
個人所得税　52, 55, 56, 113, 121, 134, 135, 136, 139, 141, 197-199, 202, 203, 208, 224, 230, 239
個別売上税　197, 204, 206
コミュニティ開発ブロック補助金（CDBG）　74, 84
コミュニティサービスブロック補助金　229, 245
雇用・訓練パートナーシップ法　83

サ　行
財源配分　14
財産税　5, 50, 103, 106, 133, 139, 143, 193, 194, 198, 207, 221-225, 230, 232, 233, 236, 238-241, 256-259
歳出　8, 9, 11, 15, 36, 50, 65, 67, 71, 73, 75, 76, 92, 94, 95, 97, 106, 108, 113, 115, 116, 119, 122, 123, 125, 127-130, 136, 137, 143, 175, 179, 193, 194, 208, 209, 215, 216, 220, 222, 224, 225, 227, 229, 230, 232, 233, 236, 238, 243, 244, 248-252, 256, 259
財政責任　10, 98, 100, 112, 120, 262
財政調整機能　3, 19, 22, 68, 106, 112, 115, 210, 241, 247, 258, 263

財政連邦主義　6, 7, 48, 223, 224, 247
歳入　9, 50, 55, 65, 79, 97, 98, 103, 122, 123, 125, 130, 131, 133, 134, 136, 137, 139, 141, 145, 193, 194, 199, 204-206, 211, 215, 221, 226, 227, 229, 230, 233, 236, 238, 240, 243, 244, 256, 257
産業構造　24, 27, 116, 145, 153, 167, 169, 254
サンベルト・スノーベルト　107, 169
自活型連邦主義　6, 19
市場の欠陥　10
市場の失敗　5
自助努力の連邦主義　19, 119, 121, 136, 144, 252, 253, 263
自治体援助公社（MAC）　111, 116, 250
実験的都市及び大都市圏開発法（モデル都市法）　35
自動車関係税　135
自動車燃料税　141
事務配分　3, 5, 13, 14, 102, 104, 136, 144, 183, 253
社会サービスブロック補助金　90, 91
社会保険　9, 215
社会保障関連補助金　37
社会保障基金　11, 13
州教育補助金　19, 178, 216, 223, 238
州所得税　54, 56, 57, 109, 194, 198, 222
州税　7, 13, 19, 113, 121, 122, 130, 134, 141, 143, 197-199, 203-205, 215, 216, 221, 227
州政府　3, 11, 54, 56, 64, 87, 88, 120, 178, 186, 189, 210, 211, 216, 220, 227, 241, 258
州政府協議会　54
住宅・都市開発法　35, 39
住宅問題　30
州・地方財政援助法　47, 49, 53, 56, 68, 247
州補助金　3, 4, 18, 19, 45, 53, 95, 96, 99, 103-106, 108-113, 115, 116, 123, 136, 139-141, 148, 178, 183, 184, 193, 194, 221, 224, 229, 230, 236, 238, 239, 241, 246, 250, 256, 258, 259
就労支援付き臨時扶助（TANF）　216, 218, 220, 223, 229, 245, 256

酒税　141

少数民族　18, 25, 26, 68, 91, 161, 167, 174, 188, 247

使用料・手数料　193, 194

食券　87, 92, 185, 186, 219, 229, 245

初等・中等教育　35, 38, 83, 88, 100, 122, 127, 128, 176-180, 182, 212, 222, 223, 254

所得税　5, 50-57, 109, 113, 121, 134-136, 139, 141, 193, 194, 197-199, 202, 203, 207, 208, 215, 222, 224, 230, 239, 240, 257

所得税額控除　215

ジョンソン政権　4, 19, 20, 21, 23, 48, 52, 74, 87, 93, 96, 129, 245, 247, 249

身体障がい者扶助　186

信託基金　52

新連邦主義　4, 18, 19, 48, 73, 74, 76, 87, 94-97, 116, 117, 119, 121, 143, 171, 190, 247-252

垂直的財政調整　10

水平的財政調整　10

STAR プログラム　221, 223, 224, 225, 239-241, 257, 258

スラムクリアランス　30

スラム問題　30

税額控除　54, 106, 215, 240, 257

税源移譲　10, 45, 53, 99, 246, 263

税源配分　3, 5, 7, 8, 13, 14, 144, 253

政府間財政関係　3-6, 8, 11, 24, 95, 96, 97, 217

政府の失敗　10

政府の役割　8, 87

政府部門　8, 9, 27

セグリゲーション（人種隔離）　164, 165

先端ビジネス産業

全米カウンティ連合　54

全米市長会議　54

全米知事会議　54

総合雇用・訓練法（CETA）　72, 248

タ　行

大都市　4, 22, 24-28, 30-36, 39, 44, 48-50, 53-57, 59, 62, 63, 65, 68, 87, 91-98, 106, 107, 109, 111, 112, 115-117, 120, 121, 128, 129, 139,

143-145, 148-150, 153, 159, 166, 167, 169, 170-175, 240, 246, 247, 249-254, 257

大都市圏（AMSA）　25, 26, 35, 57, 65, 68, 107, 112, 169, 172, 174, 253

多国籍企業　18, 149, 158, 159

たばこ税　141, 206, 215

単一国家　11, 13

短期債　111, 114, 139, 171, 254

TANF→就労支援付き臨時扶助

小さな政府　9, 216, 263

地方財政調整　19, 47, 48, 210, 247

地方自治体　10, 73, 166, 193, 194, 205-207, 249

地方所得税　197, 198

地方税　13, 14, 19, 51, 136, 193, 197, 198, 205, 239, 261

地方政府　3, 5-8, 11, 16, 24, 33, 50, 51, 54-57, 59-61, 63-65, 68, 87, 95, 97-100, 109, 120, 133, 138-141, 152, 197, 205, 209-211, 216, 217, 229, 230, 240, 257, 261

中央集権　9, 10, 145, 261

中央政府　5-7, 11, 263

中枢管理機能　145, 146, 148, 149, 159, 170, 254

追加的所得保障　112, 140

提案13号→プロポジション13号

投資的経費　175, 179-182

特定財源　106, 230

特定補助金　3, 7, 15-17, 24, 35, 36, 45, 51, 52, 56, 63, 68, 71-75, 83, 84, 90, 93, 97, 99, 108, 111, 112, 139, 217, 230, 236, 241, 246-249, 258, 263

特別会計　108, 232, 233, 238, 240, 257

都市　4, 18, 19, 21-37, 39, 44, 45, 47-50, 53-57, 59, 62, 63, 65, 67-69, 74-76, 79, 82, 87, 91-93, 95-99, 103, 106, 107, 109, 111, 112, 115-117, 119-121, 128, 129, 136, 139, 143-150, 153, 157, 159-161, 165-167, 169-175, 240, 244-247, 249-254, 257, 260

都市改造　21, 30, 31, 246

都市開発活動補助金（UDAG）　76, 93, 171,

249

都市経済　24, 149, 150, 159, 166, 167

都市財政　4, 18, 21-24, 31, 39, 44, 45, 47-50, 53, 57, 96, 97, 115, 116, 145, 149, 170, 171, 246, 247, 250, 254

都市問題　18, 22, 24, 27, 28, 30, 44, 67, 79, 87, 146, 167, 169, 170, 172, 173, 246, 254

ナ　行

ナショナル・ミニマム　10, 21, 246

ニクソン政権　3, 19, 72, 74, 75, 248

ニューディール　4, 21, 96, 97, 229, 244, 245

ニューフェデラリズム→新連邦主義

ニューヨーク市　18, 19, 26-28, 39, 44, 53, 65, 68, 95, 97-100, 106, 109-112, 114-117, 120, 128, 130, 136-141, 143-147, 153-162, 164-167, 169-171, 173-176, 197-199, 203-205, 209, 211, 213, 218, 221, 225, 226, 230, 232, 238-240, 246, 247, 250-257, 260

ニューヨーク州　3, 18, 19, 43, 53, 57, 63, 65, 90, 95, 97, 99, 100, 102, 106-110, 112-117, 121, 129, 130, 136, 139-141, 143, 144, 169-188, 190, 192-194, 197-199, 202-213, 215, 216, 221-227, 230, 238-241, 243, 244, 250, 251, 253-259

農業失業者　24, 25

農村　21, 22, 24, 25, 32, 36, 48, 57, 74, 120, 121, 246, 247, 252

ハ　行

ハイウェイ　37, 52, 74, 82, 98, 99, 104, 125, 128, 139, 225, 232, 233

廃棄物処理区　232, 233, 258

発生主義会計　114

貧困問題　18, 22, 24, 27, 28, 33, 44, 62, 87, 117, 122, 123, 149, 166, 167, 169, 171, 173, 187, 188, 193, 222, 251, 254

フォーミュラ　15, 53, 54, 56, 57, 59, 60, 75, 84, 106, 109, 217

福祉関係費　175, 177, 183, 211

福祉国家　4, 7, 8, 10, 95, 145, 213

ブッシュ（子）政権　243

ブッシュ（父）政権　4, 16, 95, 217

不動産税　138

ブラックマンデー　131, 146, 148, 150, 155, 158

プロジェクト別補助金　15, 35, 36, 217

ブロック補助金　3, 15-17, 19, 47, 69, 71-76, 82-84, 87, 88, 90-94, 119, 217, 220, 229, 245, 248, 249, 256, 258, 263

プロポジション13号　103, 133

分権型　10, 213

ヘラー提案　52, 55

包括補助金→一般交付金

保健　17, 21, 35, 36, 39, 44, 63, 72, 79, 83, 84, 87, 91, 119, 122, 128, 130, 139, 175, 177, 183, 186, 188-190, 193, 211-213, 217, 218, 225, 228-230, 232, 245, 246, 248, 251, 254, 255, 258

保健・病院費　128, 190

補助金　3-5, 7, 14-24, 30, 31, 34-37, 39, 41, 44, 45, 47-49, 51-53, 56, 60, 61, 63, 67-69, 71-79, 82-84, 87, 88, 90-99, 103-106, 108-113, 115-117, 119, 120, 122, 123, 125, 131, 133, 134, 136, 139-141, 143, 144, 148, 149, 171, 175, 176, 178, 183, 184, 189, 193, 194, 208, 210, 212, 215-218, 220-225, 227, 229, 230, 232, 236, 238-241, 243-251, 253, 255, 256, 258, 259-263

補助金依存型都市　22, 48, 98, 246

マ　行

マッチング補助金　24, 75, 220

マンデイト　7, 8, 102, 122, 129

無財源マンデイト　7, 8

メディケア　35, 129, 188, 193, 215, 216, 225, 256

メディケイド　35, 79, 82, 87, 88, 98, 100, 102, 112, 115, 122, 125, 127-130, 140, 177, 183-185, 188-190, 192, 193, 210-213, 215, 216, 223, 227-229, 244, 245, 254, 256

盲目者扶助　31

索　引　　　295

モーゲッジ税　230, 236

ヤ　行

要児童扶養世帯扶助（AFDC）　24, 31, 32,
41-43, 87, 88, 90, 92, 100, 129, 183-188, 192,
193, 212, 218, 220, 223, 254, 256

ラ　行

リーマン・ショック　3, 19, 226, 227, 238,
243, 244, 258

累進税制　51

レベニューシェアリング→一般交付金

連邦所得税　53, 199, 202

連邦制国家　7, 11, 13, 14

連邦政府　3, 4, 6-8, 11, 15, 20-22, 30, 31, 33-
35, 39, 44, 53, 87, 96, 97, 115, 116, 119-122,
143, 144, 152, 171, 185, 186, 188, 189, 210,
211, 215, 216, 220, 230, 245, 250-253, 256

ワ　行

ワークフェア　218, 256

著者略歴

大阪市生まれ．静岡大学教授．
大阪市立大学大学院博士課程単位取得退学．専門は財政学・地方財政．主著は，『市町村合併と自治体の財政―住民自治の視点から』（2001年，自治体研究社），『地方交付税の改革課題』（2002年，共編著，自治体研究社），『セミナー現代地方財政Ⅰ』（2006年，共著，勁草書房，『「分権改革」と地方財政―住民自治と福祉社会の展望』（自治体研究社，2011年）など多数．日本地方自治学会理事（2005年～）・企画委員長（2009年～），自治体問題研究所副理事長（2010年～），日本地方財政学会理事（2011年～）．

人文学部研究叢書 29
アメリカの補助金と州・地方財政
ジョンソン政権からオバマ政権へ

2012年2月25日　第1版第1刷発行

著　者　川　瀬　憲　子
　　　　（かわ　せ　のり　こ）

発行者　井　村　寿　人

発行所　株式会社　勁　草　書　房
　　　　　　　　　（けい　そう）

112-0005 東京都文京区水道 2-1-1　振替 00150-2-175253
（編集）電話 03-3815-5277／FAX 03-3814-6968
（営業）電話 03-3814-6861／FAX 03-3814-6854
三秀舎・牧製本

Ⓒ KAWASE Noriko　2012

Printed in Japan

JCOPY ＜(社)出版者著作権管理機構　委託出版物＞
本書の無断複写は著作権法上での例外を除き禁じられています．
複写される場合は，そのつど事前に，(社)出版者著作権管理機構
（電話 03-3513-6969，FAX 03-3513-6979，e-mail: info@jcopy.or.jp）
の許諾を得てください．

＊落丁本・乱丁本はお取替いたします．
http://www.keisoshobo.co.jp

アメリカの補助金と州・地方財政
ジョンソン政権からオバマ政権へ

2017年7月1日 オンデマンド版発行

著 者　川　瀬　憲　子

発行者　井　村　寿　人

発行所　株式会社　勁　草　書　房

112-0005 東京都文京区水道 2-1-1　振替　00150-2-175253
　　　　（編集）電話 03-3815-5277／FAX 03-3814-6968
　　　　（営業）電話 03-3814-6861／FAX 03-3814-6854
　　　　印刷・製本　（株）デジタルパブリッシングサービス http://www.d-pub.co.jp

Ⓒ KAWASE Noriko 2012　　　　　　　　　　　　　　　　　　　AJ978

ISBN978-4-326-98303-2　　Printed in Japan　　

JCOPY ＜(社)出版者著作権管理機構 委託出版物＞
本書の無断複写は著作権法上での例外を除き禁じられています。
複写される場合は、そのつど事前に、(社)出版者著作権管理機構
（電話 03-3513-6969、FAX 03-3513-6979、e-mail: info@jcopy.or.jp)
の許諾を得てください。

※落丁本・乱丁本はお取替いたします。
　　　　http://www.keisoshobo.co.jp